Petras/Valentiner (Hrsg.)
Grundrechte
De Gruyter Studium

Grundrechte

Klausur- und Examensfälle

Herausgegeben von
Maximilian Petras und Dana-Sophia Valentiner

Bearbeitet von
den Herausgeber:innen und Ammar Bustami,
Katharina Goldberg, Sué González Hauck,
Verena Kahl, Felix Krämer, Rudi Lang,
Maureen Macoun, Charlotte Schneeberger

DE GRUYTER

Aktuelle Informationen zu den Autor:innen des Teams Grundrechte finden sich underlinen <u>unter folgenden Link</u>, der über den hier aufgeführten QR-Code mit einer Smartphone-Kamera aufgerufen werden kann.

Gedruckt mit freundlicher Unterstützung der Alumni und Freunde der CAU e.V. und der Wikimedia Stiftung.

Zitiervorschlag: Macoun, in: Petras/Valentiner, Grundrechte, Fall 10, S.

ISBN 978-3-11-076548-9
e-ISBN (PDF) 978-3-11-076552-6
e-ISBN (EPUB) 978-3-11-076556-4
DOI https://doi.org/10.1515/9783110765526

Library of Congress Control Number: 2021952345

Bibliografische Information der Deutschen Nationalbibliothek
Die Deutsche Nationalbibliothek verzeichnet diese Publikation in der Deutschen Nationalbibliografie; detaillierte bibliografische Daten sind im Internet über http://dnb.d-nb.de abrufbar.

Einbandabbildung: © Larissa Wunderlich
Datenkonvertierung/Satz: jürgen ullrich typosatz, Nördlingen
Druck: CPI books GmbH, Leck

www.degruyter.com

Vorwort

Grundrechte sind die zentralen Versprechen der Verfassung im demokratischen Rechtsstaat. Das einfache Recht gestaltet die grundrechtlichen Gewährleistungen näher aus und verleiht ihnen Kontur in vielfältigen Regelungsbereichen. Die Prüfung der Grundrechte ist nicht nur in der Grundrechte-Vorlesung im Studium von großer Bedeutung, sondern betrifft die gesamte juristische Ausbildung. Gerade in hochumstrittenen, in der Rechtsgestaltung, Rechtsanwendung und Rechtsprechung umkämpften Fragen kommt es auf die Grundrechte an. Sie sind Bezugspunkte für rechtliche und politische Debatten, die auch dieses Fallbuch aufgreift: vom Kopftuch-Verbot für Rechtsreferendar:innen über Klimaklagen bis zu rassistischen Beleidigungen am Arbeitsplatz.

In zehn Fällen werden Grundrechte behandelt, die besonders häufig Gegenstand von Prüfungen sind. Dieses Buch schlägt für jeden Fall eine mögliche Lösung vor. Dabei wiederholen wir das Grundwissen zu den einzelnen Grundrechten und verweisen zur Vertiefung auf die entsprechenden Passagen im OpenRewi Grundrechte Lehrbuch, das genau wie dieses Fallbuch frei zugänglich ist.

Unser Fallbuch ist „offen" und das in alle Richtungen. Jedes Kapitel kann unter Open-Access-Bedingungen als statisches PDF der ersten Auflage auf der Homepage des Verlages heruntergeladen werden. Zugleich finden sich Work-in-Progress-Versionen aller Beiträge auch auf der Plattform Wikibooks. Alle Links aus der PDF-Version des Buches verweisen auf diese „Schreibwerkstatt". Dort kann jeder Beitrag, jeder Satz, jedes Wort verändert, kommentiert und diskutiert werden. Das geht anonym, aber auch unter Nennung eines Namens oder Pseudonyms. Wir freuen uns über alle Änderungsvorschläge! Sofern möglich, werden wir auf diese direkt reagieren. Spätestens in die zweite Auflage des Buches fließen die Änderungen mit ein.

Die Kapitel in diesem Buch und jene ihres „digitalen Zwillings" bei Wikibooks sind nicht deckungsgleich. Für die Verlagsversion haben wir die Texte nochmals überarbeitet und gekürzt. Bei Wikibooks werden Gedanken weiter ausgeführt oder um zusätzliche Informationen ergänzt. Über die Diskussionsseite und die Versionsgeschichte eines Artikels ist der Entstehungsprozess der Kapitel nachvollziehbar. Jeder Link ist eine Einladung für besonders Interessierte, sich an der Diskussion und Weiterentwicklung der Materialien zu beteiligen und in der Wikibooks-Version die Artikel aktiv zu ändern und zu kommentieren.

Alle unsere Materialien folgen dem didaktischen Konzept von OpenRewi. Dabei legen wir besonders Wert auf klare Sprache und Struktur. Unsere juristischen Fälle berücksichtigen eine diverse Sichtweise auf die Gesellschaft und vermeiden die Reproduktion von Stereotypen. Die Materialien durchliefen einen internen Prozess der Qualitätssicherung: Die Rückmeldungen aus dem offenen Peer-Review-Verfahren sind über die Diskussionsseiten der Wikibooks-Version der Kapitel dokumentiert.

Dieses Buch ist unter der <u>Creative-Commons-Lizenz BY-SA 4.0</u> offen lizenziert. Es kann in Vorlesungen, Seminaren oder Lerngruppen frei weiterverwendet werden, sofern die (nicht komplizierten) Lizenzbestimmungen Beachtung finden. Langfristig soll hier eine Fallsammlung entstehen, die immer weiter wächst und aktualisiert wird. Wie das genau funktioniert, ist auf unserer Projektseite einsehbar. Wir möchten euch ermuntern: Vervielfältigt, kopiert und verteilt die Texte! Bringt sie in eure Arbeitsgemeinschaften, Lerngruppen und Diskussionsabende. Wir freuen uns auf einen interaktiven Austausch.

Zum Aufbau des Buches

Unsere Übungsfälle sollen auf das Lösen juristischer Klausuren vorbereiten. Ausgewählt haben wir sowohl Fälle für Anfänger:innen als auch Fälle für das erste juristische Staatsexamen. Ein Hinweis auf den jeweiligen Schwierigkeitsgrad des Falles findet sich zu Beginn eines jeden Kapitels.

Die Fälle sind überwiegend prozessual in die für die Grundrechte typische **Verfassungsbeschwerde** gekleidet, aber auch die Normenkontrolle wird behandelt. Teilweise streifen die Fallbeispiele staatsorganisationsrechtliche Themen – zur Vertiefung empfehlen wir die Lektüre des OpenRewi Lehrbuchs zum Staatsorganisationsrecht.

Alle Lösungsvorschläge werden ergänzt um didaktische Hinweise, die jeweils getroffene Entscheidungen für einen bestimmten Lösungsweg begründen. Wir haben uns bewusst gegen ein abstraktes, vorangestelltes Kapitel zur Klausurtaktik entschieden. Stattdessen zeigen wir detailliert anhand unseres **ersten Falles**, worauf es bei einer Klausurbearbeitung ankommt. Schritt für Schritt arbeiten wir heraus, wie von einem Sachverhalt bis zum Entwurf eines Lösungsvorschlags gearbeitet werden kann. Wir zeigen auf, welche Methoden wir entwickelt haben, um eine Lösungsskizze zu entwerfen und wie schließlich die Falllösung ausformuliert werden kann. Dafür konnten wir eine Studentin gewinnen, die den ersten Fall unter Klausurbedingungen gelöst hat. Ihre Bearbeitung stellen wir ebenso zur Verfügung wie eine Korrektur der Autorin des Falls. Unser herzlicher Dank gilt Rahel Schwarz von der Universität Hamburg für ihre Bearbeitung der Klausur.

Natürlich wünschen wir uns, dass jede juristische Klausur durch die Klausursteller:innen sorgfältig ausgearbeitet und im Anschluss durch die Korrekturassistent:innen fair und gründlich bewertet wird. Die Realität sieht leider oft anders aus. Klausuren werden oberflächlich korrigiert und/oder alternative Lösungswege nicht akzeptiert. Lasst euch davon nicht entmutigen! Sucht das Gespräch mit Kommiliton:innen, erwägt eine Remonstration gegen die Benotung der Klausur und bittet bei den Klausursteller:innen um Feedback. Diese und viele andere gute Überlebenstipps finden sich im Buch „Examen ohne Repetitor"[1] sowie auf den Seiten von „Staat-sex-amen"[2], einer studentischen Initiative zu Strategien der juristischen Examensvorbereitung. Wir empfehlen, diese Projekte auch schon in früheren Phasen des Studiums kennenzulernen.

Ihr könnt euch sicher sein: Alle haben an irgendeinem Zeitpunkt der Ausbildung eine Note zurückbekommen, mit der sie nicht zufrieden waren. Das heißt natürlich nicht, dass wir eure Enttäuschung und den Druck der juristischen Staatsexamina verharmlosen möchten. Diese Probleme sind real und bedürfen einer strukturellen Reform. Bis dahin hoffen wir, euch mit diesem Buch eine bestmögliche Unterstützung für den „Ernstfall" an die Hand zu geben.

Am Ende des Buches findet sich ein Kapitel zum Thema Klausurkonzeption. Dieses richtet sich primär an wissenschaftliche Mitarbeiter:innen und andere Lehrende, ist aber auch für Studierende interessant, da wir hier einen Blick in den Maschinenraum der Klausurerstellung eröffnen. An dieser Stelle gilt – wie bei allen Kapiteln von OpenRewi –, dass wir uns sehr auf die gemeinsame Diskussion und das Feedback von Kolleg:innen freuen.

Euer Team Grundrechte im März 2022

Didaktische Elemente

Sowohl in der Wikibooks-Version als auch in der Druckversion finden sich grafisch hervorgehobene Textblöcke, die eine Einordnung des Wissens erleichtern sollen. Die Ebenen unterscheiden sich je nach Interesse und Zielgruppe. Grundwissen, Examenswissen und weiterführendes Wissen finden sich in unterschiedlich starken Ausprägungen in verschiedenen Teilen der Falllösungen.

Alle nicht besonders gekennzeichneten Texte halten wir für **Grundwissen**. Zielgruppe sind Kandidat:innen des Grundstudiums und der Zwischenprüfungen. Hierauf bauen alle weiteren Ebenen auf. Grundwissen bedeutet für uns aber nicht, dass Studierende sämtliche Ausführungen in dem Fallbuch in diesen Textteilen parat haben müssen, um eine Klausur zu bestehen. Wir sehen dieses Wis-

---

1 Armbruster/Deppner/Feihle/Germershausen/Lehnert/Röhner/Wapler, Examen ohne Repetitorium, 5. Auflage 2021.
2 Siehe http://staat-sex-amen.de.

sen vielmehr als grundlegend, um ein hinreichendes Verständnis zu den Grundrechten zu erwerben.

ℹ Examenswissen

Als „Examenswissen" werden spezifische Probleme erläutert, die typischerweise in Klausuren der Ersten Juristischen Prüfung oder den Schwerpunktbereichen zu bewältigen sind.

ℹ Weiterführendes Wissen

Wir wollen nicht nur eine sichere Orientierung in Klausuren geben. Häufig haben unsere Autor:innen eine starke Meinung zu den behandelten Themen. Solche finden sich in den Boxen zum „weiterführenden Wissen" neben Ausführungen zu historischen Entwicklungen oder besonderen Hintergründen.

❗ Klausurtaktik

Didaktische Einordnungen eines Lösungsweges oder Elemente der Falllösung, die nicht zum ausformulierten Lösungstext gehören, stehen in solchen Boxen zur Klausurtaktik.

In den **Fußnoten** finden sich Quellennachweise, die – wenn immer möglich – auf ebenfalls frei zugängliche Dokumente verweisen. Gerade bei **Urteilen** können die zugrundeliegenden Gedanken direkt nachgelesen werden. Soweit technisch möglich, verweisen wir auf die **konkreten zitierten Randnummern**, sodass ein Klick auf den Link direkt zur zitierten Passage führt.

Für alle im Buch enthaltenen Fälle gibt es **Präsentationsfolien**, die gerne benutzt und verbessert werden dürfen. Wir benutzen dafür nicht PowerPoint, sondern das Tool HackMD.

Interessierte können sich gerne unter folien@openrewi.org melden.

Vorwort der Herausgeber:innen

Ein Projekt wie dieses zu starten war ein gewagtes Experiment. Umso glücklicher sind wir mit dem Resultat. Das erste komplett frei lizenzierte Grundrechte-Fallbuch Deutschlands ist das Ergebnis eines engagierten Diskussionsprozesses vieler verschiedener Autor:innen in unterschiedlichen Phasen ihrer wissenschaftlichen Laufbahnen. Das Buch kombiniert bewährtes Wissen und aktuelle Fragen mit neuen technischen Möglichkeiten. Die Offenheit und Kompetenz unserer Autor:innen, die kollegiale Zusammenarbeit auf Augenhöhe, das hohe Engagement und die Begeisterung aller waren eine echte Bereicherung.

Unsere Rolle als Herausgabe-Team in diesem agilen Projekt war und ist stark geprägt durch die organisatorische, koordinierende und strukturierende, aber auch moderierende Arbeit. Angefangen hat das Projekt mit der Zusammenstellung des Teams. Dabei war es uns wichtig, dem nach wie vor geringen Anteil von Frauen beziehungsweise FLINTA* unter den Autor:innen von Lehrbüchern, Kommentaren und Zeitschriftenbeiträgen im Verfassungsrecht zu begegnen. Besonders freut es uns, dass wir unsere selbst gesetzte Quote von 50 % Frauen erreichen konnten.

Wir sind mit einer Vision für ein offenes Grundrechte-Fallbuch gestartet, haben aber weder Themen vorgegeben, noch den Autor:innen das Schreiben bestimmter Abschnitte angetragen. Vielmehr haben wir im Autor:innenkollektiv diskutiert, welche zentralen Themen wir in diesem Fallbuch bearbeiten wollen, welche inhaltlichen Präferenzen bestehen und wie wir den Arbeitsprozess selbst strukturieren. In kreativen und energiegeladenen Diskussionen wurden die Inhalte immer wieder neu angeordnet und verfeinert. Geschrieben haben wir die Texte online auf Wikibooks in mehreren kurzen Schreibeinheiten (Book Sprints). Zwischen den einzelnen Book Sprints wurden die Texte in einem offenen Peer Review mehrfach gegenseitig gelesen und kritisch diskutiert. Einzelne Probleme wurden nicht nur bei unseren gemeinsamen Treffen, sondern vor allem in Chatgruppen oder über die Kommentarfunktion in den Beiträgen selbst gelöst. Dieser Entstehungsprozess ist für Interessierte in den Versionsgeschichten der Artikel auf Wikibooks nachvollziehbar.

Dass es nie zu ernsthaften Auseinandersetzungen kam, verdanken wir dem Engagement und der Offenheit des ganzen Teams. Gerade in Zeiten der Covid-19-Pandemie war es eine tolle Erfahrung, über dieses Projekt mit so vielen Kolleg:innen aus unterschiedlichen Universitäten zusammenzukommen, neue Kontakte zu knüpfen und auch jenseits der Arbeitstreffen, zum Beispiel beim virtuellen Pubquiz, eine schöne Zeit miteinander zu verbringen.

Die Fälle wurden in verschiedenen Arbeitsgemeinschaften zu den Grundrechten an der CAU Kiel im Sommersemester 2021 erprobt. Wir danken Marie Friese und Luca Knuth für die Umsetzung sowie den Studierenden für die hilfreichen und motivierenden Kommentare.

Der Wikimedia-Stiftung möchten wir herzlich dafür danken, dass sie dieses (und die weiteren Projekte bei OpenRewi) durch ein Fellowship für Maximilian Petras finanziell und durch organisatorische Beratung möglich gemacht haben.

Ebenfalls danken wir dem Alumni und Freunde der CAU e.V. für eine Unterstützung bei der Begleichung der „Open-Access-Gebühren".

Darüber hinaus wäre so ein Projekt ohne die freie Infrastruktur der Wikimedia kaum möglich gewesen. Von der ersten Stunde an haben wir freundliche Hilfe durch die Freiwilligen der Wikibooks-Community erhalten. Wir wissen bis heute nicht, wer sich hinter den Pseudonymen verbirgt. Umso erfreulicher war ihr intensiver Einsatz. Besonders hervorheben möchten wir HirnSpuk für die Programmierung der schicken Vorlagen, sowie Yomomo und Jürgen für die Beantwortung vieler Fragen. Ohne das Export-Tool von Dirk und sein extra für uns programmiertes Skript hätten wir die Beiträge nie so einfach in das Verlagsmanuskript übertragen können.

Mit Blick auf die Rechtswissenschaft stimmt es hoffnungsvoll, Teil einer so interessanten und schnell wachsenden Community wie OpenRewi zu sein. Wir freuen uns schon jetzt auf all die Neuauflagen, Kommentare und zukünftigen Diskussionen.

Maximilian Petras & Dana-Sophia Valentiner

Inhaltsübersicht

Fall 1

Behandelte Themen: Verfassungsbeschwerde; Fristberechnung; Kunstfreiheit

Schwierigkeitsgrad: Grundstudium; 2 Stunden Bearbeitungszeit

Sachverhalt

Während seiner Semesterferien wird Jurastudent J von seiner alten Freund*innen-gruppe zu einem Konzert mitgenommen, „um mal auf andere Gedanken zu kommen". Im Club angekommen, muss der bekennende Trap-Fan J entsetzt feststellen, dass es sich um das – mit 100 Personen mäßig besuchte – Konzert einer alternden Punk-Band handelt.[1] Um seine Freund*innen nicht zu verärgern, beschließt J dennoch, eine Weile zu bleiben. Er hält sich aber lieber am Tresen der Bar fest, um nicht in den Pogo zu geraten. Nach einer ganzen Weile sehr lauter Songs mit viel Geschrei kündigt die Sängerin S den nächsten Song „Deutschland muss sterben" mit den Worten an: „Gegen den Nationalismus steht immer noch dieser Song! Gegen die andauernde Verehrung von Kriegshetze und Nationalismus durch Denkmäler! Gegen den Kriegsklotz in Hamburg!".[2] J ist angesichts des Textes und der mitgrölenden Menge entsetzt:

> *Wo Faschisten und Multis das Land regieren,*
> *wo Leben und Umwelt keinen interessieren,*
> *wo alle Menschen ihr Recht verliern,*
> *da kann eigentlich nur noch eins passieren:*
> *Deutschland muss sterben, damit wir leben können,*
> *Deutschland muss sterben, damit wir leben können,*
> *Deutschland muss sterben, damit wir leben können,*
> *Deutschland muss sterben, damit wir leben können.*
> *Schwarz ist der Himmel und rot ist die Erde,*
> *gold sind die Hände jener Bonzenschweine,*
> *doch der Bundesadler stürzt bald ab,*
> *denn Deutschland, wir tragen Dich zu Grab.*
> *Wo Faschisten und Multis das Land regieren,*
> *wo Leben und Umwelt keinen interessieren,*
> *wo alle Menschen ihr Recht verliern,*
> *da kann eigentlich nur noch eins passieren:*
> *Deutschland muss sterben, damit wir leben können,*

---

1 Siehe zum Begriff „Trap": https://de.wikipedia.org/wiki/Trap_(Musikstil).
2 Siehe zum Kriegerdenkmal am Hamburger Dammtor-Bahnhof https://de.wikipedia.org/wiki/Dammtor#Kriegerdenkmal,_Gegendenkmal_und_Deserteurdenkmal.

[...].
Wo Raketen und Panzer den Frieden sichern,
AKW's und Computer das Leben verbessern, bewaffnete Roboter überall,
doch Deutschland, wir bringen Dich zu Fall.
Deutschland muss sterben, damit wir leben können,
[...].
Deutschland, verrecke, damit wir leben können,
Deutschland!

J ist überzeugt, dass der Inhalt dieses Textes zur Vernichtung der Bundesrepublik und der freiheitlich-demokratischen Verfassungsordnung aufruft und ist sich sicher, dass S und die Band sich damit strafbar machen. Nachdem er versucht hat, seiner Freundin F seine Empörung ins Ohr zu schreien, aber nur ein verwirrtes Schulterzucken als Antwort erhält, macht er sich auf den Weg zur Polizei und zeigt die Sängerin S an. Die zuständige Staatsanwaltschaft nimmt umgehend die Ermittlungen auf und erhebt schließlich Anklage beim Amtsgericht. Dieses stellt fest, dass das Lied nicht als jugendgefährdend indiziert ist und Aufzeichnungen davon frei erhältlich sind. Dennoch verurteilt das Gericht S wegen Verunglimpfung des Staates und seiner Symbole gemäß § 90a I Nr. 1 StGB zu einer Geldstrafe von 150 Tagessätzen. Das Gericht begründet die Verurteilung der S mit dem eindeutigen Wortlaut des Liedes. Dieser bringe unmissverständlich zum Ausdruck, dass sich eine Besserung der Lage für die Staatsbürger*innen nur durch eine Vernichtung des Staatssystems der Bundesrepublik Deutschland erreichen lasse. Als rechtstaatlich verfasste Demokratie sei die Bundesrepublik Deutschland in ihrem Bestand von der inneren Zustimmung ihrer Bürger*innen abhängig und auf ein Mindestmaß an Achtung angewiesen. Dies sei insbesondere notwendig, um die Grundrechtsausübung selbst wirksam gewährleisten zu können. Darin liege ein verfassungsrechtlich und strafrechtlich geschütztes Rechtsgut, das im vorliegenden Fall die Berufung auf die Kunstfreiheit versage.

Nachdem auch das letztinstanzliche Gericht die Verurteilung der S bestätigt und ihr diese Entscheidung am Montag, den 1.4.2019 zustellt, beschließt S Verfassungsbeschwerde zu erheben. Ihre Prozessvertreterin, die Anwältin A, arbeitet noch am selben Tag einen Schriftsatz aus, in welchem sie die Verletzung der Kunstfreiheit der S rügt. Den unterschriebenen Schriftsatz legt sie nachmittags ihrem Assistenten X auf den Schreibtisch, mit der Bitte, diesen sofort postalisch nach Karlsruhe zu schicken. Leider hat X vergessen, neue Briefmarken zu kaufen und schickt den Schriftsatz daher nicht sofort ab. Über dem Stress in den nächsten Tagen und den Vorbereitungen seiner ersten Demonstration zum Tag der Arbeit vergisst er auch den Schriftsatz auf seinem Schreibtisch. Am Freitag, den 2.5.2019 fällt ihm dieser wieder in die Hände. Er übermittelt den Schriftsatz sofort per Telefax an das Bundesverfassungsgericht, wo dieser noch am Vormittag eingeht.

Charlotte Schneeberger

Fallfrage

Hat die Verfassungsbeschwerde der S Aussicht auf Erfolg?

Hinweis:
Beschränken Sie sich in Ihrer Bearbeitung auf die Prüfung der Kunstfreiheit der S.
Von der formellen und materiellen Verfassungsmäßigkeit des § 90a StGB ist auszugehen.

§ 90a StGB Verunglimpfung des Staates und seiner Symbole
(1) Wer öffentlich, in einer Versammlung oder durch Verbreiten eines Inhalts (§ 11 Absatz 3)

1. *die Bundesrepublik Deutschland oder eines ihrer Länder oder ihre verfassungsmäßige Ordnung beschimpft oder böswillig verächtlich macht oder*
2. *[...]*

wird mit Freiheitsstrafe bis zu drei Jahren oder mit Geldstrafe bestraft.

Charlotte Schneeberger

Lösung

Die Verfassungsbeschwerde ist erfolgreich, wenn sie zulässig und soweit sie begründet ist.

A. Zulässigkeit

Die Verfassungsbeschwerde der S müsste zunächst zulässig sein.

I. Zuständigkeit

Das Bundesverfassungsgericht ist für die ihm ausdrücklich zugewiesenen Verfahrensarten zuständig (sogenanntes Enumerationsprinzip).[3] Dazu gehört gemäß Art. 93 I Nr. 4 a GG, § 13 Nr. 8 a BVerfGG auch die Verfassungsbeschwerde.

! Klausurtaktik

Dieser Prüfungspunkt weist zumeist keine Probleme auf und ist dementsprechend kurz zu halten. Weitere Formulierungsvorschläge finden sich hier.[4]

II. Beschwerdefähigkeit[5]

S müsste beschwerdefähig sein. Für das Verfahren der Verfassungsbeschwerde ist gemäß Art. 93 I Nr. 4 a GG i.V.m. § 90 I BVerfGG jedermann beschwerdefähig. Dies setzt die Fähigkeit der beschwerdeerhebenden Person voraus, Trägerin von Grundrechten zu sein. S ist als lebende natürliche Person Trägerin von Grundrechten und damit jedermann im Sinne von § 90 I BVerfGG.

! Klausurtaktik

Da natürliche Personen regelmäßig beschwerdefähig sind, ließe sich hier auch kürzer formulieren. Eine Alternative wäre: Gemäß Art. 93 I Nr. 4a GG, § 90 I BVerfGG ist jedermann, also jede Person, die Trägerin von Grundrechten oder grundrechtsgleichen Rechten sein kann, beschwer-

---

3 Siehe zur Verfassungsbeschwerde Linke, § 10, im OpenRewi Grundrechte Lehrbuch.
4 Siehe zu den Formulierungsbeispielen für den Obersatz Linke, § 10, im OpenRewi Grundrechte Lehrbuch.
5 Siehe zur Beschwerdefähigkeit Linke, § 10, im OpenRewi Grundrechte Lehrbuch.

Charlotte Schneeberger

defähig. S ist als natürliche Person Grundrechtsträgerin, also ist sie jedermann gemäß § 90 I BVerfGG und somit beschwerdefähig.

Folglich ist S beschwerdefähig.

III. Beschwerdegegenstand

S müsste sich mit ihrer Verfassungsbeschwerde gegen einen tauglichen Beschwerdegegenstand richten. Gemäß Art. 93 I Nr. 4 a GG i.V.m. § 90 I BVerfGG muss es sich um einen Akt der öffentlichen Gewalt handeln. Unter der öffentlichen Gewalt, die durch die Grundrechte gebunden wird, sind gemäß Art. 1 III GG die Gesetzgebung, vollziehende Gewalt und Rechtsprechung zu verstehen. S richtet sich hier gegen alle Entscheidungen durch die Strafgerichte, darunter auch die letztinstanzliche Entscheidung. Dabei handelt es sich um Akte der Judikative, also Akte der öffentlichen Gewalt. Folglich liegt ein tauglicher Beschwerdegegenstand vor.

Klausurtaktik ❗

Hier ist es ebenso vertretbar, von mehreren miteinander verbundenen Verfassungsbeschwerden auszugehen.

IV. Beschwerdebefugnis

Darüber hinaus müsste S auch beschwerdebefugt sein. Dies ist gemäß Art. 93 I Nr. 4a GG i.V.m. § 90 I BVerfGG dann der Fall, wenn die beschwerdeführende Person behauptet, durch die öffentliche Gewalt in einem Grundrecht oder grundrechtsgleichen Recht verletzt zu sein. Dies verlangt den Sachvortrag der beschwerdeführenden Person, wonach ein nicht zu rechtfertigender Eingriff in den Schutzbereich eines Grundrechts oder grundrechtsgleichen Rechts zumindest möglich erscheint. Zudem müsste die beschwerdeführende Person durch den angegriffenen Akt der öffentlichen Gewalt selbst, gegenwärtig und unmittelbar betroffen zu sein.

1. Möglichkeit der Grundrechtsverletzung

Zunächst müsste ein nicht zu rechtfertigender Eingriff in den Schutzbereich eines Grundrechts oder grundrechtsgleichen Rechts der S zumindest möglich erscheinen. S wird durch das strafgerichtliche Urteil in der Verbreitung des Liedes gehindert, sodass nicht auszuschließen ist, dass darin ein zu rechtfertigender Eingriff in den sachlichen Schutzbereich der Kunstfreiheit aus Art. 5 III GG liegt. Ferner ist die Kunstfreiheit in ihrem persönlichen Schutzbereich nicht beschränkt, sodass sich jedermann und damit auch S darauf berufen kann.

❗ Klausurtaktik

Eine vertiefte Auseinandersetzung mit dem Kunstbegriff und den unterschiedlichen Definitionen sollte hier noch nicht erfolgen, um der Prüfung der Begründetheit nicht vorzugreifen.

---

2. Eigene, gegenwärtige und unmittelbare Betroffenheit

S ist durch das strafgerichtliche Urteil in eigenen Rechten und damit selbst betroffen. Dieses Urteil beschwert sie im Zeitpunkt der Verfassungsbeschwerde schon und noch, sodass sie auch gegenwärtig betroffen ist. Auch ist S ohne weiteren Hoheitsakt an das Urteil gebunden, also ist sie auch unmittelbar betroffen.

❗ Klausurtaktik

Eine weitere Untergliederung der Beschwer ist hier nicht erforderlich, da dieser Prüfungspunkt ursprünglich für die Rechtssatzverfassungsbeschwerde entwickelt wurde und die Voraussetzungen bei Urteilverfassungsbeschwerden regelmäßig gegeben sind.

Damit ist festzuhalten, dass S als beschwerdeführende Person durch den angegriffenen Akt der öffentlichen Gewalt selbst, gegenwärtig und unmittelbar betroffen ist. Somit ist S beschwerdebefugt.

V. Rechtswegerschöpfung und Subsidiarität

S müsste zudem den Rechtsweg erschöpft und weitere Rechtsbehelfe zur Wahrung der Subsidiarität eingelegt haben. S erhebt hier erst nach dem letztinstanzlichen Urteil und damit nach dem Durchlaufen des Rechtswegs gemäß § 90 II 1 BVerfGG Verfassungsbeschwerde. Auch sind hier keine weiteren – ordentlichen oder außerordentlichen – Rechtsbehelfe erkennbar, die S noch hätte einlegen können, sodass auch die Subsidiarität der Verfassungsbeschwerde der Erhebung nicht entgegensteht.

Charlotte Schneeberger

Klausurtaktik   !

Zu den Prüfungspunkten finden sich eindeutige Hinweise im Sachverhalt, sodass die Bearbeitung hier recht kurz gehalten werden kann.

VI. Form und Frist

Zudem müsste S die Verfassungsbeschwerde ordnungsgemäß erhoben haben. Dies ist der Fall, wenn die Verfassungsbeschwerde form- und fristgemäß erhoben wurde.[6]

Gemäß §§ 23 I, 92 BVerfGG sind die verfahrenseinleitenden Anträge schriftlich und begründet beim Bundesverfassungsgericht einzureichen. Das Schriftformerfordernis ist erfüllt, wenn der Inhalt der Erklärung und die Person, von der sie ausgeht, hinreichend zuverlässig entnommen werden können. Dies ist bei der Übermittlung per Telefax regelmäßig der Fall.[7] Somit ist die Verfassungsbeschwerde formgemäß erhoben worden.

Die Verfassungsbeschwerde könnte jedoch verfristet sein. Gemäß § 93 I 1 BVerfGG ist die Beschwerde binnen eines Monats zu erheben und zu begründen. Für die Fristberechnung ist auf die §§ 187 ff. BGB zurückzugreifen (vgl. § 186 BGB). Die Frist beginnt gemäß § 93 I 2 BVerfGG mit der Zustellung der Entscheidung am 1.4.2019, die damit das fristauslösende Ereignis im Sinne von § 187 I BGB darstellt. Damit beginnt die Frist am 2.4.2019 (00:00 Uhr) und endet gemäß § 188 II 1. Alt. BGB mit Ablauf des 1.5.2019 (24:00 Uhr). Bei dem 1.5. handelt es sich jedoch um einen bundesweiten Feiertag, sodass sich das Fristende gemäß § 193 BGB auf den Ablauf des nächsten Werktages und damit auf den 2.5.2019 (Freitag) verschiebt.[8] Der X übermittelte den Schriftsatz am 2.5.2019 per Telefax an das Bundesverfassungsgericht, wo dieser vormittags – also noch fristgemäß – einging.

Somit wurde die Verfassungsbeschwerde ordnungsgemäß erhoben.

VII. Ergebnis

Die Verfassungsbeschwerde der S ist zulässig.

---

6 Siehe zu Form und Frist der Verfassungsbeschwerde Linke, § 10, im OpenRewi Grundrechte Lehrbuch.
7 Siehe zum Antragseingang per Telefax Linke, § 10, im OpenRewi Grundrechte Lehrbuch.
8 Siehe zum Ersten Mai https://de.wikipedia.org/wiki/Erster_Mai.

Charlotte Schneeberger

B. Begründetheit

Die Verfassungsbeschwerde ist <u>begründet</u>, soweit der beanstandete Akt der öffentlichen Gewalt die beschwerdeführende Person in ihren Grundrechten oder grundrechtsgleichen Rechten verletzt, siehe Art. 93 I Nr. 4a GG.[9]

In Betracht kommt hier eine Verletzung der Kunstfreiheit aus Art. 5 III 1 Alt. 1 GG. Bei Freiheitsrechten ist eine Grundrechtsverletzung dann gegeben, wenn ein Eingriff in den Schutzbereich vorliegt, der verfassungsrechtlich nicht gerechtfertigt ist.

Angesichts der hier vorliegenden Urteilsverfassungsbeschwerde ist zu beachten, dass es sich bei der Verfassungsbeschwerde um einen außerordentlichen Rechtsbehelf handelt. Dabei soll das BVerfG die Verfassungsbeschwerde gerade nicht zur Überprüfung des einfachen Rechts nutzen, also nicht als „Superrevisionsinstanz" auftreten.[10] Vielmehr ist eine Verletzung spezifischen Verfassungsrechts Voraussetzung für die Begründetheit der Verfassungsbeschwerde. Angesichts der strafrechtlichen Urteile stellt sich somit insbesondere die Frage, ob diese die Bedeutung einschlägiger Grundrechte bzw. grundrechtsgleicher Rechte verkannt haben.

❗ Klausurtaktik

Hier ließe sich alternativ formulieren: „Relevant werden könnte eine Verletzung von Verfahrensgrundrechten, die Anwendung eines verfassungswidrigen Gesetzes, die fehlende Berücksichtigung einzelner Grundrechte oder eine Missachtung der Reichweite oder der Bedeutung der Grundrechte bei der Auslegung und Anwendung des einfachen Rechts durch eine*n Richter*in. Vorliegend kommt nur die Konstellation der Missachtung der Reichweite oder der Bedeutung der Kunstfreiheit durch die strafrechtlichen Urteile in Betracht. Angesichts der strafrechtlichen Urteile stellt sich somit insbesondere die Frage, ob diese die Bedeutung einschlägiger Grundrechte bzw. grundrechtsgleicher Rechte verkannt haben." Die verschiedenen Formulierungen für Obersätze der Begründetheit finden sich <u>hier</u>.[11]

So könnte aufgrund der Urteile ein nicht zu rechtfertigender Eingriff in den Schutzbereich der Grundrechte der S vorliegen.

---

9 Siehe zur Begründetheit der Verfassungsbeschwerde Linke, § 10, im OpenRewi Grundrechte Lehrbuch.
10 Siehe zur Begründetheit der Verfassungsbeschwerde Linke, § 10, im OpenRewi Grundrechte Lehrbuch.
11 Siehe zu Formulierungsbeispielen für den Obersatz der Begründetheit Linke, § 10, im OpenRewi Grundrechte Lehrbuch.

Charlotte Schneeberger

I. Schutzbereich

Zunächst müsste der Schutzbereich eröffnet sein.

1. Persönlicher Schutzbereich

S ist als natürliche Person vom Schutzbereich der Kunstfreiheit umfasst.

2. Sachlicher Schutzbereich

Der sachliche Schutzbereich der Kunstfreiheit müsste eröffnet sein. Nach Art. 5 III GG ist Kunst frei. Darüber hinaus findet sich im Grundgesetz keine weitere Definition von Kunst. Fraglich ist also, was unter Kunst im Sinne von Art. 5 III 1 1. Alt. GG zu verstehen ist und wie umfassend der Schutz dieses Grundrechts ist.

a) Kunstbegriff

Zunächst können verschiedene Kunstbegriffe herangezogen werden.

Klausurtaktik

Hier empfiehlt es sich, die einzelnen Kunstbegriffe kurz zu definieren und jeweils eine Subsumtion des konkreten Kunstwerkes vorzunehmen.

Der formale Kunstbegriff stellt auf die Zuordnung zu einem bestimmten Werktyp ab.[12] Damit werden die Tätigkeiten in den Blick genommen, die sich einer „traditionellen" Kunstform zuordnen lassen. Für das Lied „Deutschland muss sterben" sind die Gattungsanforderungen der Werktypen „Komposition" und Dichtung bzw. Lied erfüllt, sodass es unter einer formalen Perspektive Kunst darstellt.

Demgegenüber liegt nach dem materialen Kunstbegriff dann Kunst vor, wenn es sich um das Ergebnis einer freien schöpferischen Gestaltung handelt, die kunstschaffende Person die eigenen Eindrücke, Erfahrungen und Erlebnisse in einer bestimmten Formensprache zu unmittelbarerer Anschauung bringt und das Werk auf kommunikative Sinnvermittlung nach außen gerichtet ist.[13] Dabei dient das Selbstverständnis der kunstschaffenden Person, die auf diese Weise ihre Persönlichkeit nach außen trägt, als wichtiger Bezugspunkt.[14] Die Verfasserin be-

---

12 Siehe zum formalen Kunstbegriff Kohal, § 23.1, im OpenRewi Grundrechte Lehrbuch.
13 Siehe zum materialen Kunstbegriff Kohal, § 23.1, im OpenRewi Grundrechte Lehrbuch.
14 BVerfG, Beschl. v. 24.2.1971, Az.: 1 BvR 435/68, Rn. 47 = BVerfGE 30, 173 (188 f.) – Mephisto.

Charlotte Schneeberger

nutzt die Formensprache eines Liedes, um ihre Erfahrungen und Eindrücke zu bestimmten Vorgängen mitzuteilen, die man unter der Überschrift „Bedrohliche Lebensumstände in Deutschland" zusammenfassen könnte. Da eine wertende Einengung des Kunstbegriffs mit der umfassenden Freiheitsgarantie des Art. 5 III 1 GG nicht zu vereinbaren ist, kommt es bei der verfassungsrechtlichen Einordnung und Beurteilung auf die „Höhe" der Dichtkunst nicht an.

Für den <u>offenen Kunstbegriff</u> ist die Mannigfaltigkeit der Aussage des Kunstwerkes entscheidend, die sich im Wege der fortgesetzten Interpretation immer neuen Deutungen erschließt.[15] Der satirische, verfremdende und metaphorische Charakter des Liedes macht es interpretationsfähig und -bedürftig, sodass es vielfältigen Interpretationen zugänglich ist und damit auch nach dieser Auffassung Kunst darstellt.

❗ Klausurtaktik

Die oben genannten Kunstbegriffe stehen nicht in einem Konkurrenzverhältnis zueinander, sodass es sich nicht um einen typischen <u>Meinungsstreit</u> handelt und in einer Klausur eine Entscheidung zwischen den unterschiedlichen Begriffen nicht notwendig ist (siehe auch die <u>Lösungsskizze</u>).[16] Vielmehr stellen die unterschiedlichen Begriffe einen Annäherungsversuch dar und bemühen sich zugleich, einer staatlichen Kunstdefinition zu entsagen. Dennoch sollten alle drei Kunstbegriffe in jeder Klausur genannt werden. Siehe auch das entsprechende Kapitel im <u>Lehrbuch</u>.[17]

Somit ist das Lied nach allen drei Kunstbegriffen als Kunst im Sinne des Art. 5 III GG einzuordnen.

b) Reichweite des Schutzes

Auch müsste die Darbietung des Liedes auf dem Konzert von der Kunstfreiheit geschützt sein. Es sind der Werk- und der Wirkbereich der Kunstfreiheit geschützt. Der **Werkbereich** meint dabei das Umsetzen des künstlerischen Willens in die Realität, während der **Wirkbereich** die Verbreitung des Kunstwerks und damit die Wirkung in der Öffentlichkeit umfasst. Hier wurde das Lied von S im Rahmen des Konzerts gesungen und damit selbst in seiner Wirkung auf das Publikum zur Geltung gebracht und als solches verbreitet, sodass die Darbietung des Liedes dem Wirkbereich der Kunstfreiheit zuzuordnen ist. Folglich ist die Darbietung des

---

15 Siehe zum offenen Kunstbegriff Kohal, § 23.1, im OpenRewi Grundrechte Lehrbuch.

16 Siehe zu der Darstellung eines Meinungsstreits sowie einer Lösungsskizze Bustami, Fall 1a Didaktik Lösungsskizze, in diesem Fallbuch.

17 Siehe zur Kunstfreiheit Kohal, § 23.1, im OpenRewi Grundrechte Lehrbuch.

Charlotte Schneeberger

Liedes von der Kunstfreiheit umfasst. Mithin ist der Schutzbereich der Kunstfreiheit eröffnet.

II. Eingriff

Zudem müsste ein Eingriff in die Kunstfreiheit der S vorliegen.[18] Nach dem klassischen Eingriffsbegriff ist darunter ein Rechtsakt zu verstehen, der final, unmittelbar und imperativ freiheitsverkürzend in die Rechtssphäre der betroffenen Person eingreift. Durch die strafrechtlichen Urteile wird unmittelbar, mit durchsetzbarem Zwang und zielgerichtet, also final in die Kunstfreiheit der S eingegriffen.

Klausurtaktik !

Da hier bereits der klassische Eingriff bejaht wurde, müssen keine weiteren Ausführungen zum modernen Eingriffsbegriff vorgenommen werden.

III. Rechtfertigung

Der Eingriff könnte jedoch gerechtfertigt sein. Ein Grundrechtseingriff ist gerechtfertigt, wenn das Grundrecht einschränkbar ist und der Eingriff den Anforderungen des Schrankenvorbehalts Rechnung trägt.

Klausurtaktik !

Zum Aufbau der Rechtfertigung der Urteilsverfassungsbeschwerde finden sich hier weitere Informationen.[19]

1. Einschränkbarkeit des Grundrechts

Fraglich ist, unter welchem Schrankenvorbehalt die Kunstfreiheit steht. Im Wortlaut des Art. 5 III GG findet sich keine Formulierung eines Gesetzesvorbehalts, sodass es sich um ein vorbehaltlos gewährleistetes Grundrecht handeln könnte.

Andererseits könnte der qualifizierte Gesetzesvorbehalt des Art. 5 II GG auch auf die Kunstfreiheit anwendbar sein. Dann wäre eine der drei Schranken (allgemeine Gesetze, gesetzliche Bestimmungen zum Schutze der Jugend, Recht der

---

18 Siehe zu Eingriffen in die Kunstfreiheit Kohal, § 23.1, im OpenRewi Grundrechte Lehrbuch.
19 Siehe zum Aufbau der Rechtfertigung im Rahmen der Urteilsverfassungsbeschwerde Milas/Ruschemeier, Abschnitt 2, im OpenRewi Grundrechte Lehrbuch.

Charlotte Schneeberger

persönlichen Ehre) in Betracht zu ziehen. Die Anwendung der Schranken aus Art. 5 II GG steht jedoch im Widerspruch zu der Systematik des Art. 5 GG. Dieser trennt die Gewährleistungsbereiche in einzelne Absätze, sodass Art. 5 III GG als speziellere Norm zu Art. 5 I GG zu lesen ist und damit die für den ersten Absatz geltenden Schranken aus Art. 5 II GG nicht für Art. 5 III GG gelten. Auch der Wortlaut von Art. 5 II GG („Diese Rechte …") spricht gegen eine Anwendung auf die Kunstfreiheit aus Art. 5 III GG.

❗ Klausurtaktik

Ausgehend vom Wortlaut der Norm lassen sich hier die unterschiedlichen Möglichkeiten für den Schrankenvorbehalt einander gegenüberstellen und kurz auf den konkreten Sachverhalt beziehen. Die Argumentation sollte knapp auf die verschiedenen Ansätze eingehen und dabei möglichst systematische Aspekte berücksichtigen. Zwar handelt es sich hierbei um keinen besonders problematischen <u>Meinungsstreit</u>, dennoch sollte sich dieser gerade in Anfangssemester-Bearbeitungen wiederfinden.[20]

Damit findet keine Übertragung der Schranken aus Art. 5 II GG statt. Somit ist Art. 5 III GG nur durch verfassungsimmanente Schranken, also durch Grundrechte Dritter sowie sonstige Rechtsgüter von Verfassungsrang, einschränkbar.

Vorliegend wird die Kunstfreiheit durch § 90a StGB eingeschränkt, der dem Schutz der Existenz und des Bestandes der freiheitlich-demokratischen Verfassungsordnung der Bundesrepublik Deutschland dient. Die freiheitlich-demokratische Grundordnung wird aus den Prinzipien der Art. 1 GG und Art. 20 GG abgeleitet, sodass es sich um ein von der Verfassung geschütztes Rechtsgut handelt.

2. Verfassungsmäßigkeit der Rechtsgrundlage

Von der <u>formellen</u> und <u>materiellen</u> Verfassungsmäßigkeit des § 90a StGB ist auszugehen.[21]

❗ Klausurtaktik

Dies war im Bearbeitungshinweis vorgegeben.

---

20 Siehe zur Darstellung eines Meinungsstreit Bustami, Fall 1a Didaktik Lösungsskizze, in diesem Fallbuch.
21 Siehe zu der formellen und materiellen Verfassungsmäßigkeit von Gesetzen Milas, § 7, im OpenRewi Grundrechte Lehrbuch.

Charlotte Schneeberger

3. Verfassungsmäßigkeit der Einzelentscheidung

Die Gerichte müssten bei der Auslegung und Anwendung der strafrechtlichen Vorschrift das Grundrecht der S aus Art. 5 III GG in seiner Bedeutung und Tragweite hinreichend beachtet haben. Dies ist der Fall, wenn sie der Bedeutung der Kunstfreiheit durch eine „werkgerechte Interpretation" ausreichend Rechnung getragen haben und dem Grundsatz der Verhältnismäßigkeit gerecht werden.

a) werkgerechte Interpretation

Klausurtaktik !

Der Prüfungspunkt der werkgerechten Interpretation stellt in der Prüfung der Verfassungsbeschwerde eine Besonderheit der Kunstfreiheit dar. Daher empfiehlt es sich, diesen Punkt in die Prüfungsreihenfolge zu übernehmen, insbesondere wenn das Kunstwerk als Zitat vorliegt oder mitabgedruckt ist. Andernfalls ließen sich die Erwägungen, die an dieser Stelle vorgenommen werden, ebenso in dem üblichen Schema der Verhältnismäßigkeitsprüfung aufgreifen und insbesondere bei der Angemessenheit anführen. Ein solcher alternativer Aufbau ist in der Lösungsskizze angedeutet.[22]

Für die Auslegung des § 90a StGB müssten die Gerichte im Wege einer werkgerechten Interpretation den Aussagekern des Kunstwerkes herausgearbeitet haben.

Weiterführendes Wissen i

Eine vergleichbare Prüfung findet sich bei der Meinungsfreiheit (Fall 5).[23] Dort müssen die Gerichte sich mit Bedeutung und Reichweite der Meinungsfreiheit im Falle der konkreten Meinungsäußerung auseinandersetzen.

Vorliegend stellen die Gerichte allein auf den Wortlaut des Liedes ab, ohne sich weitergehend mit dem Aussagekern auseinanderzusetzen. Diese verkürzte Auseinandersetzung mit dem satirischen Charakter des Liedes und dem Aufgreifen von gesellschaftlichen und politischen Missständen durch bildhafte Sprache und überspitzte Darstellungen verkennt den Aussagekern des Liedes. Die Verfasserin bediente sich hier sprachlicher Mittel und Anspielungen auf historische Gegeben-

---

22 Siehe zur Darstellung eines Meinungsstreit Bustami, Fall 1a Didaktik Lösungsskizze, in diesem Fallbuch.
23 Siehe Valentiner, Fall 5, in diesem Fallbuch.

Charlotte Schneeberger

heiten sowie literarischer Bezüge, um ihre Kritik drastisch und plakativ äußern zu können. Als charakteristisches Merkmal der Kunstform Punkrock sieht das BVerfG, dass „der Aussagekern mit symbolhaft überfrachteten Bildern verbrämt und in karikaturhaft überzeichneten Ausdrücken umschrieben wird; typisch sind auch Anspielungen auf zeitgeschichtliche Vorgänge und literarische Reminiszenzen"[24]. Die Strafgerichte verkennen in ihrer Auseinandersetzung mit dem Lied bereits, dass sie zunächst die verwendeten künstlerischen Formen ermitteln müssen und diese im Rahmen der strafrechtlichen Würdigung des Aussagekerns nicht heranziehen dürfen. Der Kerngehalt des Liedes benennt in kritischer Sprache politische, gesellschaftliche und ökologische Zustände sowie technologische Erfindungen, die negativ bewertet werden und für die der Staat „Deutschland" verantwortlich gemacht wird. Die Emotionalisierung dieser Aspekte erfolgt durch kompositorische Einhegung. Speziell mit der Refrainzeile „Deutschland muss sterben, damit wir leben können" wird laut BVerfG ein „gängiges dichterisches Stilmittel verwendet, mit dem ein Lebensgefühl von Fremdheit und Hoffnungslosigkeit in aggressiver Zuspitzung vermittelt werden soll. Bei der strafrechtlichen Würdigung des Liedes dürfen diese Elemente der künstlerischen Einkleidung dem Aussagekern nicht zugerechnet werden."[25] Bei der strafrechtlichen Würdigung des Liedes dürfen diese Elemente der künstlerischen Einkleidung dem Aussagekern nicht zugerechnet werden. Darüber hinaus lässt sich die Tradition einer solchen Kritik mit Blick auf Vorbilder aus der Literatur ableiten.[26] Ebenso lässt sich das Lied zeitgeschichtlich interpretieren, da es als Antithese zu dem Kriegerdenkmal für das Infanterie-Regiment „Hamburg" (2. Hanseatisches) Nr. 76 am Hamburger Dammtor verstanden werden kann.[27]

❗ Klausurtaktik

Ausführungen zu literarischen Vorbildern oder einer zeitgeschichtlichen Interpretation des Liedes würden in einer Klausur von den Bearbeiter*innen nicht erwartet werden. An dieser Stelle dienen sie vor allem zur Veranschaulichung des Sachverhalts und einer Einbettung in den historischen Kontext.

---

24 BVerfG, Beschl. v. 3.11.2000, Az.: 1 BvR 581/00, Rn. 21.
25 BVerfG, Beschl. v. 3.11.2000, Az.: 1 BvR 581/00, Rn. 22.
26 Als ein solches literarisches Vorbild kann das Gedicht „Die schlesischen Weber" von Heinrich Heine aus dem Jahr 1844 dienen, siehe dazu https://de.wikipedia.org/wiki/Die_schlesischen_Weber.
27 BVerfG, Beschl. v. 3.11.2000, Az.: 1 BvR 581/00, Rn. 30. Zum Kriegerdenkmal am Hamburger Dammtorbahnhof siehe https://de.wikipedia.org/wiki/Dammtor#Kriegerdenkmal,_Gegendenkmal_und_Deserteurdenkmal.

Charlotte Schneeberger

Vorliegend stellen die Gerichte allein auf den Wortlaut des Liedes ab, ohne sich weitergehend mit dem Aussagekern auseinanderzusetzen. Damit verfehlen sie bereits eine werkgerechte Interpretation des Liedes.

Weiterführendes Wissen

Als aktuelles Beispiel für den engen Zusammenhang von Inhalt und Form eines Kunstwerkes siehe: Danger Dan – Das ist alles von der Kunstfreiheit gedeckt.[28]

---

b) Verhältnismäßigkeit

Klausurtaktik

Das Bundesverfassungsgericht gab der Verfassungsbeschwerde bereits aufgrund der fehlenden werkgerechten Interpretation des Liedes statt. Das Fehlen der werkgerechten Interpretation führt dazu, dass die Verurteilung weder geeignet noch erforderlich und angemessen sein kann. Aus klausurtaktischen und didaktischen Gründen erfolgt jedoch eine Darstellung der weiteren Prüfung, auch um die Struktur der Verhältnismäßigkeit (legitimer Zweck, Geeignetheit, Erforderlichkeit, Angemessenheit) zu wiederholen. Im Rahmen einer Klausur wäre eine weitere Prüfung der Verhältnismäßigkeit nicht zu erwarten, wenn die bearbeitende Person im Rahmen der werkgerechten Interpretation mit einer vertretbaren Argumentation zu dem Ergebnis kommt, dass die Gerichte eine solche nicht vorgenommen haben und damit die Bearbeitung beendet.

Die Gerichte könnten bei der Auslegung und Anwendung des § 90a StGB im konkreten Fall auch den Grundsatz der Verhältnismäßigkeit nicht hinreichend berücksichtigt haben.[29]

aa) legitimer Zweck

Die Urteile müssten einen legitimen Zweck verfolgen.[30] Der Zweck der Urteile liegt im Schutz der freiheitlich demokratischen Verfassungsordnung durch die Anwendung des § 90a StGB, ist also nicht schlechthin gemeinschädlich und damit legitim.

---

28 Danger Dan, Das ist alles von der Kunstfreiheit gedeckt, abrufbar unter: https://www.youtube.com/watch?v=Y-B0lXnierw.
29 Siehe zum Grundsatz der Verhältnismäßigkeit Milas, § 7, im OpenRewi Grundrechte Lehrbuch.
30 Siehe zum legitimen Zweck Milas, § 7, im OpenRewi Grundrechte Lehrbuch.

Charlotte Schneeberger

bb) Geeignetheit

Zudem müsste die Verurteilung auch geeignet sein.[31] Dies ist der Fall, wenn damit der Zweck zumindest gefördert wird. Mit der Verurteilung der S kann die Durchsetzung des Schutzes der freiheitlich-demokratischen Grundordnung der Bundesrepublik Deutschland mindestens gefördert werden. Somit ist die Verurteilung auch geeignet.

❗ Klausurtaktik

Mit Blick auf die werkgerechte Interpretation (siehe dort Hinweis zur Klausurtaktik) ließe sich ebenfalls argumentieren, dass die S die freiheitlich-demokratische Grundordnung aufgrund des satirischen Gehalts des Liedes nicht angreift, sodass auch ihre Verurteilung den Schutz der freiheitlich-demokratischen Grundordnung nicht fördern kann und damit bereits nicht geeignet ist. So auch in der Lösungsskizze.[32]

---

cc) Erforderlichkeit

Ferner müsste die Verurteilung der S auch erforderlich sein.[33] Dies ist der Fall, wenn es kein milderes, gleich geeignetes Mittel gibt. Ein solches ist vorliegend nicht ersichtlich. Damit ist die Verurteilung der S auch erforderlich.

dd) Angemessenheit

Darüber hinaus müsste die Verurteilung der S auch angemessen sein.[34] Dafür sind die betroffenen Rechtsgüter zunächst abstrakt und anschließend konkret gegeneinander abzuwägen.

Auf einer abstrakten Ebene ist die Kunstfreiheit aus Art. 5 III 1 GG nicht prinzipiell höher zu gewichten als der Schutz des Bestandes der freiheitlich-demokratischen Grundordnung der Bundesrepublik Deutschland. Die Kunstfreiheit ist durch ihre schrankenlose Gewährleistung ein besonders gewichtiges Verfassungsgut. Der Schutz des Bestandes der freiheitlich-demokratischen Grundordnung stellt „unter Ausschluss jeglicher Gewalt- und Willkürherrschaft eine rechtsstaatliche Herrschaftsordnung auf der Grundlage der Selbstbestimmung des Volkes nach dem Willen der jeweiligen Mehrheit und der Freiheit und Gleichheit

---

31 Siehe zur Geeignetheit Milas, § 7, im OpenRewi Grundrechte Lehrbuch.

32 Siehe zu der Prüfung der Geeignetheit in der Lösungsskizze Bustami, Fall 1a Didaktik Lösungsskizze, in diesem Fallbuch.

33 Siehe zur Erforderlichkeit Milas, § 7, im OpenRewi Grundrechte Lehrbuch.

34 Siehe zu der Prüfung der Angemessenheit und insbesondere deren Aufbau Milas, § 7, im OpenRewi Grundrechte Lehrbuch.

Charlotte Schneeberger

[dar]"[35] und lässt sich somit teilweise an die in Art. 1 und 20 GG enthaltenen Prinzipien anknüpfen, die vom Schutz des Art. 79 III GG umfasst sind.

Im konkreten Verhältnis der beiden Rechtsgüter zueinander ist zu berücksichtigen, dass für die Ausübung der Kunstfreiheit die strafrechtliche Bewertung ein allumfassendes Verbot bedeutet. Demgegenüber kann der freiheitlich-demokratischen Grundordnung die Konfrontation mit einem Punk-Lied durchaus zugemutet werden und diese nicht grundsätzlich erschüttern. Als Indiz dafür dient auch der Umstand, dass die frei erhältliche Aufzeichnung des Liedes bisher nicht zu einer merklichen Beeinträchtigung der Funktionsfähigkeit der staatlichen Einrichtungen oder der Friedlichkeit in der Bundesrepublik geführt hat. Im konkreten Fall der Wiedergabe durch S wurde das Lied nur von ca. 100 Menschen mitgesungen, die das Lied zumeist schon kannten, sodass an dieser Stelle erst recht von keiner relevanten Gefährdung auszugehen ist. Somit ist in diesem Fall die Kunstfreiheit höher zu gewichten als die Staatsschutzinteressen und die Verurteilung der S damit nicht angemessen.

Mithin liegt ein nicht zu rechtfertigender Eingriff in den Schutzbereich der Kunstfreiheit der S vor.

Folglich ist S in ihrem Grundrecht aus Art. 5 III 1 1. Alt GG verletzt.

C. Ergebnis

Die Verfassungsbeschwerde ist zulässig und begründet und hat daher Aussicht auf Erfolg.

Zusammenfassung: Die wichtigsten Punkte
- Fristberechnung für die Verfassungsbeschwerde: Verweis auf §§ 187 ff. BGB.
- Kunstbegriffe und deren Verhältnis zueinander: Es gibt drei verschiedene Definitionen, die aber nicht in einem Konkurrenzverhältnis stehen.
- Einschränkbarkeit der Kunstfreiheit: Art. 5 III GG ist durch verfassungsimmanente Schranken einschränkbar.
- Aufbau der Kunstfreiheit im Rahmen einer Verfassungsbeschwerde: Besonders ist hier der Prüfungspunkt der werkgerechten Interpretation.

Weiterführende Studienliteratur
- zu Grunde liegende Entscheidung: BVerfG, Beschl. v. 3.11. 2000, Az.: 1 BvR 581/00
- Die Kunstfreiheit im Lehrbuch zu den Grundrechten bei OpenRewi findet sich bei Jaschar Kohal, § 23.1.

---

35 BVerfG, Urt. v. 23.10.1952, Az.: 1 BvB 1/51, Rn. 38 = BVerfGE 2, 1 (12 f.) – SRP-Verbot.

Charlotte Schneeberger

- einen aufbereiteten <u>Sachverhalt</u> und Tipps zur Arbeit mit dem Sachverhalt bietet Dana-Sophia Valentiner, Fall 1a Aufbereiteter Sachverhalt, im OpenRewi Fallbuch
- eine <u>Lösungsskizze mit Formulierungsvorschlägen für den Gutachtenstil</u> hat Ammar Bustami, Fall 1a Lösungsskizze, im OpenRewi Fallbuch erstellt
- eine <u>Musterbearbeitung mit Korrektur</u> stellen Rahel Schwarz/Charlotte Schneeberger, Fall 1a Musterbearbeitung, im OpenRewi Fallbuch zur Verfügung

Charlotte Schneeberger

Fall 1a: Didaktisch aufbereiteter Sachverhalt

Zur Arbeit mit dem Sachverhalt

Der Sachverhalt einer Klausur (oder Hausarbeit) liefert wichtige Hinweise für die Bearbeitung. Er enthält Informationen und Argumente, die durch die Bearbeiter: innen ausgewertet und für die Gliederung und Ausarbeitung herangezogen werden können. Der Sachverhalt liefert regelmäßig auch Anhaltspunkte zu rechtlichen Problemschwerpunkten, zu definierenden zentralen Begriffen und zu klärenden Fragen. Deshalb ist es wichtig, den Sachverhalt gründlich zu lesen und die darin unterbreiteten Angebote für die Argumentation zu nutzen. Informationen aus dem Sachverhalt bilden auch den Ausgangspunkt der Lösungsskizze für die Korrektor:innen. Wer sorgfältig mit dem Sachverhalt arbeitet, übersieht seltener Schwerpunkte oder Fragen, auf die der Sachverhalt „angelegt" ist.

Um dies auszuprobieren und einzuüben, schlagen wir folgende Arbeit mit dem Sachverhalt vor:

1. Sachverhalt aufmerksam lesen, <u>Fragestellung</u> oder den Arbeitsauftrag suchen
2. Spontane <u>Gedanken beim Lesen</u> stichpunktartig festhalten
3. Sachverhalt erneut lesen und <u>auswerten</u> (dieses Mal mit der konkreten Aufgabenstellung vor Augen)
4. Überlegen, wo tatsächliche und rechtliche <u>Schwerpunkte</u> liegen und diese markieren
5. Einschlägige <u>Rechtsnormen</u> finden, lesen und notieren
6. Aufgeworfene Fragen und Schwerpunkte gliedern und eine <u>Lösungsskizze</u> <u>entwickeln</u>
7. Erst dann: Bearbeitung <u>ausformulieren</u>

Tipps zum Sachverhalt

– Jede Information im Sachverhalt ist darauf zu prüfen, ob sie für das Gutachten bedeutsam ist.
– Besonders Zeitangaben haben oft eine Bedeutung (zum Beispiel für die <u>Frist</u> <u>in der Zulässigkeit</u>).
– Nutzt den Sachverhalt auch während der Bearbeitung!
– Nach Erstellung der Lösungsskizze überprüfen: Werden alle Argumente im Sachverhalt in der Lösungsskizze verarbeitet?
– Nach Anfertigung der Lösung überprüfen: Werden alle Sachverhaltsinformationen in der Lösung aufgegriffen? (Probiert hier aus, die verwendeten Infor-

Dana-Sophia Valentiner

mationen im Sachverhalt abzuhaken, wenn ihr sie in der Lösung verwenden konntet)

Sachverhalt – aufbereitet

Um das vorgeschlagene Vorgehen zu veranschaulichen, wird im Folgenden der Sachverhalt zu Fall 1 mit Markierungen dargestellt. So könntet ihr (z. B. mit Textmarkern und bunten Stiften) den Sachverhalt auch in der Klausur bearbeiten.

Wie ein solches Vorgehen mit **farblichen** Markierungen aussehen kann, könnt ihr in der Version des Dokuments auf Wikibooks anschauen.

Hinweis:

Im nachstehenden Sachverhalt sind zentrale Informationen folgendermaßen hervorgehoben:

- **Personen**
- *Zeitangaben*
- Prozessuales Geschehen
- **Problemschwerpunkte Tatsachenebene**
- **Problemschwerpunkte rechtliche Bewertung**

Während seiner Semesterferien wird **Jurastudent J** von seiner alten Freund*innengruppe zu einem Konzert mitgenommen, „um mal auf andere Gedanken zu kommen". Im Club angekommen, muss der bekennende Trap-Fan J entsetzt feststellen, dass es sich um das – mit 100 Personen mäßig besuchte – Konzert einer alternden Punk-Band handelt. Um seine Freund*innen nicht zu verärgern, beschließt J dennoch, eine Weile zu bleiben. Er hält sich aber lieber am Tresen der Bar fest, um nicht in den Pogo zu geraten. Nach einer ganzen Weile sehr lauter Songs mit viel Geschrei kündigt die **Sängerin S** den nächsten **Song „Deutschland muss sterben"** mit den Worten an: **„Gegen den Nationalismus steht immer noch dieser Song! Gegen die andauernde Verehrung von Kriegshetze und Nationalismus durch Denkmäler! Gegen den Kriegsklotz in Hamburg!"**. J ist angesichts des Textes und der mitgrölenden Menge entsetzt:

Songtext genau lesen!

Wo Faschisten und Multis das Land regieren,
wo Leben und Umwelt keinen interessieren,
wo alle Menschen ihr Recht verliern,
da kann eigentlich nur noch eins passieren:
Deutschland muss sterben, damit wir leben können,
Deutschland muss sterben, damit wir leben können,
Deutschland muss sterben, damit wir leben können,
Deutschland muss sterben, damit wir leben können.
Schwarz ist der Himmel und rot ist die Erde,
gold sind die Hände jener Bonzenschweine,
doch der Bundesadler stürzt bald ab,
denn Deutschland, wir tragen Dich zu Grab.
Wo Faschisten und Multis das Land regieren,
wo Leben und Umwelt keinen interessieren,
wo alle Menschen ihr Recht verliern,
da kann eigentlich nur noch eins passieren:
Deutschland muss sterben, damit wir leben können,
[...].
Wo Raketen und Panzer den Frieden sichern,
AKW's und Computer das Leben verbessern, bewaffnete Roboter überall,
doch Deutschland, wir bringen Dich zu Fall.
Deutschland muss sterben, damit wir leben können,
[...].
Deutschland, verrecke, damit wir leben können,
Deutschland!

Kunst? Meinungsfreiheit?

J ist überzeugt, **dass der Inhalt dieses Textes zur Vernichtung der Bundesrepublik und der freiheitlich-demokratischen Verfassungsordnung aufruft** und **ist sich sicher, dass S und die Band sich damit strafbar machen.** Nachdem er versucht hat, seiner **Freundin F** seine Empörung ins Ohr zu schreien, aber nur ein verwirrtes Schulterzucken als Antwort erhält, macht er sich auf den Weg zur Polizei und zeigt die Sängerin S an. Die zuständige Staatsanwaltschaft nimmt umgehend die Ermittlungen auf und erhebt schließlich Anklage beim Amtsgericht. Dieses stellt fest, **dass das Lied nicht als jugendgefährdend indiziert ist** und Aufzeichnungen davon frei erhältlich sind. Dennoch verurteilt das Gericht S wegen Verunglimpfung des Staates und seiner Symbole gemäß § 90a I Nr. 1 StGB zu einer Geldstrafe von 150 Tagessätzen. Das Gericht begründet die Verurteilung der S mit dem **eindeutigen Wortlaut des Liedes.** Dieser bringe unmissverständlich zum Ausdruck, dass sich eine Besserung der Lage für die Staatsbür-

Grenzen der Kunstfreiheit?

Jugendschutz

Dana-Sophia Valentiner

ger*innen nur durch eine **Vernichtung des Staatssystems der Bundesrepublik Deutschland erreichen lasse.** Als **rechtstaatlich verfasste Demokratie** sei die Bundesrepublik Deutschland in ihrem **Bestand** von der inneren Zustimmung ihrer Bürger*innen abhängig und auf ein Mindestmaß an Achtung angewiesen. Dies sei insbesondere notwendig, um die **Grundrechtsausübung selbst wirksam gewährleisten zu können.** Darin liege ein **verfassungsrechtlich und strafrechtlich geschütztes Rechtsgut,** das im vorliegenden Fall die Berufung auf die **Kunstfreiheit** versage.

freiheitlich-demokratische Grundordnung

Nachdem auch das letztinstanzliche Gericht die Verurteilung der S bestätigt und ihr diese Entscheidung am *Montag, den 1.4.2019* zustellt, beschließt S Verfassungsbeschwerde zu erheben. Ihre **Prozessvertreterin**, die **Anwältin A**, arbeitet noch *am selben Tag* einen Schriftsatz aus, in welchem sie die Verletzung der Kunstfreiheit der S rügt. Den **unterschriebenen Schriftsatz** legt sie *nachmittags* ihrem **Assistenten X** auf den Schreibtisch, mit der Bitte, diesen sofort postalisch nach Karlsruhe zu schicken. **Leider hat X vergessen, neue Briefmarken zu kaufen und schickt den Schriftsatz daher nicht sofort ab.** Über dem Stress in den nächsten Tagen und den Vorbereitungen seiner ersten Demonstration zum *Tag der Arbeit* **vergisst er auch den Schriftsatz** auf seinem Schreibtisch. Am *Freitag, den 2.5.2019* fällt ihm dieser wieder in die Hände. Er übermittelt den Schriftsatz *sofort* **per Telefax** an das Bundesverfassungsgericht, wo dieser noch *am Vormittag* eingeht.

Fristproblem!
→ Zulässigkeit

Fallfrage

Hat die Verfassungsbeschwerde der S Aussicht auf Erfolg?

Dana-Sophia Valentiner

Erstellen einer Lösungsskizze

Die **Lösungsskizze** stellt das Herzstück einer guten Klausur dar: Hier werden alle relevanten Gedanken zur Lösung des Falles gesammelt. Sie dient einerseits als Gedankenstütze, um keine wichtigen Aspekte (und Normen) zu vergessen. Andererseits kann sie auch als konkreter Fahrplan genutzt werden, um sich Schwerpunktsetzung und Zeiteinteilung zu vereinfachen. Wir haben im Folgenden einige Empfehlungen und Anregungen zusammengetragen, die beim Erstellen einer Lösungsskizze behilflich sein können. Es gibt vielfältige Möglichkeiten. Probiert aus, was für *euch* gut funktioniert!

Ausgangspunkt Fallfrage

Ausgangspunkt für Sachverhaltserfassung und Lösungsskizze ist stets die konkrete **Fallfrage**.

> **Beispiel:** Wird nach der Aussicht auf Erfolg eines Antrags gefragt oder gibt es einzelne Fallfragen?[36] Geht es um eine Verfassungsbeschwerde – oder doch um eine abstrakte oder konkrete Normenkontrolle?[37]

Dies hat unmittelbare Auswirkungen auf das **Grundschema**, das auch der Lösungsskizze zugrunde liegen sollte. Sofern die wichtigsten Prüfungsschemata bekannt sind, kann dies bei der Strukturierung helfen und bereits in der Lösungsskizze können die Prüfungspunkte nach und nach abgearbeitet werden.[38] Wenn es die konkrete Falllösung erfordert, können jedoch auch Abweichungen vom Standard-Aufbau sinnvoll sein (siehe zum Beispiel González Hauck, Fall 6, in diesem Fallbuch). Solange alle wesentlichen Sachverhaltsinformationen und eine fundierte Argumentation gegeben sind, kommt es nicht darauf an, ob genau der Prüfungsaufbau der „Musterlösung" getroffen wird.

Vor Erstellung der Skizze sollte man sich über den **Zweck der eigenen Lösungsskizze** und daraus folgend deren **Umfang** bewusst werden. Mindestens sollte eine Lösungsskizze als grobe Gedankenstütze und Vorgliederung des Gutachtens dienen. Empfehlenswert ist darüber hinaus, sich mit der Lösungsskizze selbst einen möglichst genauen Fahrplan zu geben. Idealerweise sollte die Lö-

---

36 Siehe für die Aussicht auf Erfolg zum Beispiel Schneeberger, Fall 1, in diesem Fallbuch. Siehe für einzelne Fallfragen zum Beispiel Goldberg, Fall 8, in diesem Fallbuch.

37 Siehe für eine abstrakte Normenkontrolle Kahl, Fall 3, in diesem Fallbuch. Siehe für eine konkrete Normenkontrolle Goldberg, Fall 8, in diesem Fallbuch.

38 Siehe zu Prüfungsschemata Jandl, § 13, im OpenRewi Grundrechte Lehrbuch.

sungsskizze so detailliert sein, dass man im Anschluss nur noch „runterschreiben" muss. Wer sich während des Schreibens noch zu viele Gedanken machen muss, wie ein Problem zu lösen ist, läuft Gefahr, sich zeitlich zu verzetteln oder widersprüchlich zu arbeiten. Natürlich gilt: je kürzer die Gesamtbearbeitungszeit in der Klausur, desto weniger **Zeit** kann prozentual die Lösungsskizze beanspruchen.

Die Gestaltung der Lösungsskizze ist in großen Teilen Geschmackssache. Gerade im Falle einer digitalen Klausurbearbeitung stellt sich bereits die Frage, ob man zu einer **handschriftlichen** Lösungsskizze greift oder in Textdokumenten arbeitet. Unabhängig davon kann zum Beispiel ein **Farbsystem** (in Sachverhalt + Lösungsskizze) helfen, die Argumente im Sachverhalt zu sortieren und zum Beispiel Rechtsnormen, Zeitangaben, besonders wichtige Aspekte, etc. hervorzuheben.[39] Das gleiche gilt für **Symbole** in Sachverhalt und Lösungsskizze.

Inhalte der Lösungsskizze

Bereits beim Erstellen der Lösungsskizze lohnt sich der **Blick in das Gesetz**: Die relevanten Gesetzestexte sind neben dem Sachverhalt die zweite wichtige Grundlage der Prüfung. Natürlich gilt dies in erster Linie für Grundgesetz (GG) und Bundesverfassungsgerichtsgesetz (BVerfGG). Doch der Sachverhalt kann auch Hinweise für weitere relevante (einfachgesetzliche) Normen geben – teilweise sind diese abgedruckt, so wie hier § 90a StGB. Oftmals dient euch die entsprechende Norm als Ausgangspunkt für eine saubere Auslegungsarbeit oder kann ein Hinweis für eine Problematik in Bezug auf den Bestimmtheitsgrundsatz sein.[40] Die einschlägigen Rechtsnormen müssen so genau wie möglich zitiert werden – das heißt mit Absatz und Satz.

> **Beispiel:** Ein Verweis auf „Art. 2 GG" ist nichtssagend, denn es macht einen großen Unterschied, ob ein:e Beschwerdeführer:in in Art. 2 I GG,[41] in Art. 2 II 1 GG[42] oder in Art. 2 II 2 GG[43] verletzt ist.

---

39 Siehe für ein Beispiel Valentiner, Fall 1a Aufbereiteter Sachverhalt, in diesem Fallbuch.

40 Siehe zu den Auslegungsmethoden Ruschemeier, § 5 B.III., im OpenRewi Grundrechte Lehrbuch. Siehe zum Bestimmtheitsgrundsatz im Fall Macoun, Fall 10 B.II.2.b)aa), in diesem Fallbuch.

41 Siehe zu Art. 2 I GG Kahl, Fall 3, in diesem Fallbuch.

42 Siehe zu Art. 2 II 1 GG Bustami/Kahl, Fall 4, in diesem Fallbuch.

43 Siehe zu Art. 2 II 2 GG Würkert, § 25.1, im OpenRewi Grundrechte Lehrbuch.

Ammar Bustami

Ob und wie detailliert in der Lösungsskizze bereits **Definitionen, Meinungs-streits und die Auslegungsmethoden** ausformuliert werden, ist einerseits Geschmackssache. Andererseits sollte hierauf in der Lösungsskizze noch nicht zu viel Zeit im Detail verwendet werden. Speziell gilt hierzu:

– Die wesentlichen **Definitionen** im Verfassungsrecht sollten im Kern sitzen, sodass nicht zu viel Zeit beim „Herauskramen" verloren wird. Zu solchen Kerndefinitionen gehören beispielsweise einzelne sachliche Schutzbereiche (hier der <u>Kunstbegriff</u>), der <u>moderne Eingriffsbegriff</u> oder die Elemente der <u>Verhältnismäßigkeitsprüfung</u>.[44] Wichtig ist aber: **Es kommt NICHT auf den genauen Wortlaut solcher Definitionen an, sondern darauf, die wesentlichen Elemente dieser Definitionen herleiten zu können.** Es ist daher manchmal besser, die Inhalte/den Zweck zu verstehen, als nur Definitionen auswendig zu lernen.

– Sofern die Klausur einen **Meinungsstreit** beinhaltet, sollte sich bereits aus der Lösungsskizze ergeben, ob dessen Entscheid erforderlich ist und wie er entschieden wird, da in der Regel die weitere Prüfung davon abhängen wird.[45]

– Ebenfalls relevant für die Falllösung können die klassischen **Auslegungsmethoden** (<u>Wortlaut, Systematik, Sinn und Zweck, Historie der Norm</u>) sein – oft auch in Verbindung mit einem Meinungsstreit (siehe für eine entsprechende Falllösung <u>Kahl, Fall 3 Frage 3, in diesem Fallbuch</u>).[46] Deren Nutzung kann in der Lösungsskizze bereits festgehalten werden, um dort bestenfalls die Auslegungsmethoden so zu sortieren, dass sich im späteren Gutachten eine stringente Argumentationslinie ergibt.

Schließlich gilt gerade im Rahmen von verfassungsrechtlichen Klausuren, die **prozessual eingekleidet** sind, folgende Besonderheit: Der genaue Aufbau der Begründetheit eines Rechtsbehelfs wird maßgeblich durch die Feststellungen in der Zulässigkeit vorbestimmt. Dies hat zur Folge, dass bereits die Lösungsskizze dabei unterstützen kann, die gesamte Prüfung zu strukturieren. Anders formuliert: **Was nicht bereits in der Zulässigkeit anklingt, darf in der Begründetheit auch nicht thematisiert werden.** Diese Verknüpfungen von Zulässigkeit und Begründetheit gilt insbesondere für folgende Aspekte:

---

44 Siehe zum Kunstbegriff Kohal, § 23.1 A.I.1., im OpenRewi Grundrechte Lehrbuch. Siehe zum modernen Eingriffsbegriff Ruschemeier, § 5 C., im OpenRewi Grundrechte Lehrbuch. Siehe zum Verhältnismäßigkeitsgrundsatz Milas, § 7 A.II.6., im OpenRewi Grundrechte Lehrbuch.
45 Siehe zum Aufbau eines Meinungsstreits unten in diesem Kapitel.
46 Siehe zu den Auslegungsmethoden Ruschemeier, § 5 B.III., im OpenRewi Grundrechte Lehrbuch.

- (Beschwerde-)Fähigkeit: Nur wer auch beschwerdefähig ist, dessen:deren Rechtsverletzungen werden im Rahmen der Begründetheit geprüft.
- (Beschwerde-)Gegenstand: Hieraus ergibt sich, welche staatliche Maßnahme überhaupt Untersuchungsgegenstand der Begründetheit ist.

❗ Klausurtaktik

Bei Normenkontrollen können dies immer nur <u>Gesetze</u> sein.[47] Bei Verfassungsbeschwerden kann der Beschwerdegegenstand jeder Akt der öffentlichen Gewalt sein; also neben <u>Gesetzen</u> vor allem auch <u>Gerichtsentscheidungen</u>.[48]

- (Beschwerde-)Befugnis: Im Rahmen der Verfassungsbeschwerde müssen hier schon alle in Frage kommenden Grundrechte benannt werden, welche dann in der Begründetheit zu prüfen sind. Im Rahmen der Normenkontrollen geben <u>Vorlage-</u> beziehungsweise <u>Antragsgrund</u> ebenfalls den Prüfungsmaßstab der Begründetheit vor, welcher sich in der Regel an <u>formeller und materieller Verfassungsmäßigkeit</u> orientiert.[49]

Schwerpunktsetzung und Zeitmanagement

Schließlich eignet sich eine gute Lösungsskizze besonders dafür, bereits die **Schwerpunkte** der Fallbearbeitung entsprechend (farbig) <u>zu markieren</u>, um diese beim Schreiben des Gutachtens nicht aus den Augen zu verlieren. Gleiches gilt für eher unproblematische Punkte: Hier ist in der Lösungsskizze zu vermerken, dass diese nur <u>kurz zu behandeln</u> sind. Eine entsprechende klare Notiz in der Lösungsskizze hilft dabei, beim Schreiben Unproblematisches kurz zu halten und bei Problematischem tiefer in die eigene Argumentation und Subsumtion am Sachverhalt zu gehen.

---

47 Siehe für eine konkrete Normenkontrolle Goldberg, Fall 8, in diesem Fallbuch.
48 Siehe für ein Gesetz als Beschwerdegegenstand zum Beispiel Krämer, Fall 2, in diesem Fallbuch. Siehe für eine Gerichtsentscheidung als Beschwerdegegenstand zum Beispiel Valentiner, Fall 5, in diesem Fallbuch.
49 Siehe zum Prüfungsaufbau von Normenkontrollen Chiofalo, § 26, im OpenRewi Lehrbuch Staatsorganisationsrecht.

Ammar Bustami

Als Faustformel für die meisten Klausuren gilt: Die Zulässigkeit eher kurz und knapp halten; nur bei Problemen etwas länger ausführen. In der Begründetheit liegt oft zumindest ein Schwerpunkt im Rahmen der Verhältnismäßigkeit/Angemessenheit.[50]

Dabei sollten bei der Schwerpunktsetzung und Entscheidung einzelner Prüfungspunkte, die zu einem Ausstieg aus der Prüfung führen würden, auch **klausurtaktische Erwägungen** mit einbezogen werden, um sich keine relevanten Sachverhaltsinformationen und/oder rechtlichen Bewertungen entgehen zu lassen.

Wenn beispielsweise im Rahmen der Verhältnismäßigkeitsprüfung bei der Geeignetheit oder Erforderlichkeit ein Problem besteht, jedoch auch zentrale Argumente für die Prüfung der Angemessenheit bestehen, sollte auf keinen Fall die Angemessenheit ausgelassen werden. Lösen lässt sich ein solcher Konflikt einerseits mit einer „gerade noch Bejahung" der Erforderlichkeit, beispielsweise: „Damit kann die Erforderlichkeit der Maßnahme angesichts der Einschätzungsprärogative gerade noch bejaht werden." Andererseits kann die Erforderlichkeit in solch einem Fall auch verneint werden, woraufhin dann aber (quasi hilfsgutachtlich) auch die Angemessenheit geprüft wird, beispielsweise eingeleitet mit: „Selbst im Falle der Erforderlichkeit des Eingriffs stellt sich weiterhin die Frage nach dessen Angemessenheit."

Auf der Schwerpunktsetzung aufbauend kann die Lösungsskizze auch der besseren **Zeiteinteilung** dienen. Dazu kann man sich (je nach restlicher Bearbeitungszeit) in der Lösungsskizze notieren, wann beispielsweise die Zulässigkeit spätestens abgeschlossen sein sollte. Dies kann während des Schreibens als eigenes Korrektiv dienen.[51]

Beispiel für eine Lösungsskizze

Es folgt eine Beispiel-Lösungsskizze für den Sachverhalt von Fall 1. Die beispielhafte Darstellung einer (eher umfassenden) Lösungsskizze kann aufbauend auf den vorgenannten Hinweisen als Anregung für Studierende genommen werden, wie eine Lösungsskizze in einer Klausursituation aussehen kann. Die folgende Lösungsskizze wurde (einschließlich Lektüre und Markieren des Sachverhalts) in

---

50 Siehe für eine entsprechende Gewichtung Schneeberger, Fall 1 Lösung, in diesem Fallbuch.
51 Siehe für die vorangegangenen Vorschläge die Darstellung unten in diesem Kapitel.

circa 20–30 Minuten erstellt, sodass für das Schreiben des Gutachtens circa 1,5 Stunden verbleiben würden.

Für dieses Kapitel gibt es bei Wikibooks eine Version mit farblichen Markierungen und Abbildungen. Halte einfach deine Smartphone-Kamera vor den Kasten mit den Punkten (QR-Code).

A. Zulässigkeit

I. Zuständigkeit:
Art. 93 I Nr. 4a GG, §§ 13 Nr. 8a, 90 ff. BVerfGG

Restzeit nach Skizze: 90 min

II. Beschwerdefähigkeit
S = natürliche Person (+)

unproblematisch: kurz!

(III. Prozessfähigkeit: Vertretung durch Anwältin A)

Feststellungsstil! (FS)

IV. Beschwerdegegenstand
letztinstanzliches Urteil = Akt der Judikative (+)

V. Beschwerdebefugnis
1. Möglichkeit der GR-Verletzung
- Art. 5 III 1 nennen → nicht ausgeschlossen
- Selbst (+), gegenwärtig (+), unmittelbar (+)
  → unproblematisch

!

kurz!

VI. RWE und Subsidiarität
- RWE (§ 90 II 1) = letztinstanzliches Urteil (+)
- Subs.: keine anderen Wege ersichtlich (unprobl.)

FS!

VII. Form und Frist
- Form §§ 23, 92 „schriftlich" → Telefax (+)
- Frist § 93 I 1 = 1 Monat

Schwerpunkt (SP) Zulässigkeit

- S. 2: Zustellung hier 1.4.2019
- Ende: 1.5.2019, 24 Uhr (§§ 187 ff. BGB)
- Aber: 1.5. = Feiertag (Tag der Arbeit)
- § 193 BGB: Fristende am 2.5.2019, 24 Uhr
- Frist (+)

VIII. Ergebnis: Zulässigkeit (+)

B. Begründetheit

Verletzung Kunstfreiheit Art. 5 III 1 GG (Bearbeitungshinweis)
- BVerfG ≠ Superrevisionsinstanz!

Restzeit: ca. 1 Stunde
kurz!

I. Schutzbereich
1. Persönlicher Schutzbereich
- „Jedermann-GR": S (+)

Reihenfolge egal?
kurz!

2. Sachlicher Schutzbereich
- Formal = Kunstform – Lied/Dichtung (+)
- Materiell = Eindrücke/Erfahrungen
  – Erfahrungswelt der S (+)
- Offen = Interpretationsoffenheit
  – Metaphern, Satire (+)
- Schutzumfang: Unterscheidung Werkbereich / Wirkbereich
- hier: Wirkbereich Konzert (+)

(Begriffe parallel, kein Streit!)
SP 2

nicht zu lang

II. Eingriff
- klassischer Begriff = ...
- hier: unmittelbar (+), final/gezielt (+), mit Zwang durchsetzbar = Strafrecht (+), durch Rechtsakt = Urteil (+)

FS!

bis hier: max. 30 min

III. Rechtfertigung (RFG)
1. Einschränkbarkeit
Wie einschränkbar?
- Art. 5 II (-) (Systematik)
- Art. 2 I Hs. 2 (-) (Systematik)

Meinungsstreit, aber kurz!
kleiner SP

- Vorbehaltlos! – nur kollidierendes Verfassungsrecht

hier: Schutz der freiheitlich-demokratischen Grundordnung (FDGO)
(Art. 20 I, II, III, 79 III GG)

2. Verfassungsmäßigkeit der Rechtsgrundlage
kurz (+) Bearbeitungshinweis → dient auch kollidierendem VerfR

1 Satz!

3. Verfassungsmäßigkeit der Anwendung
vor allem Verhältnismäßigkeit → **praktische Konkordanz**

ab hier: 30–40 min

a) legitimer Zweck
- Verurteilung zum Schutz der FDGO (+)

(wie oben)

b) Geeignetheit
- = Zweck wird zumindest gefördert
- Problem: nur, wenn Lied auch FDGO angreift?
- **„werkgerechte Interpretation"** des Lieds? War das hier gemeint?
    - Kontext: gegen Nationalismus, gegen Krieg, gegen gesellschaftliche Missstände
    - Ziel: Aufrütteln + zum Nachdenken anregen?
    - auch andere fühlten sich nicht aufgerufen (Freundin F)?
    - Verkürzung auf Wortlaut durch Gericht unzureichend!
- hier schon: Geeignetheit (-)

eigener Prüfungspunkt?[52]

SP 3!

---

[52] Siehe für einen alternativen Aufbau Schneeberger, Fall 1 Lösung B.III.3.a., in diesem Fallbuch.

c) Erforderlichkeit

Selbst wenn geeignet (+)...   *evtl. weglassen?*
- *milderes gleich geeignetes Mittel?*
- *niedrigere Strafe? aber Spielraum, Erforder-*
  lichkeit (+)

d) Angemessenheit

praktische Konkordanz: Ausgleich zwischen   ***SP 4!***
- Kunst (Bedeutung schrankenlos garantiert;   *Verweis auf Geeignetheit?*
  verkannt als Kunst; intensiver Eingriff)
- FDGO (hohes Gut; aber Gefahr?)

→ **Angemessenheit (-)**

4. Zwischenergebnis: RFG (-)

III. Ergebnis: Verletzung Art. 5 III 1 (+)

C. Gesamtergebnis

Verfassungsbeschwerde S zulässig + begründet
= Aussicht auf Erfolg (+)

Arbeiten mit dem Gesetz – anhand von <u>Grundgesetz</u> und <u>BVerfGG</u>

In vielen Punkten ist ein „Auswendiglernen von Schemata" nicht die einzige, vor allem nicht die sinnvollste, Herangehensweise an die Falllösung. Ein Beispiel stellen die Sachentscheidungsvoraussetzungen der Verfassungsbeschwerde dar, denn diese können mithilfe des Gesetzes zum Großteil auch in der Klausursituation noch eigenständig hergeleitet werden. Zumindest kann so anhand des Gesetzestextes überprüft werden, dass kein wichtiges Prüfungsmerkmal übersehen wurde.

Bei Wikibooks findet sich eine Verlinkung der Gesetzestexte mit den jeweiligen Prüfungspunkten der Zulässigkeit. Halte einfach deine Smartphone-Kamera vor den Kasten mit den Punkten (QR-Code).

Verschiedene Stilarten im Gutachten

Das juristische Gutachten ist in erster Linie im sogenannten „Gutachtenstil" zu verfassen. Eine saubere Verwendung des Gutachtenstils genauso wie eine insgesamt ordentliche Struktur kommen in Klausuren/Hausarbeiten positiv bei den Korrektor:innen an und fließen maßgeblich in die Bewertung und Benotung ein. Zu einer ordentlichen Struktur gehören korrekte Obersätze und (Zwischen-)Ergebnisse zu Beginn und am Ende der einzelnen Abschnitte (zum Beispiel Zulässigkeit/Begründetheit). Wichtig ist die **angemessene** Anwendung des Gutachtenstils. Das bedeutet, dass problematische Aspekte sorgfältig im Gutachtenstil dargestellt werden. Ein exzessiver Gebrauch bei völlig unproblematischen Prüfungspunkten ist hingegen zu vermeiden. Hier können andere Stilarten zur Anwendung kommen. Für eine gute Schwerpunktsetzung empfiehlt sich das Zusammenspiel der verschiedenen Stile.

Gutachtenstil

Die wichtigste Methode zur Bearbeitung juristischer Prüfungen ist der Gutachtenstil. Dieser besteht aus einem **Einleitungssatz/Obersatz**, einer *Definition*, einer Subsumtion und einem *Ergebnissatz*. Die Nutzung des Gutachtenstils stellt in der Fallbearbeitung die Regel dar – und ist in jedem Fall bei problematischen Aspekten zu verwenden sowie bei Prüfungspunkten, bei denen sich aus dem Sachverhalt konkrete Informationen zur Subsumtion ergeben.

> **Beispiel:** Beschwerdegegenstand
> **S müsste sich mit ihrer Verfassungsbeschwerde gegen einen tauglichen Beschwerdegegenstand richten.** *Gemäß Art. 93 I Nr. 4 a GG in Verbindung mit § 90 I BVerfGG muss es sich um einen Akt der öffentlichen Gewalt handeln. Unter der öffentlichen Gewalt, die durch die Grundrechte gebunden wird, sind gemäß Art. 1 III GG die Gesetzgebung, vollziehende Gewalt und Rechtsprechung zu verstehen.* S richtet sich hier gegen alle Entscheidungen durch die Strafgerichte, darunter auch die letztinstanzliche Entscheidungen. Dabei handelt es sich um Akte der Judikative, also Akte der öffentlichen Gewalt. *Folglich liegt ein tauglicher Beschwerdegegenstand vor.*

Feststellungsstil

Bei einfach zu bejahenden oder abzulehnenden Punkten sind längere Ausführungen nicht erforderlich und kosten schlimmstenfalls wertvolle Zeit. Dies ist häufiger bei einzelnen Voraussetzungen der Zulässigkeit der Fall. Hier kann der Feststellungsstil verwendet werden, indem – wie der Name impliziert – das Vorliegen der Voraussetzung nur in einem Satz festgestellt wird. Dies bietet sich insbesondere dann an, wenn der Sachverhalt oder der Bearbeitungshinweis die Voraussetzung explizit bejahen.

> **Beispiel:** Verfassungsmäßigkeit der Rechtsgrundlage
> Von der formellen und materiellen Verfassungsmäßigkeit des § 90a StGB ist auszugehen.

Verkürzter Gutachtenstil

Als eine Mischform von Gutachtenstil und Feststellungsstil kann der verkürzte Gutachtenstil bezeichnet werden. Dieser verfolgt den Zweck, unproblematische Prüfungspunkte nur kurz abzuhandeln, gleichzeitig aber zu verdeutlichen, dass die (Definitions-)Voraussetzungen bekannt sind. *Definition* und Subsumtion werden dafür zusammengezogen. Alternativ können auch Obersatz und Ergebnis weggelassen werden. Die Verwendung des verkürzten Gutachtenstils kann zur Zeitersparnis beitragen und stellt einen Kompromiss zum sehr kurzen Feststellungsstil dar.

> **Beispiel:** S ist als *natürliche Person* vom Schutzbereich der Kunstfreiheit umfasst.
>
> Oder: *Das Bundesverfassungsgericht ist für die ihm ausdrücklich zugewiesenen Verfahrensarten zuständig (sogenanntes Enumerationsprinzip).* Dazu gehört gemäß Art. 93 I Nr. 4 a GG, § 13 Nr. 8 a BVerfGG auch die Verfassungsbeschwerde.

Urteilsstil

Nicht verwendet werden sollte im Gutachten der Urteilsstil. Dieser Stil wird in Urteilen verwendet (daher der Name) und von Jurist:innen erst im Referendariat erlernt. Hierbei wird zunächst das *Ergebnis* jedes Prüfungspunktes im Gutachten vorangestellt und anschließend begründet. In der Ausbildung bis zum ersten juristischen Staatsexamen ist der Urteilsstil nicht zu nutzen. Deswegen sind im Gutachten auch Konjunktionen wie „weil" oder „da" zu unterlassen, denn diese deuten auf eine Argumentation im Urteilsstil hin.[53]

> **Beispiel:** *„Das Lied ‚Deutschland muss sterben' ist Kunst im Sinne dieses Grundrechts.* Dies ergibt sich sowohl bei ausschließlich formaler Betrachtungsweise, weil *die Gattungs-*

---

[53] Letzteres gilt auf keinen Fall absolut. Auch im Gutachten können Argumentationen mit „weil" oder „da" völlig in Ordnung sein, beispielsweise bei der Argumentation im Rahmen eines Meinungsstreits.

anforderungen des Werktyps ‚Komposition' und ‚Dichtung' erfüllt sind, als auch bei einer eher inhaltsbezogenen Definition des Kunstbegriffs. Der Verfasser benutzt die Formensprache eines Liedes, um *seine Erfahrungen und Eindrücke zu bestimmten Vorgängen mitzuteilen,* die man unter der Überschrift ‚Bedrohliche Lebensumstände in Deutschland' zusammenfassen könnte. [...]"[54]

Meinungsstreits

Ein juristischer Meinungsstreit betrifft in der Regel das Verständnis einzelner Gesetzesmerkmale, zu deren Auslegung sich zum Beispiel in Rechtsprechung und Literatur unterschiedliche Ansichten herausgebildet haben. Ein Meinungsstreit ist in der Prüfung nur dann ausführlich zu thematisieren und zu entscheiden, wenn er im konkreten Fall eine Rolle spielt, das heißt, wenn die Ansichten zu unterschiedlichen Ergebnissen führen. Daher sollten zunächst die verschiedenen Ansichten dargestellt und der Sachverhalt jeweils unter die Ansichten subsumiert werden. Nur, wenn die Subsumtion zu unterschiedlichen Ergebnissen je nach Ansicht führt, darf ein **Streitentscheid** erfolgen, nachdem für eine der Ansichten *argumentiert* wird.

Beispiel: Einschränkbarkeit der Kunstfreiheit[55]

Fraglich ist, unter welchem Schrankenvorbehalt die Kunstfreiheit steht. *Im Wortlaut des Art. 5 III GG findet sich keine Formulierung eines Gesetzesvorbehalts,* sodass es sich um ein vorbehaltlos gewährleistetes Grundrecht handeln könnte. [1. Ansicht] *Andererseits könnte der qualifizierte Gesetzesvorbehalt des Art. 5 II GG auch auf die Kunstfreiheit anwendbar sein.* Dann wäre eine der drei Schranken (allgemeine Gesetze, gesetzliche Bestimmungen zum Schutze der Jugend, Recht der persönlichen Ehre) in Betracht zu ziehen. [2. Ansicht]

Die Anwendung der Schranken aus Art. 5 II GG steht jedoch im Widerspruch zu der Systematik des Art. 5 GG. Dieser trennt die Gewährleistungsbereiche in einzelne Absätze, sodass Art. 5 III GG als speziellere Norm zu Art. 5 I GG zu lesen ist und damit die für den ersten Absatz geltenden Schranken aus Art. 5 II GG nicht für Art. 5 III GG gelten. Auch der Wortlaut von Art. 5 II GG („Diese Rechte ...") spricht gegen eine Anwendung auf die Kunstfreiheit aus Art. 5 III GG. [Streitentscheid] **Damit findet keine Übertragung der Schranken aus Art. 5 II GG statt. Somit ist Art. 5 III GG nur durch verfassungsimmanente Schranken, also durch Grundrechte Dritter sowie sonstige Rechtsgüter von Verfassungsrang, einschränkbar.**

---

54 BVerfG, Beschl. v. 3.11.2000, Az.: 1 BvR 581/00, Rn. 18.
55 Siehe für ein anderes Beispiel González Hauck, Fall 6 Lösung B.I.2.a), in diesem Fallbuch.

Ammar Bustami

Musterlösung einer Studentin mit Bewertung

Schwierigkeitsgrad: Grundstudium; 2 Stunden Bearbeitungszeit

Diese Bearbeitung stellt eine mögliche Lösung in ausformulierter Form für <u>Fall 1</u> dar, um Bearbeitung und Korrektur in transparenter Form abzubilden.[56] Die Bearbeitung wurde im Rahmen der regulären Bearbeitungszeit und unter Nutzung der zugelassenen Hilfsmittel (Gesetzestexte) verfasst. Andere Lösungswege und alternative Formulierungen sind möglich. Für eine alternative (Muster-)Lösung des konkreten Falls siehe auch die <u>Lösung zu Fall 1</u> sowie für Hinweise zum Herangehen an eine Klausur die Ausführungen zur <u>Lösungsskizze</u>.[57]

Musterklausurbearbeitung	Korrekturbemerkungen
Die Verfassungsbeschwerde der S hat Aussicht auf Erfolg, wenn sie zulässig und soweit sie begründet ist.	*gut!*

A. Zulässigkeit Die Zulässigkeit der Verfassungsbeschwerde richtet sich nach Art. 93 I Nr. 4a GG, § 13 Nr. 8a BVerfGG.	*§§ 90 ff. BVerfGG*
I. Zuständiges Gericht und Eröffnung des Rechtswegs, Art. 93 I Nr. 4a GG, § 13 Nr. 8a BVerfGG Das Bundesverfassungsgericht (BVerfG) ist zuständig	*gut; ggf. hier das Enumerationsprinzip anführen*

---

56 Siehe für den Sachverhalt Schneeberger, Fall 1 Sachverhalt, im OpenRewi Fallbuch.
57 Siehe für die Lösung Schneeberger, Fall 1 Lösung, im OpenRewi Fallbuch und für die Lösungsskizze Bustami, Fall 1 Lösungsskizze, im OpenRewi Fallbuch.

Rahel Schwarz/Charlotte Schneeberger

	unübliche Formulierung
und der Rechtsweg eröffnet.	1/2 Punkte

II. Beschwerdefähigkeit, § 90 I BVerfGG

S müsste beschwerdefähig sein gem. § 90 I GG. Demnach ist jedermann beschwerdefähig und so auch S.

✓, aber BVerfGG statt GG

1/2 Punkte

III. Tauglicher Beschwerdegegenstand, § 90 I BVerfGG

Tauglicher Beschwerdegegenstand ist gem. § 90 I BVerfGG jeder Akt der öffentlichen Gewalt.

Gutachtenstil?

Zu der öffentlichen Gewalt zählen Exekutive, Legislative und Judikative. S wendet sich hier gegen das Urteil des letztinstanzlichen Gerichts.

Hier wäre die normative Anknüpfung wünschenswert (s. Art. 1 III GG).

Das Urteil ist ein Akt der Judikative. Damit liegt ein Akt der öffentlichen Gewalt und somit ein tauglicher Beschwerdegegenstand vor.

✓
1/2 Punkte

IV. Beschwerdebefugnis, § 90 I BVerfGG

S müsste auch beschwerdebefugt sein.

Die Beschwerdebefugnis richtet sich zu einem danach, ob zumindest die Möglichkeit besteht, durch den Akt der öffentlichen Gewalt in seinen Rechten verletzt zu sein (Möglichkeitstheorie) und zum anderen danach, ob die Beschwerdeführerin gemäß ungeschriebenen Merkmalen in eigenen Rechten, unmittelbar und gegenwärtig betroffen ist.

hier durch den Gutachtenstil stärkere Anknüpfung an den Wortlaut des § 90 I BVerfGG

✓

1. Möglichkeitstheorie

Das Urteil bzw. seine Wirkung besteht zumindest die Möglichkeit, dass S in ihrer Freiheit aus Art. 5 III S. 1 Fall 1 GG verletzt ist. Das ist auch

recht oberflächlich; hier sollte die Bearbeiterin stärker auf den konkreten Sachverhalt

Rahel Schwarz/Charlotte Schneeberger

nicht von vorneherein offensichtlich ausgeschlossen.

*eingehen; auch ein Bezug auf
den persönlichen Schutz-
bereich des Grundrechts erscheint hier hilfreich.*

2. selbst, unmittelbar, gegenwärtig betroffen
S ist selbst (in eigenen Rechten) durch das Urteil betroffen.

✓

Sie ist auch unmittelbar, also ohne weiteren
Vollzugsakt betroffen, da ein Urteil seine
Rechtsfolgen gegenüber Verurteilten direkt
auslöst.

Schließlich ist S auch gegenwärtig, also schon
oder noch, betroffen, da ein Urteil so lange
fortwirkt, bis es aufgehoben ist.

*gut, auch in der hier gewähl-
ten Kürze.*

Befugnis 2/3 Punkte

V. Rechtswegerschöpfung und Subsidiarität
Vor Erhebung der Verfassungsbeschwerde
müsste S auch den Rechtsweg erschöpft haben.
Auch müsste der Grundsatz der Subsidiarität
gewahrt worden sein.

✓

S wendet sich gegen das letztinstanzliche Urteil
und hat somit den unterinstanzlichen Rechtsweg erschöpft.

*Norm (§ 90 II BVerfGG) nen-
nen; „unterinstanzlich" passt
nicht; BVerfG nicht Teil des
Instanzenzugs. Entweder
streichen oder durch „ordentlichen" ersetzen.*

2/2 Punkte

Der Grundsatz der Subsidiarität trägt dem Gedanken Rechnung, dass das BVerfG keine Superrevisionsinstanz ist. Das BVerfG darf erst
angerufen werden, wenn alle Möglichkeiten,
gegen den Akt der öffentlichen Gewalt vorzugehen, genutzt worden. Dass dem im vorliegenden Falle nicht so ist, ist nicht ersichtlich.

*ordentliche und außerordent-
liche Rechtsbehelfe*

1/1 Punkte

Rahel Schwarz/Charlotte Schneeberger

Der Rechtsweg wurde erschöpft und die Sub-   ✓
sidiarität wurde gewahrt.

VI. Form und Frist

Die Verfassungsbeschwerde müsste form- und   ✓
fristgerecht eingereicht worden sein.

Die Form richtet sich dabei nach §§ 23, 92   *Die Normen sollten genau (Ab-*
BVerfGG   *satz, Satz etc) zitiert werden.*

     Welche Frist wird denn hier
     genau herangezogen? Die bei-
     den Normen sind ja prinzipiell
und die Frist nach § 93 I, III BVerfGG,   *richtig, aber für die Bearbei-*
     tung empfiehlt es sich, die
     konkrete Norm für die jeweili-
     ge Frist zu nennen.

wobei die Fristberechnung nach §§ 187 ff. er-   *BGB!*
folgt.

Die Prozessvertreterin A der S hat einen   *Hier wäre auf die Übermitt-*
Schriftsatz, der die Verletzung der Kunstfreiheit   *lung per Telefax einzugehen*
rügt, ausgearbeitet und diesen auch unter-   *gewesen (s. Lösung).*
schrieben. Die Form ist gewahrt.

     Form 2/4 Punkte

Die Frist beläuft sich auf einen Monat,   *Richtig, aber wo genau steht*
     das?

sie beginnt mit der Zustellung.   *§ 93 I 2 BVerfGG*

Somit handelt es sich iSd § 187 I BGB um eine
Ereignisfrist, wobei die Zustellung das maß-
gebliche Ereignis ist. Entsprechend wird der
Tag auf den die Zustellung, also das Ereignis
fällt, nicht mitgerechnet bei der Fristberechnung. Das Gericht stellt den Schriftsatz am
Montag, den 1.4.2019 zu und die A schreibt

noch am selben Tag den Schriftsatz und bittet ihren Assistenten X, diesen per Post zum BVerfG zu schicken.

Da X diesen aber nicht sofort abschickt und diesen dann mehrere Tage vergisst, geht der Schriftsatz bei dem BVerfG erst am 2.5.2019 per Fax ein. Da es sich aber um eine Ereignisfrist handelt, ist die Verfassungsbeschwerde trotz der Versäumnisse des X noch binnen eines Monats schriftlich und begründet bei dem Gericht erhoben worden.

Form und Frist sind somit gewahrt.

Im Ergebnis richtig, um dies aber nachvollziehen zu können, sollte das Fristende angegeben werden, da hier ja die Besonderheit der Fristverschiebung gemäß § 193 BGB vorliegt!

Frist 3/5 Punkte

✓

✓

VII. Ergebnis zu der Zulässigkeit
Die Verfassungsbeschwerde der S ist zulässig.

Struktur: 5/5 Punkte
Gutachtenstil 4/5 Punkte
Zulässigkeit gesamt:
23/30 Punkte

B. Begründetheit
Die Urteilsverfassungsbeschwerde der S ist begründet, soweit die S durch das Urteil in verfassungsspezifischerweise tatsächlich in ihrer Kunstfreiheit aus Art. 5 III S. 1 Fall 1 GG verletzt ist. Dies ist dann der Fall, wenn der Schutzbereich eröffnet ist, ein Eingriff vorliegt und der Eingriff nicht gerechtfertigt ist.

Gut; hier wäre eine kurze Ausführung zur Urteilsverfassungsbeschwerde und zum Prüfungsmaßstab erforderlich gewesen.

Obersatz 3/5 Punkte

I. Schutzbereich
Das Lied der S „Deutschland muss sterben" bzw. S als Künstlerin/Sängerin müsste vom Schutzbereich der Kunstfreiheit erfasst sein.

In Zukunft „neutraler" formulieren. Also: der Schutzbereich könnte eröffnet sein.

1. Persönlicher Schutzbereich ✓

Die Kunstfreiheit ist ein Jedermann-Grundrecht, sodass auch S von dem persönlichen Schutzbereich erfasst ist.

2. Sachlicher Schutzbereich

Zunächst ist zu definieren, was Kunst ist.

Dies ist beinah unmöglich, da es im Wesen der Kunst liegt, einem stetigen Wandel zu unterliegen und sich weiter zu entwickeln.

✓ Formulierung etwas schwammig – aktiv/passiv?

Dennoch wird ein solcher Definitionsversuch unternommen, denn das BVerfG stellte schon in der Josefine-Mutzenbacher-Entscheidung fest, dass man nur schützen kann, was man auch definieren kann.

So werden die Definitionen drei Kunstbegriffe nebeneinander herangezogen, und zwar der formale, der materielle und der offene Kunstbegriff.

a) formaler Kunstbegriff

Dieser Kunstbegriff stellt auf bestimmte Strukturmerkmale ab, nach dem etwas einem bestimmten Werktyp zugeordnet werden kann. Zu diesen Werktypen zählt auch die Musik. Bei „Deutschland muss sterben" handelt es sich um ein Lied. Es ist somit dem Werktyp Musik zuzuordnen und unterfällt damit dem formalen Kunstbegriff.   ✓

b) materieller Kunstbegriff

Der materielle Kunstbegriff stellt auf die freie schöpferische Gestaltung ab, durch die Sinneseindrücke – Eindrücke, Erfahrungen, Erlebnisse – nach außen und macht diese somit für andere zugänglich.   ✓

Rahel Schwarz/Charlotte Schneeberger

Somit erfasst der materielle Kunstbegriff das Lied.

c) offener Kunstbegriff

Der offene Kunstbegriff berücksichtigt, ob et-was verschiedenen Interpretationen zugänglich ist – er fragt also danach, ob etwas interpretati-onsfähig, interpretationsbedürftig oder der In-terpretation einfach nur zugänglich ist.

✓

Der Test von „Deutschland muss sterben" trifft politische und gesellschaftliche Aussagen bzw. stellt derartige Forderungen, die verschieden aufgefasst werden können und die verschiede-ne Rückschlüsse auf die Gegenwart und Ver-gangenheit Deutschlands zulassen.

gut

Darüber hinaus kann der Text auch so gelesen werden, dass er Rückschlüsse auf die politische Positionierung der S erlaubt.

aber ist dies für die Einord-nung als Kunst relevant?

Auch lässt sich dabei die Vorrede der S berück-sichtigen.

Das Lied ist also zumindest der Interpretation zugänglich und unterfällt damit auch diesem Kunstbegriff.

✓

d) Zwischenergebnis

Nach allen drei Kunstbegriffen unterfällt das Lied dem Schutzbereich.

3. Umfang des sachlichen Schutzbereichs

Gutachtenstil?

Der sachliche Schutzbereich erfasst dabei so-wohl den Werkbereich als auch den Wirk-bereich.

Rahel Schwarz/Charlotte Schneeberger

Der Werkbereich meint dabei die künstlerische Betätigung selbst, also die Umsetzung des künstlerischen Willens in die Realität. Das ist hier bereits erfolgt, denn das Lied existiert.

✓

Der Wirkbereich umfasst die künstlerische Wirkung, also die Darbietung, Verbreitung und Tätigkeiten, die das Kunstwerk der Öffentlichkeit zugänglich machen. Umfasst sind also auch der Auftritt der S und dass das Lied als Aufzeichnung frei verfügbar ist.

✓

4. Zwischenergebnis
Der Schutzbereich der Kunstfreiheit ist eröffnet.

Schutzbereich 15/15 Punkte

II. Eingriff
Ein Eingriff ist in jeder staatlichen Maßnahme zu sehen, die den Schutzbereich verkürzt. Das Urteil als staatliche Maßnahme ist geeignet, den Schutzbereich zu verkürzen.

So wohl in Ordnung, angesichts des Urteils wäre hier aber auch ein Eingriff im klassischen Sinne naheliegend gewesen. Es erscheint wohl empfehlenswert, die Art des Eingriffs zu benennen.

Eingriff 8/10 Punkte

III. Verfassungsrechtliche Rechtfertigung

1. Einschränkbarkeit
Der Eingriff dürfte nicht zu rechtfertigen sein.

Positive Formulierung wählen, um sich den Umgang mit dem Gutachtenstil zu vereinfachen. Der Obersatz sollte unter der entsprechenden Überschrift stehen.

Die Rechtfertigung bestimmt sich nach den Schranken, denen ein Grundrecht unterworfen ist.

Abstrakte Definition für die Rechtfertigung fehlt

Fraglich ist allerdings, ob und wenn ja, welchen Schranken die Kunstfreiheit unterliegt. In
Art. 5 III GG selbst ist keine Schranke statuiert.

✓

Die Schranken des Art. 5 II GG sind nur auf
Art. 5 I GG anwendbar und das BVerfG lehnt es
außerdem ab, auf Art. 5 III GG die Schranken
des Art. 2 I GG zur Anwendung kommen zu lassen.

*inhaltlich gute Ausführungen,
die jedoch besser eingebunden werden könnten; Begrün-
dung/Argumentation fehlt, etwa systematische Stellung;
auch sollte hier ein kurzes
„Fazit" festgehalten werden
→ Lesefluss*

Dennoch ist die Kunstfreiheit nur scheinbar
schrankenlos, denn es greifen die sogenannten
verfassungsimmanenten Schranken.

✓

Damit sind die Grundrechte Dritter gemeint
oder andere Rechtsgüter von Verfassungsrang.
Hier könnte sich eine Einschränkbarkeit unter
Bezugnahme auf § 90 a Abs. 1 Nr. 1 StGB dadurch ergeben, dass das Lied aufgrund seines
expliziten Wortlautes, nach Auffassung der Gerichte, zum Ausdruck bringt, dass sich die Situation in der Bundesrepublik nur verbessern
lasse, wenn man Deutschland, so wie es jetzt
besteht, vernichtet. Dieser Aufruf zur Vernichtung bedrohe die verfassungsgemäße/freiheit-
lich-demokratische Ordnung.

✓

Als Folge bzw. Ausfluss dessen sei auch die
Grundrechtsausübung bedroht. Das Lied mit
seinem Aufruf der Vernichtung sei außerdem
Ausdruck mangelnden Rückhalts und Achtung
gegenüber der Demokratie, auf der eine Demokratie aber gerade wegen ihres demokratischen
Systems angewiesen ist, um fortbestehen zu
können.

gut!

Rahel Schwarz/Charlotte Schneeberger

Im Grundgesetz wird die verfassungsgemäße
Ordnung explizit in Art. 2 I GG erwähnt. Dass
die Bundesrepublik eine Demokratie ist, wird in
Art. 20 I GG statuiert und in Art. 20 II S. 1 GG
findet sich der Gedanke des Rückhalts der Be-   *gut!*
völkerung („Alle Staatsgewalt geht vom Volke
aus".) Art. 20 IV GG ermächtigt schließlich zum
Widerstand gegen jene, die die Ordnung zu beseitigen versuchen, wenn es keine andere Abhilfe möglich ist. Das Grundgesetzt setzt sich
als zu Wehr gegen jene, die die Bundesrepublik
vernichten wollen.

Somit sind Rechtsgüter mit Verfassungsrang   ✓
gegeben, auf die Art. 90 a Abs. 1 Nr. 1 StGB
auch Bezug nimmt.

Eine Einschränkbarkeit ist auf dieser Grundlage
möglich.

2. verfassungsmäßige Konkretisierung

Diese Einschränkbarkeit müsste verfassungsmäßig konkretisiert sein, es müsste also eine
Ermächtigungsgrundlage vorliegen, die ihrerseits verfassungsgemäß ist. Hier kommt nur
§ 90 a Abs. 1 Nr. 1 StGB in Betracht. Außerdem
müsste auch durch das Urteil eine verfassungsmäßige Konkretisierung erfolgt sein.

a. formelle Verfassungsmäßigkeit und materielle Verfassungsmäßigkeit des § 90 a I Nr. 1 StGB

✓

§ 90 a I Nr. 1 StGB ist sowohl formell als auch
materiell verfassungsmäßig.

b. verfassungsmäßige Konkretisierung durch das Urteil selbst

Auch das Urteil muss zu einer verfassungs-   *Bzw. der Rechtsgüter!*
mäßigen Konkretisierung geführt haben. Es
muss eine Abwägung (praktische Konkordanz)

Rahel Schwarz/Charlotte Schneeberger

des § 90 a I Nr. 1 StGB und Art. 5 III S. 1 Fall 1 stattgefunden haben.

Im Zuge dessen ist auch eine werkgerechte Interpretation durchzuführen.

✓

Das bedeutet, dass Gesetze, die die Kunstfreiheit einschränken, im Lichte der Kunstfreiheit ausgelegt werden müssen.

durch die Gerichte; Ziel: Aussagekern des Kunstwerks herausarbeiten

Die Kunstfreiheit ist in diesem Zusammenhang schon dann verletzt, wenn eine werkgerechte Interpretation nicht durchgeführt wird oder nur eine von mehreren möglichen Interpretationen Berücksichtigung findet.

gut!

Hier hat sich das Amtsgericht, was das letztinstanzliche Gericht bestätigte, auf die oben dargestellte Interpretation festgelegt und den Wortlaut dabei sowohl als eindeutig bezeichnet und auch behauptet, die Idee der Vernichtung der BRD zur Verbesserung der Lage werde damit unmissverständlich zum Ausdruck gebracht.

✓ *gute Arbeit mit dem Sachverhalt*

Damit wird deutlich, dass nur eine von mehreren möglichen Interpretationen herangezogen wurde bzw. sogar unmittelbar auf den Wortlaut abgestellt wurde.

gut!

Das ist auch gerade bedeutend in Bezug auf § 90 a I Nr. 1 StGB, denn dieser darf, um die Demokratie zu schützen und nicht zu gefährden bzw. zu beschneiden, nicht soweit gehen, dass jede Kritik, wenn auch überspitzt zum Ausdruck gebracht, durch die Vorschrift unterbunden bzw. unter Strafe gestellt wird.

✓

Zu berücksichtigen wäre hier bei konkreter Betrachtung gewesen, dass es sich bei dem Lied

✓

Rahel Schwarz/Charlotte Schneeberger

bzw. seinem Text um überspitzte Kritik handeln könnte, die zum Ausdruck bringen soll, dass sich die Verhältnisse in Deutschland grundlegend ändern müssen, um Nationalsozialismus und Verehrung von Kriegshetze ein Ende zu bereiten und um ein Leben ohne diese zu ermöglichen.

Genau darauf nimmt S auch in ihrer Vorrede Bezug, die Kontext für die Interpretation bietet. ✓

In derselben Vorrede wendet sie sich auch konkret gegen ein Denkmal, welches aus ihrer Sicht Kriegshetze und Verehrung von Nationalsozialismus zu verkörpern scheint, und zwar den Kriegsklotz.

Dieser, so kann man das verstehen, verkörpert für sie das fortdauernde Festhalten an dem alten, nationalistischen Deutschland, und gerade mit dem muss endgültig und vollends gebrochen werden. In diesem Lichte scheint es nicht so, als ginge es S um eine Verunglimpfung, die § 90 a I Nr. 1 erfasst, sondern um scharf geäußerte Kritik am bisherigen System. ✓

Auch hat das Gericht zwar festgestellt, dass das Lied als nicht jugendgefährdend eingeschätzt und frei erhältlich ist, dass aber nicht weiter berücksichtigt.

gute Arbeit mit dem Sachverhalt!

3. Zwischenergebnis
Der Eingriff durch das Urteil ist nicht gerechtfertigt.

✓
Rechtfertigung 30/30 Punkte

Rahel Schwarz/Charlotte Schneeberger

IV. Gesamtergebnis   ✓
Die Verfassungsbeschwerde der S ist zulässig
und begründet.   Struktur: 5/5 Punkte
                                                         Gutachtenstil 2/5 Punkte
Sie wird Erfolg haben.   Begründetheit gesamt: 63/70

                                                         Gesamt: 86/100 Punkte
                                                         Notenbereich: 12–14 Punkte

Korrekturgrundlage

Als Grundlage für die Korrektur wurde die Aufgabe in zwei Teile (Zulässigkeit und
Begründetheit) geteilt. Diese wurden mit einer Gewichtung von 30 Prozent und
70 Prozent bedacht. Die Prozentpunkte wurden in Benotungspunkte transfor-
miert, sodass die Zulässigkeit mit 30 Punkten und die Begründetheit mit 70 Punkten zu bewerten waren. Es konnten bei der Bearbeitung also maximal 100 Punkte
erreicht werden.

Die Verteilung der Punkte für die einzelnen Abschnitte entspricht den
Schwerpunkten der Klausur. In beiden Teilen der Klausur wurden darüber hinaus
jeweils 5 Punkte für die Struktur der Klausur und 5 Punkte für den Gutachtenstil
eingerechnet.

Bei der Bearbeitung und insbesondere auch der Korrektur ist zu beachten,
dass diese immer einen tagesabhängigen Leistungsstand und eine subjektive Perspektive von bearbeitenden und korrigierenden Personen abbilden, der sich dann
in der entsprechenden Note widerspiegelt.

Zulässigkeit

Bewertungseinheit	zu erreichende Punktzahl	erreichte Punktzahl
Zuständigkeit	1	1
Beschwerdefähigkeit	2	2
Beschwerdegegenstand	2	1
Beschwerdebefugnis	3	2
Rechtswegerschöpfung	2	2
Subsidiarität	1	1
Form	4	2

Rahel Schwarz/Charlotte Schneeberger

Frist	5	3
Struktur	5	5
Gutachtenstil	5	4
Gesamt	**30**	**23**

Begründetheit

Bewertungseinheit	zu erreichende Punktzahl	erreichte Punktzahl
Obersatz	5	3
Schutzbereich	15	15
Eingriff	10	8
Rechtfertigung	30	30
Struktur	5	5
Gutachtenstil	5	2
Gesamt	**70**	**63**
Gesamtpunktzahl	**100**	**86**
Notenbereich		**12–14 Punkte**

Rahel Schwarz/Charlotte Schneeberger

Fall 2

Notwendiges Vorwissen: Zulässigkeit der Verfassungsbeschwerde, Prüfung eines Freiheitsgrundrechts, Berufsfreiheit

Behandelte Themen: Berufsfreiheit (Art. 12 I GG), Rechtssatzverfassungsbeschwerde, Drei-Stufen-Theorie, europäische Grundrechte, Prüfungsmaßstab des BVerfG

Schwierigkeitsgrad: Hauptfall: Grundstudium; 2 Stunden Bearbeitungszeit; Abwandlung: Examen; zusätzlich 2 Stunden Bearbeitungszeit

Sachverhalt

M ist deutscher Staatsangehöriger und betreibt einen Kiosk gegenüber dem Hauptgebäude einer Universität. Er bietet neben Lebensmitteln, Zeitschriften und einfachen Haushaltsutensilien auch eine Vielzahl an gekühlten Getränken an. Dieses Angebot wird insbesondere in den Sommermonaten von Personen, die sich auf dem zwischen Kiosk und Hauptgebäude liegenden öffentlichen Platz treffen, rege wahrgenommen. Überwiegend wird hierbei aufgrund der örtlichen Nähe jeweils nur ein Getränk gekauft, sodass an einem schönen Sommerabend üblicherweise mindestens 500 einzelne Flaschen über die Ladentheke gehen. Ansonsten wird der Kiosk des M weitgehend von Laufkundschaft frequentiert.

Nach dem Jahreswechsel 2019/2020 wird M mit der sachlich auf ihn anwendbaren Regelung des § 146a II Abgabenordnung (AO) konfrontiert, die in der aktuellen Debatte als „Bonpflicht" bezeichnet wird. Hierin sieht er, ebenso wie viele weitere kleinere Betriebe, einen unzulässigen staatlichen Übergriff in seine Erwerbstätigkeit. Als Begründung wird etwa vorgebracht, dass die Kundschaft sich – was zutrifft – überwiegend nicht für entsprechende Belege interessiere, sodass diese auf direktem Weg in den Müll wanderten. Dabei bliebe unklar, wie dies der durch das Gesetz verfolgten „verstärkten Transparenz im Kampf gegen Steuerbetrug" dienen kann. Die neue Regelung widerspreche zudem dem staatlich gesetzten und in Art. 20a GG normierten Ziel des Umweltschutzes, da so unnötig Papier verbraucht werde. Dass in § 146a II 2 AO ein Befreiungsvorbehalt normiert sei, würde den Eingriff in die „Gewerbefreiheit" nicht ausreichend abmildern.

Die Gesetzesbegründung für § 146a II AO führt hingegen aus, dass die verpflichtende Erstellung von Belegen nach der Einschätzung des Gesetzgebers ein adäquates Mittel sei, um durch einen Abgleich der ausgestellten Bons mit den in der Kasse enthaltenen Daten eine Manipulation der Kassensoftware festzustellen. Hierdurch könne Steuerbetrug effektiver bekämpft werden. Dies würden auch (tatsächlich belegbare) Erfahrungen in anderen Staaten bestätigen. Zudem sei die Ausstellung des Bons in Papierform nach der gesetzlichen Ausgestaltung nicht zwingend – mit dem Einverständnis der Kundin/des Kunden sei auch eine elektronische Übermittlung des Bons etwa per App oder E-Mail möglich. Letzteres sei auch bei der Prüfung der Auswirkungen der „Bonpflicht" auf die Umwelt berücksichtigt worden, welche insgesamt durch den Gesetzgeber in Anbetracht des verfolgten Ziels als hinnehmbar bewertet wurden.

Auf § 146a II AO wird hingewiesen:

§ 146a Ordnungsvorschrift für die Buchführung und für Aufzeichnungen mittels elektronischer Aufzeichnungssysteme

   (...) (2) Wer aufzeichnungspflichtige Geschäftsvorfälle im Sinne des Absatzes 1 Satz 1 erfasst, hat dem an diesem Geschäftsvorfall Beteiligten in unmittelbarem zeitlichem Zusammenhang mit dem Geschäftsvorfall unbeschadet anderer gesetzlicher Vorschriften einen Beleg über den Geschäftsvorfall auszustellen und dem an diesem Geschäftsvorfall Beteiligten zur Verfügung zu stellen (Belegausgabepflicht). Bei Verkauf von Waren an eine Vielzahl von nicht bekannten Personen können die Finanzbehörden nach § 148 aus Zumutbarkeitsgründen nach pflichtgemäßem Ermessen von einer Belegausgabepflicht nach Satz 1 befreien. Die Befreiung kann widerrufen werden. (...)

   Die übrigen Bestimmungen der AO sind bei der Bearbeitung außer Acht zu lassen.

Fallfrage

M erhebt „gegen § 146a II AO" Verfassungsbeschwerde.

Bearbeitungsvermerke:

Prüfen Sie die Erfolgsaussichten der Verfassungsbeschwerde.

   Gehen Sie hierbei davon aus, dass der Verkauf von Ware im Kiosk einen aufzeichnungspflichtigen Geschäftsvorfall im Sinne des § 146a II 1 AO darstellt. Unterstellen Sie ferner, dass § 146a AO formell verfassungsgemäß ist.

   Der Verstoß gegen die Belegausgabepflicht als solcher ist nicht bußgeldbewehrt. Er kann aber als Indiz dafür gewertet werden, dass den gesetzlichen Aufzeichnungspflichten nicht entsprochen wurde, was seinerseits ein Bußgeld nach sich ziehen kann.

   Unterstellen Sie ferner, dass für M eine Befreiung nach § 146a II 2 AO nicht in Betracht kommt.

Felix Krämer

Abwandlung

§ 146a AO existiert nicht. Vielmehr ist insbesondere eine „Belegausgabepflicht" in einer durch das Europäische Parlament und den Rat der Europäischen Union erlassenen Verordnung („Bonpflicht-Verordnung") wie folgt geregelt:

Art. 2 Bonpflicht-Verordnung
Wer aufzeichnungspflichtige Geschäftsvorfälle im Sinne des Art. 1 Nr. 3 dieser Verordnung erfasst, hat dem an diesem Geschäftsvorfall Beteiligten in unmittelbarem zeitlichem Zusammenhang mit dem Geschäftsvorfall einen Beleg über den Geschäftsvorfall auszustellen und dem an diesem Geschäftsvorfall Beteiligten zur Verfügung zu stellen (Belegausgabepflicht). Bei Verkauf von Waren an eine Vielzahl von nicht bekannten Personen können die mitgliedstaatlichen Behörden aus Zumutbarkeitsgründen nach pflichtgemäßem Ermessen von einer Belegausgabepflicht nach Satz 1 befreien. Die Voraussetzungen dieser Befreiung sind durch die Mitgliedstaaten gesetzlich zu regeln und dürfen den Zwecken dieser Verordnung nicht zuwiderlaufen. Zuwiderhandlungen können mit einem Bußgeld von bis zu 5.000 € belegt werden.

Für den Erlass der Bonpflicht-Verordnung besteht eine Kompetenz der EU, von welcher sie auch durch weitere Richtlinien und Verordnungen „zur Errichtung eines Rahmens zum Schutz der finanziellen Interessen der Union" Gebrauch gemacht hat. M wird von der Regelung des Art. 2 Bonpflicht-Verordnung erfasst, hält diese jedoch nicht ein. Daraufhin erlässt die zuständige deutsche Finanzbehörde ein Bußgeld, gegen das sich A über den gesamten deutschen fachgerichtlichen Rechtsweg hinweg erfolglos wehrt.

M will nun Verfassungsbeschwerde gegen die letztinstanzliche Entscheidung erheben. Er überlegt dabei, ob seine berufliche Tätigkeit, die hier durch den auf der Bonpflicht-VO beruhenden Bußgeldbescheid beeinträchtigt sei, nicht auch auf Unionsebene grundrechtlich geschützt wird. Er ist sich zudem unsicher, inwieweit dies hier Auswirkungen auf den Prüfungsmaßstab des BVerfG haben würde.

Nehmen Sie gutachterlich Stellung zu den von M aufgeworfenen Fragestellungen. Die europäischen Grundfreiheiten sind hierbei ebenso wie die EMRK außer Acht zu lassen.

Felix Krämer

Lösung

Die von M erhobene Verfassungsbeschwerde hat Aussicht auf Erfolg, wenn sie zulässig und soweit sie begründet ist.

A. Zulässigkeit

I. Zuständigkeit des BVerfG

Das Bundesverfassungsgericht ist gemäß Art. 93 I Nr. 4a GG in Verbindung mit §§ 13 Nr. 8a, 90 ff. BVerfGG für die Verfassungsbeschwerde des M zuständig.[1]

II. Beschwerdefähigkeit und Prozessfähigkeit

M müsste beteiligtenfähig sein. Dies ist gemäß Art. 93 I Nr. 4a GG in Verbindung mit § 90 I BVerfGG „jedermann", das heißt jede Person, die Träger:in von Grundrechten oder grundrechtsgleichen Rechten sein kann. M ist als natürliche Person generell grundrechtsfähig. Somit ist M beteiligtenfähig. An der „Grundrechtsmündigkeit", das heißt daran, dass M hinsichtlich der in Streit stehenden Grundrechte reif und einsichtsfähig ist, bestehen keine Zweifel, folglich ist M auch prozessfähig.[2]

❗ Klausurtaktik

Die Prüfung der Prozessfähigkeit des M drängt sich hier nicht auf und könnte auch durch einen kurzen Hinweis („Mangels gegenteiliger Hinweise im Sachverhalt ist M auch prozessfähig.") abgehandelt oder bei Zeitnot weggelassen werden.

III. Beschwerdegegenstand

Ferner müsste ein tauglicher Beschwerdegegenstand vorliegen. Dies kann gemäß Art. 93 I Nr. 4a GG in Verbindung mit § 90 I BVerfGG jeder Akt der öffentlichen Gewalt sein.[3] Aus der umfassenden Grundrechtsbindung gemäß Art. 1 III GG ergibt sich, dass die öffentliche Gewalt in diesem Sinne Legislativ-, Exekutiv- und Judi-

---

1 Siehe zur Zuständigkeit des BVerfG Linke, § 10 A.I., im OpenRewi Grundrechte Lehrbuch.
2 Siehe zur Beteiligten- und Prozessfähigkeit Linke, § 10 A.II. und III., im OpenRewi Grundrechte Lehrbuch.
3 Siehe zu den möglichen Beschwerdegegenständen Linke, § 10 A.IV., im OpenRewi Grundrechte Lehrbuch.

Felix Krämer

kativakte umfasst. M wendet sich hier gegen § 146a II AO als formelles Gesetz. Mithin wendet er sich gegen einen Legislativakt, ein tauglicher Beschwerdegegenstand liegt damit vor.

IV. Beschwerdebefugnis

M müsste auch beschwerdebefugt sein.[4] Dies setzt gemäß Art. 93 I Nr. 4a GG in Verbindung mit § 90 I BVerfGG die Behauptung einer Grundrechtsverletzung voraus. Das bedeutet, dass sich aus dem substantiierten Vortrag des M die Möglichkeit einer Grundrechtsverletzung ergeben muss (1.) und der M durch die mögliche Grundrechtsverletzung selbst, gegenwärtig und unmittelbar betroffen ist (2.).

1. Möglichkeit der Grundrechtsverletzung

Eine Verletzung des M in Grundrechten oder grundrechtsgleichen Rechten durch § 146a II AO ist möglich, wenn sie nicht von vornherein offensichtlich und nach jeder Betrachtungsweise eindeutig ausgeschlossen ist. Hier rügt M eine Verletzung seiner „Gewerbefreiheit" durch die Pflicht, bei jedem Verkauf einen Bon auszustellen. Dies lässt einen ungerechtfertigten Eingriff in die von Art. 12 I GG geschützte Berufsfreiheit zumindest möglich erscheinen. Auch eine Verletzung des möglicherweise subsidiär greifenden Art. 2 I GG ist nicht von vornherein ausgeschlossen.

Klausurtaktik

Dass sich die behauptete Verletzung auf die „Verletzung spezifischen Verfassungsrechts" beziehen muss, wurde hier nicht erläutert. Eine Thematisierung dieser, primär bei Urteilsverfassungsbeschwerden relevanten Voraussetzung, dürfte jedoch auch nicht negativ bewertet werden.

---

2. Betroffenheit

M müsste auch selbst, gegenwärtig und unmittelbar von § 146a II AO betroffen sein. Der Betrieb des Kioskes des M fällt in den Anwendungsbereich des § 146a II AO und § 146a II AO ist seit dem Jahreswechsel 2019/2020 auch von M zu befolgen, folglich ist M schon und noch, also gegenwärtig sowie selbst betroffen.

---

4 Siehe zur Beschwerdebefugnis Linke, § 10 A.V., im OpenRewi Grundrechte Lehrbuch.

Felix Krämer

> **❗ Klausurtaktik**
>
> Dies konnte hier in der gewählten knappen Form dargestellt werden, da keine Zweifel am Vorliegen dieser Voraussetzungen bestehen dürften. Weitergehende Ausführungen zu den Kriterien der eigenen Betroffenheit (zum Beispiel Zweck: Ausschluss von Popularklagen) oder der gegenwärtigen Betroffenheit (etwa: auch zukünftige Beeinträchtigungen drohen), waren hier nicht erforderlich.

Fraglich ist jedoch, ob M durch § 146a II AO unmittelbar betroffen ist. Für eine unmittelbare Betroffenheit ist notwendig, dass keine weiteren Vollzugsakte erforderlich sind, damit der Beschwerdegegenstand seine negativen Rechtswirkungen gegenüber der:dem Beschwerdeführer:in entfaltet.[5] Dies ist bei formellen Gesetzen, die zu ihrer Durchführung einen weiteren Vollzugsakt (zum Beispiel einen Verwaltungsakt) voraussetzen, aber in der Regel der Fall. In solchen Konstellationen muss die:der Betroffene grundsätzlich den an ihn gerichteten Einzelakt abwarten und hiergegen vorgehen.

Eine Ausnahme hiervon wird einerseits bei Vorliegen einer sogenannten „self-executing"-Norm gemacht. Eine solche ist gegeben, wenn das Gesetz keines weiteren Vollzugsakts bedarf, etwa wenn eine Nichtigkeitsfolge sich unmittelbar aus dem Gesetz ergibt oder wenn die angegriffene Norm ihre Adressat:innen bereits vor Vollzugshandlungen zu irreversiblen Dispositionen veranlasst. Andererseits darf auch dann, wenn keine „self-executing"-Norm vorliegt, direkt gegen ein formelles Gesetz Verfassungsbeschwerde erhoben werden, wenn ein anderes Vorgehen für den:die Betroffene:n unzumutbar ist. Dies gilt insbesondere für straf- oder bußgeldbewehrte Rechtsnormen, da der:dem Betroffenen nicht zuzumuten ist, zunächst eine Zuwiderhandlung zu begehen, um dann die angewendete Norm inzident überprüfen zu lassen und sich dabei dem Risiko der Strafe beziehungsweise Bußgeldzahlung auszusetzen.

Fraglich ist damit, ob § 146a II AO eine sogenannte „self-executing"-Norm darstellt. Dagegen spricht, dass hier allein eine Verpflichtung der:des Adressat:in und keine darüberhinausgehende Rechtsfolge (zum Beispiel Nichtigkeit eines bestimmten Rechtsgeschäfts bei Verstoß gegen die „Bonpflicht") de jure angeordnet wird. Andererseits ist zu beachten, dass § 146a II AO unmittelbar die Verpflichtung seiner Adressat:innen begründet, entsprechende Belege auszustellen und diese – wie hier M – solche Belege bereits aktuell – irreversibel – ausstellen. Dies spricht für die Annahme eines self-executing-Charakters des § 146a II AO.

---

5 Siehe zum Kriterium der Unmittelbarkeit Linke, § 10 A.V.2.b), im OpenRewi Grundrechte Lehrbuch.

Felix Krämer

Weiterhin könnte sich hier eine Ausnahme des oben dargestellten Grundsatzes daraus ergeben, dass ein Verstoß gegen § 146a II AO zu einem Bußgeld führen kann. Hierbei ist zu beachten, dass ein § 146a II AO-Verstoß lediglich ein Kriterium für den Erlass eines Bußgeldbescheids darstellt. Dies dürfte für die Annahme einer Unzumutbarkeit eines Verstoßes jedoch ausreichen, da sich bereits durch einen § 146a II AO-Verstoß das Risiko eines Bußgeldes erhöht.

Eine unmittelbare Betroffenheit ist damit anzunehmen.

Klausurtaktik   !

Dies stellt eine ausführliche Behandlung der Problematik dar. Als ausreichend dürfte einzustufen sein, wenn überhaupt einer der beiden Begründungsstränge („self-executing"-Norm oder Möglichkeit eines Bußgeldes) herangezogen wurde. Wiederum sehr positiv ins Gewicht fallen dürfte es, wenn die Bearbeiter:innen erkennen, dass hier kein „klassischer" Fall einer Unzumutbarkeit beziehungsweise einer „self-executing Norm" vorlag.

Damit liegt eine gegenwärtige, unmittelbare und eigene Beschwer des M vor.

Mithin ist M beschwerdebefugt.

V. Rechtswegerschöpfung und Subsidiarität

1. Rechtswegerschöpfung

Gegen formelle Gesetze gibt es keinen fachgerichtlichen Rechtsschutz (§ 93 III BVerfGG), folglich durfte M unmittelbar Verfassungsbeschwerde erheben.

2. Subsidiarität

Die möglicherweise bestehende Grundrechtsverletzung des M durch § 146a II AO kann auch nicht auf andere Weise beseitigt werden. Insbesondere kommt eine Befreiung nach § 146a II 2 AO im Fall des M laut Bearbeitungsvermerk nicht in Betracht. Mithin ist auch der Grundsatz der formellen Subsidiarität der Verfassungsbeschwerde gewahrt.[6]

---

6 Siehe zur Rechtswegerschöpfung und zum Grundsatz der Subsidiarität Linke, § 10 A.VI., im OpenRewi Grundrechte Lehrbuch.

Felix Krämer

> **❗ Klausurtaktik**
>
> Aufgrund des Bearbeitungsvermerks war die Möglichkeit einer rückwirkenden Befreiung gemäß § 148 AO hier nicht zu thematisieren.

VI. Form und Frist

Mangels entgegenstehender Sachverhaltsangaben ist davon auszugehen, dass M die erforderliche Form gemäß §§ 23 I 1, 2 Hs. 1, 92 BVerfGG und die Jahresfrist gemäß § 93 III BVerfGG gewahrt hat.

> **❗ Klausurtaktik**
>
> Besonders aufmerksame Bearbeiter:innen können hier zusätzlich thematisieren, ob die Rüge einer Verletzung der „Gewerbefreiheit" der von § 92 BVerfGG geforderten Bezeichnung des Rechts, das verletzt sein soll (das wäre hier die Berufs(ausübungs)freiheit nach Art. 12 I 2 GG) genügt. Mit dem BVerfG ist davon auszugehen, dass es insoweit ausreicht, wenn die:der Beschwerdeführer:in die Verletzung eines bestimmten Grundrechts nur „der Sache nach" rügt, wenn also seinem Vorbringen entnommen werden kann, welches Grundrecht als verletzt angesehen wird.

B. Begründetheit

Die Verfassungsbeschwerde müsste auch begründet sein. Dies ist der Fall, wenn der Beschwerdeführer durch den angegriffenen Akt der öffentlichen Gewalt in einem seiner Grundrechte oder grundrechtsgleichen Rechte verletzt ist. Eine solche Verletzung liegt vor, wenn durch den Beschwerdegegenstand ein Eingriff in den Schutzbereich eines Grundrechts erfolgt, der nicht gerechtfertigt ist. Hier kommt eine Verletzung des M in seiner Berufsfreiheit nach Art. 12 I GG durch § 146a II AO in Betracht.

> **❗ Klausurtaktik**
>
> Hier könnte knapp auf eine mögliche Verletzung des Rechts am eingerichteten und ausgeübten Gewerbebetrieb als Schutzgut des Art. 14 GG[7] eingegangen werden. Dabei könnte bereits die Eröffnung des Schutzbereichs abgelehnt werden, da hier jedenfalls kein wertbildender Faktor des Kioskbetriebs des M betroffen ist.

---

7 Siehe zum Recht am eingerichteten und ausgeübten Gewerbebetrieb in diesem Kontext Eisentraut, § 21.1 A.I.1.b)bb)(5), im OpenRewi Grundrechte Lehrbuch.

Felix Krämer

I. Schutzbereich

1. Persönlicher Schutzbereich

M ist Deutscher im Sinne des Art. 116 I GG, folglich ist der persönliche Schutzbereich des Art. 12 I GG eröffnet.

2. Sachlicher Schutzbereich

Ferner müsste der sachliche Schutzbereich der Berufsfreiheit eröffnet sein.[8]

Wenngleich Art. 12 I 1 GG seinem Wortlaut nach lediglich die Berufswahl und Art. 12 I 2 GG allein die Berufsausübung betrifft, gewährleistet Art. 12 I GG einen einheitlichen Schutzbereich der Berufsfreiheit. Denn Berufswahl und Berufsausübung sind untrennbar miteinander verbunden. So wird die Berufswahl durch die Ausübung des gewählten Berufs immer wieder bestätigt und gesetzliche Regelungen der Berufsausübung betreffen zumindest mittelbar auch den Entschluss zur Wahl eines Berufs. Unter Beruf im Sinne des Art. 12 I GG ist jede auf Dauer angelegte Tätigkeit, die der Schaffung oder Erhaltung einer Lebensgrundlage dient, zu verstehen. Umstritten ist, ob es sich um eine legale oder jedenfalls nicht sozial- oder gemeinschädliche Tätigkeit handeln muss.

Hier ist davon auszugehen, dass M den Kiosk dauerhaft betreibt, um damit Gewinn zu erzielen. Das Betreiben eines Kioskes ist weder illegal noch sozial- oder gemeinschädlich, weshalb eine Entscheidung des diesbezüglichen Streits entbehrlich ist.

Damit ist auch der sachliche Schutzbereich eröffnet.

Folglich ist der Schutzbereich des Art. 12 I GG für M in persönlicher und sachlicher Hinsicht eröffnet.

II. Eingriff

Ferner müsste ein Eingriff in Art. 12 I GG vorliegen.

1. Verkürzung des Schutzbereichs

Unter einem Eingriff ist nach dem modernen Eingriffsbegriff jedes staatliche Verhalten zu fassen, das dem Einzelnen ein Verhalten, das in den Schutzbereich eines Grundrechts fällt, ganz oder teilweise unmöglich macht oder erschwert.

---

8 Siehe zum sachlichen Schutzbereich Goldberg, § 21.2 A.I.1., im OpenRewi Grundrechte Lehrbuch.

Felix Krämer

§ 146a II AO hat zur Folge, dass M bei dem Verkauf seiner Waren einen Beleg ausdrucken muss. § 146a II AO betrifft ihn folglich negativ in der von Art. 12 I GG geschützten Berufsausübung. Folglich liegt ein Eingriff vor.

❗ Klausurtaktik

Wird hier (gegebenenfalls zunächst) das Vorliegen eines Eingriffs nach dem klassischen Eingriffsbegriff thematisiert, so stellt sich allein das Merkmal der Unmittelbarkeit als problematisch dar, da § 146a II AO erkennbar rechtsförmig und zielgerichtet in Art. 12 I GG eingreift sowie auch mit Befehl und Zwang durchsetzbar ist. Die Unmittelbarkeit des Eingriffs könnte sodann mit der oben im Rahmen der Beschwerdebefugnis (A.IV.2.) erfolgten Argumentation bejaht werden.

---

2. Berufsregelnde Tendenz

In Bezug auf Art. 12 I GG ist jedoch zu beachten, dass die meisten Rechtsnormen oder anderes staatliches Handeln mittelbare Auswirkungen auf die Berufstätigkeit entfalten können (zum Beispiel verkehrsrechtliche Regelungen für Pizza-Lieferdienste). Da Art. 12 I GG jedoch nur vor solchen Beeinträchtigungen schützen soll, die gerade auf die berufliche Betätigung bezogen sind, ist für die Annahme eines Eingriffs in Art. 12 I GG zusätzlich erforderlich, dass die durch die in Frage stehende Rechtsnorm geschaffenen Rahmenbedingungen in engem Zusammenhang mit der Ausübung eines Berufs stehen, also objektiv eine berufsregelnde Tendenz haben. Dies ist anzunehmen, wenn die staatliche Maßnahme im Schwerpunkt Tätigkeiten betrifft, die typischerweise beruflich ausgeübt werden.[9]

Hier besteht eine solche objektiv berufsregelnde Tendenz, da § 146a II AO Tätigkeiten betrifft, bei welchen mit Waren oder Dienstleistungen Handel getrieben wird, was typischerweise beruflich geschieht. Auch zielt der Gesetzgeber gerade auf eine Regelung der Ausübung der dem § 146a II AO unterfallenden Berufe ab, sodass (darüber hinaus) eine subjektiv berufsregelnde Tendenz angenommen werden kann.

❗ Klausurtaktik

Das Merkmal der (hier) sogenannten subjektiv berufsregelnden Tendenz deckt sich mit dem der Finalität/Zielgerichtetheit des klassischen Eingriffsbegriffs. Wenn man dies zur Begründung eines Eingriffs verwendet, könnte insoweit verwiesen werden.

---

[9] Siehe zum Merkmal der berufsregelnden Tendenz Goldberg, § 21.2 A.II.1., im OpenRewi Grundrechte Lehrbuch.

Felix Krämer

Eine berufsregelnde Tendenz liegt damit vor.

Folglich liegt ein Eingriff in den Schutzbereich des Art. 12 I GG vor.

Klausurtaktik ❗

Ob es sich bei diesem Eingriff um eine Berufswahl- oder eine Berufsausübungsregelung handelt, bedarf an dieser Stelle keiner Entscheidung.

III. Rechtfertigung

Der Eingriff könnte jedoch gerechtfertigt sein. Dies ist bei einer – hier vorliegen-
den – Rechtssatzverfassungsbeschwerde der Fall, wenn das in Frage stehende
Grundrecht beschränkbar ist und die den Beschwerdegegenstand bildende
Rechtsnorm eine taugliche, ihrerseits verfassungskonforme Schranke darstellt.

1. Einschränkbarkeit des Grundrechts

Gemäß Art. 12 I 2 GG kann die Berufsausübung durch Gesetz oder aufgrund eines
Gesetzes geregelt werden. Als Folge des oben dargestellten einheitlichen Verständnisses des Schutzbereichs von Art. 12 I GG ist auch der Regelungsvorbehalt
des Art. 12 I 2 GG auf den gesamten von Art. 12 I GG geschützten Bereich zu erstre-
cken. Dieser Regelungsvorbehalt ist hinsichtlich seiner Reichweite wie ein einfacher Gesetzesvorbehalt[10] zu verstehen.

2. Grenzen der Einschränkbarkeit

Hier erfolgt eine Beschränkung durch § 146a II AO als formelles Gesetz. Fraglich
ist jedoch, ob § 146a II AO seinerseits verfassungskonform ist. Da von der formellen Verfassungsmäßigkeit auszugehen ist, kommt lediglich eine materielle Verfassungswidrigkeit in Betracht. Eine solche könnte hier in einem Verstoß gegen
den Verhältnismäßigkeitsgrundsatz begründet liegen.[11]

---

10 Siehe zum Begriff des einfachen Gesetzesvorbehalts Milas, § 6 C.II.1., im OpenRewi Grundrechte Lehrbuch.
11 Siehe zum Kriterium der Verhältnismäßigkeit Milas, § 7 A.II.6., im OpenRewi Grundrechte
Lehrbuch.

Felix Krämer

Im Rahmen des Art 12 GG hat das BVerfG in Anbetracht des zwischen Berufswahl und Berufsausübung differenzierenden Wortlauts des Art. 12 I GG die sogenannte <u>Drei-Stufen-Theorie</u> entwickelt, welche auch als typisierte Verhältnismäßigkeitsprüfung bezeichnet werden kann.[12] Demnach ist zunächst danach zu differenzieren, ob durch die den Beschwerdegegenstand bildende staatliche Maßnahme die Berufsausübung (1. Stufe) oder die Berufswahl betroffen ist. Ist letzteres der Fall, unterscheidet das BVerfG weiter zwischen subjektiven (2. Stufe) und objektiven (3. Stufe) Berufszulassungsvoraussetzungen (dem „Ob" der Berufsausübung). Der Einordnung in eine dieser Stufen folgen typisierte Anforderungen an die Verhältnismäßigkeit staatlicher Eingriffe: So sind Eingriffe auf der ersten Stufe durch vernünftige Erwägungen des Gemeinwohls zu rechtfertigen, Eingriffe, die die zweite Stufe betreffen, erfordern den Schutz eines besonders wichtigen Gemeinguts und Eingriffe auf Ebene der dritten Stufe sind nur zur Abwehr schwerer, hochwahrscheinlicher Gefahren zum Schutz eines überragend wichtigen Gemeinschaftsguts zulässig.[13] Hier handelt es sich um einen Eingriff in die Berufsausübungsfreiheit, das heißt die Bedingungen und Modalitäten, unter denen sich die berufliche Tätigkeit vollzieht („Wie" der Tätigkeit). Er bedarf zur Rechtfertigung vernünftiger Erwägungen des Allgemeinwohls.

Verhältnismäßig ist ein Eingriff nur dann, wenn er einen verfassungslegitimen Zweck verfolgt und zur Erreichung dieses Zwecks geeignet, erforderlich und angemessen ist.

---

[12] Siehe zur Drei-Stufen-Theorie und auch zum Prüfungsstandort Goldberg, § 21.2 A.I.2., im OpenRewi Grundrechte Lehrbuch.
[13] <u>BVerfG, Urt. v. 11.6.1958, Az.: 1 BvR 596/56, Rn. 55 ff.</u> = BVerfGE 7, 377 (397 ff.) – Apothekenurteil.

Felix Krämer

a) Legitimer Zweck

§ 146a II AO verfolgt den Zweck, Steuerbetrug zu verhindern. Dies stellt in Anbetracht der Art. 104a ff. GG einen auch verfassungsrechtlich anerkannten Zweck dar.

Klausurtaktik **❗**

1. Ein Verweis auf Art. 104a ff. GG oder eine gleichwertige Begründung sollte auch dann erfolgen, wenn das Finanzverfassungsrecht vom Pflichtfachstoff ausgeschlossen ist (so etwa in Hessen, § 7 S. 1 Nr. 4a HessJAG).
2. Entgegen der teilweise vertretenen Auffassung hat die Einordnung in eine Stufe der Drei-Stufen-Theorie keine Auswirkungen auf die Voraussetzungen für das Vorliegen eines legitimen Zwecks. Denn dies würde eine eindeutige Zuordnung eines Schutzguts als „wichtiger" beziehungsweise „überragend wichtiger" Belang der Allgemeinheit erfordern, was jedoch auch innerhalb eines Gemeinguts von der Intensität der Betroffenheit abhängen kann. Überzeugender ist es daher, diese Frage erst in der Angemessenheit zu thematisieren, wo eine Gewichtung und Abwägung der widerstreitenden Interessen erfolgt. Ein gegenteiliges Vorgehen bei der Bearbeitung ist jedoch ebenso vertretbar.

---

b) Geeignetheit

§ 146a II AO müsste zur Erreichung dieses Zwecks auch geeignet sein. Eine staatliche Maßnahme ist zur Erreichung des Zwecks geeignet, wenn sie der Zweckerreichung in irgendeiner Form dienlich, das heißt zumindest zweckfördernd ist. Hierbei besteht ein im Gewaltenteilungsprinzip begründeter weiter Einschätzungs- und Prognosespielraum des Gesetzgebers, der es dem BVerfG nur erlaubt, objektiv schlechthin ungeeigneten Mitteln die erforderliche Eignung abzusprechen.

Hier macht M geltend, seine Kunden würden die ausgestellten Bons überwiegend direkt wegwerfen. Dies würde dazu führen, dass der für die Aufdeckung von Kassenmanipulationen erforderliche Abgleich der ausgestellten Bons mit der Kassensoftware zumindest nicht in allen Fällen möglich ist. Dies schließt nach den dargestellten Maßstäben eine Zweckdienlichkeit jedoch nicht aus. Insoweit hat der Gesetzgeber sich bei Erlass des § 146a II AO auf eine ausreichende Faktengrundlage gestützt, als er die Erfahrungen in anderen Staaten in seinen Einschätzungs- und Prognosespielraum miteinbezogen hat.

Damit ist § 146a II AO als geeignetes Mittel zur Erreichung des verfolgten Zwecks anzusehen.

Felix Krämer

c) Erforderlichkeit

§ 146a II AO müsste jedoch auch zur Erreichung des verfolgten Zwecks erforderlich sein. Erforderlich ist ein Mittel, wenn es unter gleich geeigneten Mitteln das mildeste Mittel zur Zweckerreichung darstellt. Wie bei der Geeignetheit kommt dem Gesetzgeber hinsichtlich der Erforderlichkeit ein Einschätzungs- und Prognosespielraum zu. Im Rahmen des Art. 12 I GG ist zudem zu prüfen, ob ein Eingriff auf einer niedrigeren Stufe in Betracht kommt.

M trägt insoweit vor, dass der in § 146a II 2 AO vorgesehene Befreiungsvorbehalt den Eingriff nicht ausreichend abmildere. Als milderes Mittel zu einem wie in § 146a II AO getroffenen repressiven Verbot mit Befreiungsvorbehalt (Ausnahme im Ermessen der Behörde) käme ein präventives Verbot mit Erlaubnisvorbehalt in Betracht. Dies könnte in der Form geschehen, dass Ausnahmen für bestimmte Berufsgruppen zu erteilen sind wie etwa solche, die typischerweise eine Vielzahl von Einzelgeschäften abschließen. Dieses Mittel wäre jedoch gegenüber der getroffenen Regelung nicht gleich effektiv, da keine gleichwertige flächendeckende Anwendbarkeit des § 146a II AO gegeben sein würde. Ferner stellt die hier betroffene Berufsausübung die erste Stufe der Drei-Stufen-Theorie dar, sodass ein Eingriff auf niedrigerer Stufe nicht möglich ist.

Daher ist § 146a II AO auch erforderlich.

❗ Klausurtaktik

Bei der Prüfung der Erforderlichkeit sollte hier zwingend die Argumentation des M aufgegriffen und dazu Stellung genommen werden, gegebenenfalls auch unter Bezug zu einem anderen „ausgedachten" gleich geeigneten Mittel.

---

d) Angemessenheit

§ 146a II AO müsste auch angemessen sein. Bei der Prüfung der Angemessenheit ist eine umfassende Gesamtabwägung der Schwere des Eingriffs einerseits und andererseits des Gewichts der staatlichen Ziele, die mit der zu prüfenden Maßnahme verfolgt werden, vorzunehmen.

Dabei ist zu beachten, dass M hier auf der untersten Stufe der Drei-Stufen-Theorie, nämlich der Berufsausübung betroffen ist. Die Bekämpfung von Steuerbetrug in dem von § 146a II AO erfassten Umfang stellt zudem ein Gemeinschaftsgut dar, dass einen solchen Eingriff grundsätzlich rechtfertigen kann. Ferner ist der Ausdruck eines Bons nicht zwingend erforderlich, vielmehr kann auch eine Übermittlung per App oder Mail erfolgen. Des Weiteren hat der Gesetzgeber mit § 146a II AO eine Ausnahmeregelung für unzumutbare Beeinträchtigungen geschaffen.

Auch soweit M auf Art. 20a GG verweist, rechtfertigt dies keine abweichende Beurteilung. Denn Art. 20a GG schafft im hier relevanten Bereich als Staatszielbestimmung lediglich eine Berücksichtigungs- und Begründungspflicht des Gesetzgebers bei gesetzgeberischen Entscheidungen, welche die natürlichen Lebensgrundlagen betreffen. Eine solche Prüfung ist durch den Gesetzgeber erfolgt, der die Folgen der „Bonpflicht" auch im Anbetracht der Möglichkeit der Übermittlung per Mail oder App als hinnehmbar eingestuft hat.

Nach alledem ist von einer Angemessenheit des § 146a II AO auszugehen.

Damit ist § 146a II AO sowohl formell als auch materiell verfassungsgemäß. Mithin liegt eine taugliche und verfassungsgemäße Beschränkung von Art. 12 I GG vor.

IV. Zwischenergebnis

Folglich ist der Eingriff gerechtfertigt. Art. 12 I GG ist nicht verletzt. Da der Schutzbereich des Art. 12 I GG das hier betroffene Verhalten des M schützt, kommt eine subsidiäre Anwendung des Art. 2 I GG nicht in Betracht.

Die Verfassungsbeschwerde des M ist somit unbegründet.

C. Ergebnis

Die Verfassungsbeschwerde des M ist zulässig, aber unbegründet und hat daher keine Aussicht auf Erfolg.

D. Abwandlung

Fraglich ist, ob das Betreiben des Kioskes durch M auch auf unionaler Ebene grundrechtlich geschützt ist sowie, ob und gegebenenfalls wie sich dies auf den Prüfungsmaßstab des BVerfG auswirkt.

I. Unionaler Grundrechtsschutz

In Betracht kommen hier Art. 15 I GRCh, wonach jede Person das Recht hat, zu arbeiten und einen frei gewählten oder angenommenen Beruf auszuüben, sowie Art. 16 GRCh, der die unternehmerische Freiheit schützt (2.). Hierfür müsste die GRCh jedoch zunächst anwendbar sein (1.).

Felix Krämer

1. Anwendbarkeit der GRCh

Die Anwendbarkeit der GRCh setzt gemäß Art. 51 I 1 Alt. 2 GRCh in dem hier einschlägigen Fall mitgliedstaatlichen Handelns die „Durchführung des Rechts der Union" voraus.[14] Bei einer mitgliedstaatlichen Regelung (hier: der Bußgeldbescheid) ist daher zu prüfen, ob mit ihr eine Durchführung einer Bestimmung des Unionsrechts bezweckt wird, welchen Charakter diese Regelung hat und ob mit ihr nicht andere als die unter das Unionsrecht fallende Ziele verfolgt werden.[15] Hier erfolgt der Erlass des Bußgeldbescheides aufgrund der Vorgaben der Bonpflicht-VO. Diese wurde auch kompetenzgemäß und als Bestandteil einer breit gefächerten Zielsetzung der Union erlassen, sodass von einer „Durchführung des Rechts der Union" im Sinne des Art. 51 I 1 Alt. 2 GRCh auszugehen ist. Die GRCh ist damit anwendbar.

2. Schutzbereich Art. 15 GRCh

Ferner müsste der Schutzbereich des Art. 15 I GRCh in persönlicher und sachlicher Hinsicht eröffnet sein. Selbst wenn man angesichts Art. 15 II GRCh eine Unionsbürgerschaft des M fordern würde, wäre diese Voraussetzung erfüllt, da M als Deutscher gemäß Art. 9 S. 2 EUV Unionsbürger ist. M betreibt den Kiosk zur Erhaltung seiner Lebensgrundlage, sodass ein Beruf im Sinne des Art. 15 I GRCh vorliegt und auch der sachliche Schutzbereich eröffnet ist. Ferner handelt es sich bei dem Betreiben des Kiosks um eine unternehmerische Betätigung, weshalb auch der Schutzbereich des Art. 16 GRCh eröffnet ist.

! Klausurtaktik

Dies konnte hier in dieser knappen Form festgestellt werden, da die Tätigkeit des M wohl eindeutig als Beruf im Sinne des Art. 15 I GRCh einzuordnen ist. Die Kenntnis einer GRCh-spezifischen Berufsdefinition kann nicht verlangt werden. Jedoch kann unter Verweis auf den Hauptfall und Art. 52 IV GRCh die Eröffnung des Schutzbereichs des Art. 15 I GRCh zusätzlich begründet werden. Es kann hingegen nicht erwartet werden, dass sich die Bearbeiter:innen mit dem Verhältnis von Art. 15 zu 16 GRCh beschäftigen, auch da der EuGH insoweit häufig eine gemeinsame Prüfung vornimmt.[16]

---

14 Siehe zum Anwendungsbereich der GRCh Brade/Ramson, § 14 A.I.1., im OpenRewi Grundrechte Lehrbuch.

15 EuGH, Urt. v. 6.3.2014, Az.: C-206/13, Rn. 24 ff.

16 Dazu eingehend Kühling, in: Pechstein/Nowak/Häde, Frankfurter Kommentar EUV/GRC/AEUV, 2017, GRC Art. 15 Rn. 25.

II. Prüfungsmaßstab des BVerfG

Fraglich ist nun, wie sich dies auf den Prüfungsmaßstab des BVerfG auswirkt. Hierbei ist zunächst festzuhalten, dass eine parallele Geltung der Grundrechtsebenen möglich ist und insoweit (nach herrschender, vom BVerfG geteilter Meinung) kein Exklusivitätsverhältnis besteht. Zu klären ist jedoch, welche Grundrechtsebene durch das BVerfG im Ausgangspunkt heranzuziehen ist.

Klausurtaktik   **!**

Die hier aufgeworfene Fragestellung darf nicht mit derjenigen verwechselt werden, welche gerichtlichen Zuständigkeiten bei der Überprüfung von möglicherweise grundrechtswidrigen Unionsakten bestehen (Stichwort: „Solange I bis Bananenmarkt").[17] Im vorliegenden Fall geht es vielmehr um mitgliedstaatliches Handeln, das von Unionsrechtsakten – mehr oder weniger stark – beeinflusst beziehungsweise vorgezeichnet ist.

Soweit eine mitgliedstaatliche Entscheidung in einem unionsrechtlich vollständig vereinheitlichten Bereich getroffen wird, prüft das BVerfG diese aufgrund seiner aus Art. 23 I GG folgenden Integrationsverantwortung allein am Maßstab der Grundrechte der GRCh. Unter „Grundrechten" im Sinne des Art. 93 I Nr. 4a GG sind damit auch Unionsgrundrechte zu verstehen.[18] Dies begründet das BVerfG damit, dass auch die Unionsgrundrechte heute zu dem gegenüber der deutschen Staatsgewalt durchzusetzenden Grundrechtsschutz gehören. Sie sind nach Maßgabe des Art. 51 I GRCh innerstaatlich anwendbar und bilden zu den Grundrechten des Grundgesetzes ein Funktionsäquivalent.[19] Im „gestaltungsoffenen Bereich" erfolgt die Prüfung hingegen anhand der nationalen Grundrechte des Grundgesetzes unter Verwendung der GRCh als Auslegungsmaßstab. Dies folgt nach dem BVerfG daraus, dass angesichts des gemeinsamen Fundaments in der EMRK für Regelungsbereiche, in denen das Unionsrecht selbst keine Einheitlichkeit verlangt, davon ausgegangen werden kann, dass die Grundrechte des Grundgesetzes auch das Schutzniveau der Charta mitgewährleisten.[20]

Fraglich ist damit hier, ob der Bußgeldbescheid der Finanzbehörde in einem unionsrechtlich vollständig vereinheitlichten Bereich oder im gestaltungsoffenen

---

17 Siehe zu dieser Konstellation Brade/Ramson, § 14 A.II.3., im OpenRewi Grundrechte Lehrbuch.

18 Siehe hierzu kritisch Brade/Ramson, § 14 A.II.2., im OpenRewi Grundrechte Lehrbuch.

19 BVerfG, Beschl. v. 6.11.2019, Az.: 1 BvR 276/17, Rn. 59 ff. = BVerfGE 152, 216 (239 ff.) – Recht auf Vergessen II.

20 BVerfG, Beschl. v. 6.11.2019, Az.: 1 BvR 16/13, Rn. 59 ff. = BVerfGE 152, 152 (176 ff.) – Recht auf Vergessen I.

Felix Krämer

Bereich getroffen wurde. Bei der Abgrenzung dieser Bereiche verbieten sich nach dem BVerfG schematische Lösungen, sodass allein aus dem Erlass der Bonpflicht-VO als Verordnung mit den in Art. 288 UAbs. 2 AEUV bezeichneten Wirkungen keine Rückschlüsse gezogen werden können.[21] Denn „auch Verordnungen können durch Öffnungsklauseln Gestaltungsfreiräume der Mitgliedstaaten begründen, ebenso wie Richtlinien zwingende und abschließende Vorgaben machen können. Von einer vollständig vereinheitlichten Regelung ist aber grundsätzlich auszugehen, wenn eine Verordnung einen bestimmten Sachverhalt abschließend regelt. Dabei werden deren Regelungen nicht schon dadurch insgesamt gestaltungsoffen, dass sie für eng eingegrenzte Sonderkonstellationen die Möglichkeit abweichender Regelungen schaffen. Solche Öffnungsklauseln lassen Gestaltungsmöglichkeiten nur in dem jeweils freigegebenen Umfang, erlauben aber nicht, die Anwendung der Regelung insgesamt an den Grundrechten des Grundgesetzes zu messen."[22]

❗ Klausurtaktik

Eine derart ausführliche Darstellung kann nicht erwartet werden, die grundsätzlichen Weichenstellungen einer Abgrenzung sind jedoch aufzuzeigen.

Mangels verwertbarer Hintergrundinformationen zum Regelungskontext der Bonpflicht-VO ist daher Art. 2 Bonpflicht-VO unter Berücksichtigung der vom BVerfG aufgezeigten Maßstäbe auszulegen. Für einen unionsrechtlich vollständig vereinheitlichten Bereich spricht, dass Art. 2 Bonpflicht-VO eine grundsätzliche Befolgungspflicht und nur zweckgebundene Ausnahmemöglichkeiten vorsieht. Gegen diese Einordnung spricht jedoch, dass sowohl die Ausnahmetatbestände als auch die Bußgeldhöhen innerhalb des vorgegebenen Rahmens in das Ermessen der Mitgliedstaaten gestellt werden. Letzteres spricht hier eher für eine Einordnung in den gestaltungsoffenen Bereich.

Damit ist davon auszugehen, dass das BVerfG Art. 2 Bonpflicht-VO an den Grundrechten des GG messen, jedoch die Grundrechte der GRCh als Auslegungsmaßstab miteinbeziehen wird.

---

21 Siehe zu den Abgrenzungskriterien Brade/Ramson, § 14 A.II.2., im OpenRewi Grundrechte Lehrbuch.
22 BVerfG, Beschl. v. 6.11.2019, Az.: 1 BvR 276/17, Rn. 79 = BVerfGE 152, 216 (247) – Recht auf Vergessen II.

Felix Krämer

Klausurtaktik !

An dieser Stelle war auch die gegenteilige Auffassung gut vertretbar.

III. Ergebnis/Beantwortung der Fragen des M

M ist daher zu antworten, dass Art. 15 I GRCh in seinem Fall anwendbar ist und das BVerfG diesen als Auslegungshilfe heranziehen wird.

Zusammenfassung: Die wichtigsten Punkte
- Art. 12 I GG begründet einen einheitlichen Schutzbereich der Berufsfreiheit; der Regelungsvorbehalt nach Art. 12 I 2 GG gilt sowohl für die Berufsausübung als auch für die Berufswahl.
- Bei der Prüfung von Art. 12 I GG sind die bereichsbezogenen Rechtsprechungslinien des BVerfG (insbesondere Erfordernis einer berufsregelnden Tendenz/Drei-Stufen-Theorie) zu beachten und in den allgemeinen Prüfungsaufbau einzupflegen. Es bietet sich dabei an, die Drei-Stufen-Theorie im Rahmen der Rechtfertigung zu thematisieren, um ihren Charakter als typisierte Verhältnismäßigkeitsprüfung deutlich zu machen.
- Die unmittelbare Betroffenheit durch ein Gesetz muss im Rahmen der Beschwerdebefugnis besonders begründet werden.
- In unionsrechtlich beeinflussten Bereichen müssen der Anwendungsbereich der GRCh und der Prüfungsmaßstab des BVerfG zur Anwendung der GRCh/des GG thematisiert werden.

Felix Krämer

Fall 3

Behandelte Themen: Gesetzgebungskompetenzen, Rechtsstaatsprinzip – Bestimmtheitsgebot, allgemeine Handlungsfreiheit gemäß Art. 2 I GG, abstrakte Normenkontrolle

Schwierigkeitsgrad: Grundstudium; 3 Stunden Bearbeitungszeit

Sachverhalt

Nachdem der Deutsche Lehrer:innenverband die mangelnde Konzentration und Aufmerksamkeit der deutschen Schüler:innen sowie Störungen des Unterrichts bemängelt hat, welche auf die Verwendung von sogenannten „Smartphones" zu unterrichtsfremden Zwecken zurückzuführen sind, erteilen mehrere Schulleiter:innen im gesamten Bundesgebiet an ihren Schulen ein allgemeines Handyverbot während des Unterrichts. Die Bundesregierung sieht insbesondere aufgrund des staatlichen Bildungsauftrags und der Gefahren des Mobbings mittels sozialer Netzwerke, welche von den Schüler:innen vor allem über ihre Handys genutzt werden, besonderen Handlungsbedarf. Unter Verweis auf die erfolgreiche Einführung eines Handyverbots an französischen Schulen bringt die Bundesregierung deshalb ein Gesetz zur Verwendung digitaler Medien an Schulen auf den Weg, das Bundes-Schulmediengesetz (BSmG).

§ 3 BSmG
Verwendung mobiler Endgeräte
(1) Während des Unterrichts ist den Schüler:innen die Verwendung mobiler Endgeräte untersagt.
(2) Das Verbot des Abs. 1 gilt zudem für die Verwendung mobiler Endgeräte auf dem gesamten Schulgelände, insbesondere auch während der Pausenzeiten.
(3) Im Falle eines Verstoßes im Sinne des Abs. 1 oder 2 ist die zuständige Lehrkraft dazu befugt, das jeweilige Endgerät einzusammeln und bis zum Ende des Schulunterrichts einzubehalten.

Nach entsprechender Beteiligung des Bundesrates wird das Gesetz vom Bundespräsidenten ausgefertigt und im Bundesgesetzblatt verkündet. Das Gesetz soll am 1.1.2023 in Kraft treten.

Die Bundesregierung weist darauf hin, dass der Bund für dieses Gesetz zuständig sei, da es sowohl die Telekommunikation betreffe als auch dem Jugendschutz und damit der öffentlichen Fürsorge diene. Die Gesetzgebungskompetenz liege damit klar beim Bund, sodass dieser auf Basis der Verfassung habe tätig werden dürfen. Ferner fügt die Bundesregierung an, dass das Gesetz zweifelsohne zu erheblichen Einschränkungen der Nutzung von mobilen Endgeräten durch Schüler:innen führen werde. Dies sei jedoch notwendig, um einen weitestgehend störungsfreien Schulunterricht zu gewährleisten. Darüber hinaus könnte nur eine vollständige Verbannung der mobilen Endgeräte von Schulhöfen den Gefahren des Cybermobbings auf wirksame Weise begegnen.

Der Senat der Freien und Hansestadt Hamburg hat hingegen Zweifel, ob das BSmG mit dem Grundgesetz vereinbar ist. Insbesondere sei fraglich, ob der Bund überhaupt für die Regelung eines solchen Verbots von mobilen Endgeräten zuständig sei. Primäres Ziel des Gesetzes sei weder die historisch begründete technische Regulierung der Telekommunikation noch der Jugendschutz. Zwar bezwecke das Gesetz am Rande auch die Bekämpfung von Cybermobbing. § 3 BSmG reguliere jedoch nicht den Inhalt der digitalen Kommunikation, sondern versuche diese aufgrund der unterrichtsstörenden Wirkung insgesamt zu unterbinden. Das Handyverbot betreffe insbesondere die Rechte und Pflichten von Schüler:innen und Lehrer:innen sowie die Modalitäten des Unterrichts. Das Gesetz verfolge mithin die Durchsetzung des Erziehungs- und Bildungsauftrags der Schulen, welcher wiederum das Schulrecht betreffe und somit der Länderkompetenz unterfallen müsste. Eine Gesetzgebungskompetenz des Bundes dürfe daher nicht gegeben sein. Zudem stelle sich die Frage, was denn genau unter „mobilen Endgeräten" zu verstehen sei. Insbesondere ergebe sich nicht klar aus dem Gesetzeswortlaut, welche Art von Geräten von diesem Begriff erfasst werde. Darüber hinaus erscheine es unverhältnismäßig, den Schüler:innen die Nutzung von Smartphones und ähnlichen Geräten nicht nur während des Unterrichts, sondern auch während der Pausen auf dem gesamten Schulgelände zu untersagen.

Fallfragen

Frage 1:
Ist der Bund für den Erlass dieses Gesetzes zuständig?

Frage 2:
Genügt das BSmG dem Bestimmtheitsgebot?

Frage 3:
Ist § 3 BSmG mit Art. 2 I GG vereinbar?

Verena Kahl

Hinweis:

Die formelle Verfassungsmäßigkeit des § 3 BSmG ist nicht zu erörtern.

Frage 4:

Der Senat der Freien und Hansestadt Hamburg möchte das Gesetz – insbesondere auch im Hinblick auf seine Vereinbarkeit mit den Grundrechten – vom BVerfG überprüfen lassen.

Welches Verfahren wäre statthaft? Prüfen Sie die Zulässigkeit des entsprechenden Antrags!

Lösung

Frage 1: Gesetzgebungszuständigkeit

I. Grundsatz der Gesetzgebungskompetenz der Länder gemäß Art. 70 I GG

Gemäß Art. 70 I GG liegt die Gesetzgebungskompetenz grundsätzlich bei den Ländern, sofern das Grundgesetz nicht ausnahmsweise dem Bund die Kompetenz in bestimmten Bereichen zuweist. Der Bund könnte dabei insbesondere im Rahmen der **ausschließlichen** sowie der **konkurrierenden** Kompetenz zuständig sein (siehe Art. 70 II GG).

II. Ausschließliche Gesetzgebungskompetenz gemäß Art. 73 I Nr. 7 GG: Postwesen und Telekommunikation

Zunächst könnte eine ausschließliche Gesetzgebung des Bundes gemäß Art. 73 I Nr. 7 GG bestehen. Dieser Kompetenztitel erfasst neben dem Postwesen auch die **Telekommunikation**. Fraglich ist, ob die Regelung der Nutzung von mobilen Endgeräten an Schulen auch unter den Begriff der Telekommunikation im Sinne des Art. 73 I Nr. 7 GG subsumiert werden kann. Traditionell umfasst Art. 73 I Nr. 7 GG insbesondere „die Regelung der technischen Seite der Errichtung einer Telekommunikationsinfrastruktur und der Informationsvermittlung mit Hilfe von Telekommunikationsanlagen".[1] Allerdings fällt die Regelung des übermittelten Inhalts oder die Art der Nutzung gerade nicht unter Art. 73 I Nr. 7 GG.[2] Dies folgt insbesondere aus einer **historischen Auslegung** der Norm. Ihre Entstehungsgeschichte zeigt, dass vor der Telekommunikation das Fernmeldewesen Regelungsgegenstand des Art. 73 I Nr. 7 GG war.[3] Nach allgemeinem Sprachgebrauch umfasst das Fernmeldewesen einen technischen Vorgang der Übermittlung von

---

1 Vgl. BVerfG, Urt. v. 28.2.1961, Az.: 2 BvG 1/60, Rn. 82 ff. = BVerfGE 12, 205 (226 f.) – 1. Rundfunkentscheidung; BVerfG, Urt. v. 16.3.2005, Az.: 1 BvR 668/04, Rn. 93 = BVerfGE 113, 348 (368) – Vorbeugende Telekommunikationsüberwachung; BVerfG, Urt. v. 2.3.2010, Az.: 1 BvR 256/08, 1 BvR 263/08, 1 BvR 586/08, Rn. 200 = BVerfGE 125, 260 (314) – Vorratsdatenspeicherung. Siehe auch Brömel, in: v. Münch/Kunig, GG, 7. Aufl. 2021, Art. 73 Rn. 34 f.
2 Vgl. BVerfG, Urt. v. 16.3.2005, Az.: 1 BvR 668/04, Rn. 93 = BVerfGE 113, 348 (368) – Vorbeugende Telekommunikationsüberwachung; BVerfG, Beschl. v. 26.10.2006, Az.: 1 BvR 396/98, Rn. 56 = BVerfGE 114, 371 (385) – Landesmediengesetz Bayern; BVerfG, Urt. v. 2.3.2010, Az.: 1 BvR 256/08, 1 BvR 263/08, 1 BvR 586/08, Rn. 200 = BVerfGE 125, 260 (314) – Vorratsdatenspeicherung.
3 Vgl. BVerfG, Urt. v. 28.2.1961, Az.: 2 BvG 1/60, 2 BvG 2/60, Rn. 82 = BVerfGE 12, 205 (226) – 1. Rundfunkentscheidung.

Verena Kahl

Signalen und nicht den Inhalt der Übertragung selbst.[4] Das Verbot der Nutzung von mobilen Endgeräten an Schulhöfen betrifft jedoch nicht die technische Seite der Telekommunikation. Eine Gesetzgebungszuständigkeit des Bundes für die Regelung der Nutzung von Mobilfunk- und anderen digitalen Geräten kann daher nicht über Art. 73 I Nr. 7 GG hergeleitet werden.

III. Konkurrierende Gesetzgebungskompetenz gemäß Art. 74 I Nr. 7 GG: Öffentliche Fürsorge

Allerdings könnte eine konkurrierende Zuständigkeit des Bundes aus Art. 74 I Nr. 7 GG folgen, der die öffentliche Fürsorge zum Gegenstand hat. Grundsätzlich ist der Begriff „öffentliche Fürsorge" im Hinblick auf das **Sozialstaatsprinzip** weit auszulegen. Mithin erfasst Art. 74 I Nr. 7 GG neben dem originären Bereich der öffentlichen Hilfe bei wirtschaftlicher Notlage (Sozialhilfe) auch die Jugendpflege und den Jugendschutz. Unter den Jugendschutz fallen neben der Regelung jugendgefährdender Schriften insbesondere auch der Jugendmedienschutz im Rahmen von Rundfunk und Telemedien. Vorliegend soll laut der Bundesregierung auch der Gefahr des Mobbings unter Jugendlichen begegnet werden, welche durch die Nutzung sozialer Netzwerke während der Schulzeit entsteht, sogenanntes **Cybermobbing**.

Grundsätzlich ist der Staat für den Schutz Jugendlicher auch dann zuständig, wenn sie sich im Internet bewegen. Dem Staat kommt dabei die Aufgabe zu, Medieninhalte auf ihr Gefährdungspotenzial hin zu beurteilen und deren öffentliche Verbreitung zu regeln. Dies betrifft insbesondere die Regulierung von Einflüssen der Erwachsenenwelt auf Kinder und Jugendliche, wie etwa Pornographie, Gewaltverherrlichung, Extremismus oder Diskriminierung.

Zunächst ist vorliegend bereits fragwürdig, ob Mobbing unter Schüler:innen mittels sozialer Netzwerke – also Texte, Bilder und Videos von Schüler:innen, die das physische Mobbing in eine Art Cybermobbing verwandeln – unter den klassischen Jugendschutzbegriff des Art. 74 I Nr. 7 GG fällt, der im Rahmen der Medien Kinder und Jugendliche vor ihrer Entwicklung nicht angemessenen Inhalten schützen soll.

Ferner steht vorliegend nicht die Regulierung sozialer Netzwerke zur Bekämpfung des Mobbings unter Schüler:innen im Vordergrund, sondern die Regulierung der Nutzung von mobilen Endgeräten während des Unterrichts und auf dem Schulgelände. Insbesondere soll die Nutzung dieser Geräte unterbunden

---

4 Vgl. <u>BVerfG, Urt. v. 28.2.1961, Az.: 2 BvG 1/60, 2 BvG 2/60, Rn. 82</u> = BVerfGE 12, 205 (226) – 1. Rundfunkentscheidung.

Verena Kahl

werden, damit Störungen des Unterrichts und insgesamt der schulischen Atmosphäre vermieden werden. Das Gesetz bezweckt somit vordergründig die Gewährleistung des staatlichen Bildungsauftrags im schulischen Umfeld. Schwerpunkt des Gesetzesvorhabens ist mithin nicht die generelle Bekämpfung des Mobbings mittels digitaler Medien. Damit fällt das Verbot der Nutzung mobiler Endgeräte während des Unterrichts und auf dem Schulgelände in den Bereich des Schulrechts. Das Schulrecht ist jedoch mangels anderer Bundeszuweisung gemäß Art. 70 I GG originäre Aufgabe der Länder.

IV. Ergebnis

Eine ausschließliche oder konkurrierende Zuständigkeit des Bundes gemäß Art. 73 I Nr. 7 GG beziehungsweise Art. 74 I Nr. 7 GG ist somit nicht gegeben. Daraus folgt, dass die Länder für ein gesetzliches Verbot von mobilen Endgeräten an Schulen zuständig sind.

❗ Klausurtaktik

Die vorstehenden Ausführungen zur Gesetzgebungskompetenz sind in keinem Falle in dieser Ausführlichkeit zu erwarten.[5] Durch die Hilfestellungen im Sachverhalt sollte es möglich sein, die für die Telekommunikation und den Jugendschutz einschlägigen Normen zu identifizieren.

Für eine ordentliche Bearbeitung genügt es, einzelne Argumentationsstränge aus dem Sachverhalt aufzugreifen, wiederzugeben und sie am Ende zu einem überzeugenden Ergebnis zu führen.

Überdurchschnittliche Bearbeitungen nehmen eine detaillierte Auslegung des Terminus „Jugendschutz" vor und wenden diese auf die Fallkonstellation an. Insgesamt steht hierbei die Argumentation und nicht das Ergebnis im Vordergrund.

Frage 2: Bestimmtheitsgebot

Fraglich ist, ob die Verwendung des Begriffs „mobile Endgeräte" mit dem Bestimmtheitsgebot vereinbar ist.

Das Bestimmtheitsgebot als Aspekt der Rechtssicherheit stellt eine Ausprägung des Rechtsstaatsprinzips aus Art. 20 II 2, III, 1 III, 28 I 1 GG dar und fordert eine ausreichende Bestimmtheit von Rechtsvorschriften. Danach muss das vom Gesetzgeber Gewollte hinreichend klar und präzise formuliert und eine Bestimmung der Rechtsfolgen möglich sein (sogenannte Grundsätze der **Normklarheit** und

---

5 Siehe zu den Gesetzgebungskompetenzen Herold, § 15, im OpenRewi Staatsorganisationsrecht Lehrbuch.

Verena Kahl

Justiziabilität).[6] Insbesondere muss die Rechtslage für die Betroffenen erkennbar sein, um das eigene Verhalten darauf ausrichten zu können.[7] Grundsätzlich fehlt es an der notwendigen Bestimmtheit nicht schon deshalb, weil eine Norm auslegungsbedürftig ist oder der Konkretisierung bedarf.[8] Die Verwendung von unbestimmten, auslegungsbedürftigen Rechtsbegriffen oder Generalklauseln ist insofern nicht ausgeschlossen, als diese im Wege der Interpretation und richterlichen Überprüfung eine Konkretisierung erfahren können.[9] Betrifft eine Norm den Eingriff in die grundrechtlich geschützte Rechtssphäre der Bürger:innen, so müssen die Anforderungen an den Bestimmtheitsgrundsatz besonders streng gefasst werden.[10]

---

6 Vgl. u. a. BVerfG, Beschl. v. 12.1.1967, Az.: 1 BvR 169/63, Rn. 17 f. = BVerfGE 21, 73 (79) – Grundstücksverkehrsgesetz; BVerfG, Beschl. v. 3.7.1973, Az.: 2 BvR 153/69, Rn. 27 = BVerfGE 35, 348 (358) – Armenrecht juristischer Personen. Siehe auch BVerfG, Urt. v. 14.7.1999, Az.: 1 BvR 2226/94, 1 BvR 2420/95, 1 BvR 2437/95, Rn. 207 = BVerfGE 100, 313 (372) – Telekommunikationsüberwachung I.

7 Vgl. u. a. BVerfG, Beschl. v. 7.5.2001, Az.: 2 BvK 1/00, Rn. 154 = BVerfGE 103, 332 (384) – Naturschutzgesetz Schleswig-Holstein; BVerfG, Urt. v. 16.3.2005, Az.: 1 BvR 668/04, Rn. 116 = BVerfGE 113, 348 (375 f.) – Vorbeugende Telekommunikationsüberwachung; BVerfG, Urt. v. 24.7.2018, Az.: 2 BvR 309/15, 2 BvR 502/16, Rn. 77 = BVerfGE 149, 293 (323) – Fixierungen.

8 Ständige Rechtsprechung des BVerfG. Vgl. u. a. BVerfG, Beschl. v. 3.7.1973, Az.: 1 BvR 153/69, Rn. 29 = BVerfGE 35, 348 (359) – Armenrecht juristischer Personen; BVerfG, Beschl. v. 22.6.1977, Az.: 1 BvR 799/76, Rn. 82 = BVerfGE 45, 400 (420) – Oberstufenreform; BVerfG, Beschl. v. 8.11.2006, Az.: 2 BvR 578/02, 2 BvR 796/02, Rn. 119 = BVerfGE 117, 71 (111) – Strafrestaussetzung; BVerfG, Beschl. v. 23.3.2011, Az.: 2 BvR 882/09, Rn. 73 = BVerfGE 128, 282 (317) – Zwangsbehandlungen im Maßregelvollzug; BVerfG, Urt. v. 24.7.2018, Az.: 2 BvR 309/15, 2 BvR 502/16, Rn. 78 = BVerfGE 149, 293 (324) – Fixierungen.

9 Vgl. BVerfG, Beschl. v. 3.6.1992, Az.: 2 BvR 10114/88, 2 BvR 78/89, Rn. 83 = BVerfGE 86, 288 (311) – Strafaussetzung bei lebenslanger Freiheitsstrafe; BVerfG, Beschl., v. 10.1.1995, Az.: 1 BvR 718/89, 1 BvR 719/89, 1 BvR 722/89, 1 BvR 723/89, Rn. 45 = BVerfGE 92, 1 (12) – Sitzblockaden II; BVerfG, Beschl. v. 23.6.2010, Az.: 2 BvR 2559/08, 2 BvR 105/09, 2 BvR 491/09, Rn. 73 f. = BVerfGE 126, 170 (196) – Präzisierungsgebot Untreuetatbestand; BVerfG, Urt. v. 24.7.2018, Az.: 2 BvR 309/15, 2 BvR 502/16, Rn. 78 = BVerfGE 149, 293 (324) – Fixierungen.

10 Vgl. u. a. BVerfG, Beschl. v. 8.8.1978, Az.: 2 BvL 8/77, Rn. 99 f. = BVerfGE 49, 89 (133) – Kalkar I; BVerfG, Beschl. v. 27.11.1990, Az.: 1 BvR 402/87, Rn. 44 = BVerfGE 83, 130 (145) – Josefine Mutzenbacher; BVerfG, Beschl. v. 3.6.1992, Az.: 2 BvR 1041/88, 2 BvR 78/89, Rn. 83 = BVerfGE 86, 288 (311) – Strafaussetzung bei lebenslanger Freiheitsstrafe; BVerfG, Beschl. v. 9.8.1995, Az.: 1 BvR 2263/94, 1 BvR 229/95, 1 BvR 534/95, Rn. 52 = BVerfGE 93, 213 (238) – DDR Rechtsanwälte; BVerfG, Urt. v. 21.10.2003, Az.: 2 BvR 2029/01, Rn. 197 = BVerfGE 109, 133 (188) – Langfristige Sicherheitsverwahrung; BVerfG, Beschl. v. 23.3.2011, Az.: 2 BvR 882/09, Rn. 73 = BVerfGE 128, 282 (318) – Zwangsbehandlungen im Maßregelvollzug; BVerfG, Urt. v. 24.7.2018, Az.: 2 BvR 309/15, 2 BvR 502/16, Rn. 77 ff. = BVerfGE 149, 293 (323 f.) – Fixierungen.

Verena Kahl

! **Klausurtaktik**

Der Bestimmtheitsgrundsatz wird auch in <u>Fall 10</u> in diesem Fallbuch thematisiert.[11]

Das Verbot mobiler Endgeräte während des Unterrichts und auf dem Schulgelände betrifft den grundrechtssensiblen Bereich der Schüler:innen, insbesondere deren allgemeine Handlungsfreiheit aus Art. 2 I GG. § 3 BSmG muss mithin dem Bestimmtheitsgebot in besonderem Maße entsprechen.

Vorliegend könnte fraglich sein, ob der Begriff „mobile Endgeräte" ohne Weiteres auslegungsfähig und damit bestimmt genug ist. Insbesondere müssen Schüler:innen sowie die zuständigen Lehrkräfte dem Wortlaut des § 3 BSmG entnehmen können, auf welche Geräte sich das gesetzlich normierte Verbot bezieht. Denn zum einen müssen die Schüler:innen ihr Verhalten an die Anforderungen des Verbots anpassen können. Zum anderen erfordert § 3 III BSmG, dass die Lehrer:innen erkennen, welche Geräte von diesem Verbot erfasst sind, um diese bei Verstößen rechtmäßig einbehalten zu können.

Aus dem **Wortlaut** der Norm folgt zunächst, dass keine genaue Bezeichnung einzelner verbotener Geräte, wie beispielsweise Mobilfunktelefone, vorgenommen wurde. Bei der Bezeichnung der mobilen Endgeräte handelt es sich somit um einen Sammelbegriff. Dies wäre dann unschädlich, wenn sich durch Auslegung dieses Begriffs die von der Nutzung ausgeschlossenen Geräte ermitteln ließen. Nach dem Wortlaut des § 3 BSmG geht es zunächst um sogenannte Endgeräte, also Geräte, die an ein öffentliches oder privates Daten- oder Telekommunikationsnetz angeschlossen sind. „Mobile" Endgeräte können dabei als tragbare Kommunikationsgeräte verstanden werden, die ortsungebunden zur Sprach- und Datenkommunikation eingesetzt werden. Neben der Ortsunabhängigkeit sind sie zudem von Erreichbarkeit und Lokalisierbarkeit geprägt. Erfasst würden nach dem Wortlaut neben herkömmlichen Mobilfunktelefonen („Handys") beispielsweise auch Smartphones oder Tablets, die grundsätzlich internetfähig und damit lokalisierbar sind sowie ortsungebunden verwendet werden können. Darüber hinaus entspricht es **Sinn und Zweck** der Norm, dass die Nutzung solcher Geräte verboten werden soll, durch deren speziell kommunikative Verwendung die Konzentration der Schüler:innen beeinträchtigt wird und die somit zu Störungen im Unterricht und im sozialen Umgang auf dem Schulgelände führen. Nach Sinn und Zweck des § 3 BSmG würden dann auch Smartwatches oder Laptops erfasst wer-

---

11 Eine kompakte Einführung zum Bestimmtheits- und Klarheitsgebot findet sich zudem bei Morlok/Michael, Staatsorganisationsrecht, 5. Aufl. 2021, § 7 Rn. 359 ff.

Verena Kahl

den, sofern diese Geräte nicht bereits dem Wortlaut nach mobile Endgeräte darstellen.

Diese Auslegung zeigt, dass die Geräte, welche Gegenstand des Verbots des § 3 BSmG sind, durch Interpretation bestimmbar sind. Danach genügt der Gesetzeswortlaut den Anforderungen an das Bestimmtheitsgebot.

Klausurtaktik ❗

Die vorstehenden Ausführungen sind in keinem Falle in dieser Ausführlichkeit zu erwarten. Grundsätzlich sollte jedoch eine kurze Darstellung des Bestimmtheitsgrundsatzes gelingen.

Für eine ordentliche Bearbeitung genügt es bereits, sich an der Auslegung des Begriffs „mobile Endgeräte" zu versuchen, da im Sachverhalt hierfür keine Hilfestellungen gegeben wurden. Hierbei kommt es wiederum weniger auf das Ergebnis, als auf die eigenständige Argumentation an.

Gute Bearbeiter:innen erkennen die Auslegungsbedürftigkeit des Begriffs „mobile Endgeräte" und nehmen diese unter Nennung der zur Verfügung stehenden Auslegungsmethoden vor.

Frage 3: Vereinbarkeit mit Art. 2 I GG

Vorliegend könnte § 3 BSmG gegen die allgemeine Handlungsfreiheit der Schüler:innen gemäß Art. 2 I GG verstoßen. Eine Grundrechtsverletzung liegt dann vor, wenn durch die gesetzliche Regelung in den Schutzbereich der allgemeinen Handlungsfreiheit eingegriffen wird, ohne dass dieser Eingriff verfassungsrechtlich gerechtfertigt ist.

Klausurtaktik ❗

Aus der Aufgabenstellung ergibt sich, dass vorliegend nur die Vereinbarkeit mit Art. 2 I GG zu prüfen ist. Bei der allgemeinen Handlungsfreiheit aus Art. 2 I GG handelt es sich um ein sogenanntes Auffanggrundrecht.[12] Es ist daher nur einschlägig, wenn kein spezielles Grundrecht in Betracht kommt (**lex specialis-Regel**). Sobald jedoch der Schutzbereich eines anderen speziellen Grundrechts einschlägig ist, tritt die allgemeine Handlungsfreiheit als subsidiäres Grundrecht zurück.

---

12 Siehe zum Auffanggrundrecht Würkert, § 17 D., im OpenRewi Grundrechte Lehrbuch.

Verena Kahl

I. Schutzbereich

1. Persönlicher Schutzbereich

Zunächst müsste der persönliche Schutzbereich des Art. 2 I GG eröffnet sein. Art. 2 I GG gewährt jedem bzw. jeder das Recht auf die freie Entfaltung seiner beziehungsweise ihrer Persönlichkeit. Dies meint alle Grundrechtsträger:innen, also insbesondere alle natürlichen Personen. Betroffen vom Verbot der Verwendung mobiler Endgeräte in und auf dem Schulgebäude sind die Schüler:innen. Diese sind als natürliche Personen Grundrechtsträger:innen. Mithin ist der persönliche Schutzbereich des Art. 2 I GG eröffnet.

2. Sachlicher Schutzbereich

Darüber hinaus müsste auch der sachliche Schutzbereich des Art. 2 I GG eröffnet sein. Nach dem Wortlaut des Art. 2 I GG ist die „freie Entfaltung der Persönlichkeit" geschützt. Fraglich ist deshalb, ob auch die Verwendung von digitalen Medien in Form von mobilen Endgeräten darunterfällt. Zu der Frage, welche Verhaltensweisen unter die freie Entfaltung der Persönlichkeit fallen, werden unterschiedliche Meinungen vertreten.[13]

a) Persönlichkeitskerntheorie

Eine Ansicht orientiert sich an dem Wortlaut der Norm und geht deshalb davon aus, dass nur solche Verhaltensweisen vom Schutzbereich des Art. 2 I GG erfasst würden, die zum Kernbereich des Persönlichen zählen und daher für die Entfaltung der Persönlichkeit von Gewicht sind.[14] Zwar lässt sich behaupten, dass auch die Kommunikation über und die Verwendung von digitalen Medien der Entfaltung der Persönlichkeit dient. Allerdings ist sie nicht in der Weise persönlichkeitsstiftend, dass es als eine Grundbedingung der Identitätsfindung angesehen werden kann. Mithin wäre nach dieser Definition der Schutzbereich des Art. 2 I GG nicht eröffnet.

❗ Klausurtaktik

Eine andere Ansicht ist insbesondere im Hinblick auf die Ausführungen im Rahmen der Angemessenheit gut vertretbar.

---

13 Siehe zum Schutzbereich Würkert, § 17 A., im OpenRewi Grundrechte Lehrbuch.
14 Zur Persönlichkeitskerntheorie wie auch zum Argument der Gefahr einer Banalisierung der Grundrechte siehe Peters, in: FS für Laun, 1953, 669 ff.; BVerfG, Urt. v. 6.7.1989, Az.: 1 BvR 921/85, Rn. 99 ff. = BVerfGE 80, 137 (164 ff.) – Reiten im Walde, Sondervotum des Richters Grimm.

b) Lehre von der allgemeinen Handlungsfreiheit

Eine andere Ansicht versteht den Wortlaut des Art. 2 I GG dahingehend, dass jede freie Entfaltung der Persönlichkeit – auch wenn sie nicht gewichtig ist – von Art. 2 I GG erfasst sein soll. Danach wäre jede Form menschlichen Handelns vom Schutzbereich erfasst, mithin auch die Verwendung von mobilen Endgeräten, beispielsweise zur Kommunikation.[15]

c) Streitentscheid

Da die genannten Ansichten zu unterschiedlichen Ergebnissen führen, stellt sich die Frage, welchem Verständnis von Art. 2 I GG der Vorzug zu geben ist.

Für die erstgenannte Ansicht spricht, dass eine weite Auslegung der Handlungsfreiheit zu einem ausufernden Grundrechtsschutz führen würde. Danach würde jedes menschliche Handeln, selbst gemeinschädliche und strafbare Handlungen, vom Schutzbereich erfasst. Insbesondere letzteres könnte zu einer Banalisierung des Grundrechtschutzes führen und damit das Institut der Grundrechte als solches abwerten.

Für die letztgenannte Ansicht spricht hingegen die Gesamtsystematik der Verfassung, wonach die Bundesrepublik Deutschland ein **freiheitlich**-demokratischer Rechtsstaat ist. Entsprechend dieser Grundannahme soll Art. 2 I GG als **Auffanggrundrecht** dienen und einen lückenlosen Freiheitsschutz durch das Grundgesetz gewährleisten. Ihm kommt damit eine sogenannte Schutzergänzungsfunktion zu. Dies gebietet eine weite Auslegung des Wortlautes, sodass jede selbstbestimmte menschliche Handlung erfasst wird, was wiederum die Eigenständigkeit und Weite der Schranke (einfacher Gesetzesvorbehalt) erklärt (s. u.). Auch die <u>Entstehungsgeschichte</u> der Norm spricht für diesen Ansatz. Die ursprünglich vorgeschlagene Formulierung – „Jeder ist frei zu tun und zu lassen [...]" – wurde nur aus sprachlichen Gründen durch die aktuell geltende Fassung ersetzt.

Hinzukommt, dass die Lehre von der allgemeinen Handlungsfreiheit die Unbestimmtheit der anderen Auffassung vermeidet, die willkürliche Subsumtionsergebnisse produziert. Insbesondere erscheint es schwierig, ein objektives und allgemein gültiges Kriterium für die Bestimmung des Kerns der Persönlichkeit zu finden. Denn einzelne Tätigkeiten haben in unterschiedlichen Kontexten für verschiedene Personen eine unterschiedliche Bedeutung. Den Bedenken bzgl. eines zu weiten Schutzbereichs kann zudem entgegengehalten werden, dass eine Kor-

---

15 Siehe zum Schutzbereich mit Beispielen Würkert, § 17 A., im OpenRewi Grundrechte Lehrbuch.

rektur über die Verhältnismäßigkeit möglich ist, in welcher beispielsweise eine geringe Einschränkung des Verhaltens gewürdigt werden kann.

Letztlich sprechen die besseren Argumente für die weit gefasste allgemeine Handlungsfreiheit. Die Verwendung von mobilen Endgeräten auch auf dem Schulgelände unterfällt mithin dem sachlichen Schutzbereich des Art. 2 I GG.

❗ Klausurtaktik

Die vorstehende Erörterung des Schutzbereichs muss keinesfalls in dieser Ausführlichkeit erfolgen. Der sachliche Schutzbereich ist neben der Verhältnismäßigkeitsprüfung jedoch einer der Kernpunkte des Art. 2 I GG. Eine Auseinandersetzung mit dem Gegenstand des Schutzbereichs wird daher von Bearbeiter:innen erwartet. Eine saubere Darstellung und Auflösung des Streitstandes mit den entsprechenden Argumenten sollte bei einer Korrektur besonders honoriert werden.

Mittlerweile hat sich die Lehre von der allgemeinen Handlungsfreiheit als ganz herrschende Ansicht durchgesetzt. Die vorliegende Darstellung dient damit vor allem als Muster für den Aufbau eines Meinungsstreites sowie die Anwendung der unterschiedlichen juristischen Auslegungsmethoden.

Insbesondere Bearbeiter:innen fortgeschrittener Semester können ihre Ausführungen auf die Lehre von der allgemeinen Handlungsfreiheit unter Verweis auf die entsprechenden Argumente beschränken oder es bei einer kurzen Erwähnung der Persönlichkeitskerntheorie belassen.

Sofern Bearbeiter:innen im Rahmen der Persönlichkeitskerntheorie vertretbar zu dem Ergebnis gelangen, dass die Kommunikation über mobile Endgeräte dem Kernbereich des Persönlichen unterfällt, ist zu beachten, dass der Streitentscheid mit Verweis auf die zum gleichen Ergebnis kommenden Ansichten dahinstehen kann.

II. Eingriff

Darüber hinaus müsste durch § 3 BSmG in die allgemeine Handlungsfreiheit der Schüler:innen eingegriffen werden.

Im <u>klassischen Sinn</u> wird der Eingriff definiert als jede Regelung, die unmittelbar und gezielt (final) durch ein vom Staat verfügtes Ge- oder Verbot, welches mit Befehl und Zwang durchsetzbar ist, zu einer Verkürzung grundrechtlicher Freiheit führt.[16]

Gemäß § 3 I und II BSmG ist es Schüler:innen untersagt, während des Unterrichts und auf dem Schulgelände mobile Endgeräte zu verwenden. Dies stellt eine typische Form des Verbots dar. Somit werden die Schüler:innen bereits nach dem klassischen Eingriffsbegriff in ihren Handlungsmöglichkeiten beschränkt. Mithin liegt ein Eingriff in die allgemeine Handlungsfreiheit gemäß Art. 2 I GG vor.

---

16 Siehe zum Grundrechtseingriff Ruschemeier, § 5, im OpenRewi Grundrechte Lehrbuch.

Verena Kahl

Klausurtaktik

Da ein Eingriff vorliegend bereits nach dem **klassischen Eingriffsbegriff** gegeben ist, genügt daher eine verkürzte Darstellung. Eine ausführlichere Darstellung, welche auch den **modernen Eingriffsbegriff** umfasst, kann entsprechend honoriert werden.

III. Verfassungsrechtliche Rechtfertigung

Der Eingriff könnte jedoch gerechtfertigt sein. Dies ist dann der Fall, wenn Art. 2 I GG einschränkbar ist und die Anforderungen des Schrankenvorbehalts eingehalten sind.

1. Bestimmung der Schranke des Art. 2 I GG

Das Grundrecht aus Art. 2 I GG ist nicht vorbehaltlos gewährt. Danach sind Schranken der allgemeinen Handlungsfreiheit die Rechte anderer, die verfassungsmäßige Ordnung sowie das Sittengesetz, sogenannte Schrankentrias.[17] Eine eigenständige Bedeutung kommt jedoch nur der verfassungsmäßigen Ordnung zu. „Verfassungsmäßige Ordnung" meint die Gesamtheit der Rechtsvorschriften, die formell und materiell verfassungsmäßig sind (= verfassungsmäßige Rechtsordnung). Aus ihr wird ein einfacher Gesetzesvorbehalt für die allgemeine Handlungsfreiheit hergeleitet. Die Rechte anderer, verstanden als alle subjektiven Rechte, bedürfen einer gesetzlichen Grundlage und sind über diese Normierung bereits Teil der verfassungsmäßigen Ordnung. Das Sittengesetz ist über die Begriffe der „guten Sitten" wie auch „Treu und Glauben" ebenfalls in der Rechtsordnung normiert.[18] Daher gehen diese Schranken in der verfassungsrechtlichen Ordnung auf und haben somit keine selbständige Bedeutung.

Klausurtaktik

Die Schrankentrias ist ein Standardbegriff, der als Schlagwort für die Korrektor:innen im Rahmen der Schrankenbestimmung fallen sollte. Gute Bearbeitungen stellen zudem das Verhältnis der einzelnen Schranken zueinander dar und leiten aus der verfassungsmäßigen Ordnung den einfachen Gesetzesvorbehalt her.

---

17 Siehe zur Schrankentrias Würkert, § 17 C., im OpenRewi Grundrechte Lehrbuch.
18 Siehe zur Problematik des „Sittengesetzes" Würkert, § 17 C.III, im OpenRewi Grundrechte Lehrbuch.

Verena Kahl

2. Verfassungsmäßigkeit des § 3 I, II BSmG

Danach ist der Eingriff in Art. 2 I GG über den Vorbehalt des Art. 2 I HS 2 GG verfassungsrechtlich gedeckt, soweit § 3 I, II BSmG formell und materiell verfassungsmäßig ist. Da die formelle Verfassungsmäßigkeit nicht zu erörtern ist, erschöpft sich die Prüfung der materiellen Verfassungsmäßigkeit vorliegend in der Verhältnismäßigkeitsprüfung.

a) Verhältnismäßigkeit

Die Regelung müsste insbesondere verhältnismäßig sein. Dies ist der Fall, wenn der Gesetzgeber mit der Regelung einen legitimen Zweck verfolgt und die gesetzliche Regelung zur Förderung dieses Zwecks geeignet, erforderlich und angemessen ist.

aa) Legitimer Zweck

§ 3 I, II BSmG müsste zunächst einem legitimen Zweck dienen. Dieser ergibt sich durch die objektive Auslegung des Gesetzes bzw. der einschlägigen Norm. Legitim sind nur öffentliche Interessen, die verfassungsrechtlich nicht ausgeschlossen sind.

Vorliegend geht es dem Gesetzgeber primär um die Beseitigung der Störung des Unterrichts durch die Verwendung von mobilen Endgeräten. Insbesondere soll eine Ablenkung der Schüler:innen und die damit einhergehende Beeinträchtigung ihrer Konzentration durch digitale Medien unterbunden werden. Damit dient § 3 I, II BSmG insbesondere der Verwirklichung des staatlichen Erziehungs- und Bildungsauftrags im Schulwesen.[19] Dieser Verfassungsauftrag folgt aus Art. 7 I GG und stellt somit ein legitimes öffentliches Interesse dar.

Darüber hinaus bezweckt das BSmG auch die Bekämpfung der Gefahren, die von sogenanntem Cybermobbing ausgehen. Die Bannung von mobilen Endgeräten vom Schulgelände dient damit auch dem Schutz der (psychischen) Gesundheit der Schüler:innen. Grundlage des Gesundheitsschutzes ist Art. 2 II GG, sodass auch hierin ein legitimes öffentliches Interesse liegt.

---

19 Siehe zum staatlichen Bildungs- und Erziehungsauftrag Kahl, § 22.3 A., im OpenRewi Grundrechte Lehrbuch.

Verena Kahl

bb) Geeignetheit

Weiterhin müsste die Regelung auch zur Zielerreichung geeignet sein. Hierfür genügt es bereits, dass der gewünschte Erfolg gefördert wird und somit die Möglichkeit der Zweckerreichung besteht. Zudem wird dem Gesetzgeber bei der Frage der Eignung der Regelung zur Zweckerreichung ein großer Einschätzungsspielraum zugestanden (sogenannte **Einschätzungsprärogative**).

Das Verbot von mobilen Endgeräten im Unterricht hat zur Folge, dass im Unterricht erheblich weniger Ablenkung und Konzentrationsstörungen – verursacht durch die Nutzung digitaler Medien – zu erwarten sind. Dies gilt insbesondere, da bei Verstößen nach § 3 III BSmG die zuständigen Lehrkräfte zur Einbehaltung dieser Geräte berechtigt sind. Ferner wird durch das umfassende Verbot der Nutzung mobiler Endgeräte im Unterricht und auf dem Schulgelände zumindest während der Schulzeit das Cybermobbing von und durch Schüler:innen unterbunden, da diesen der Zugriff auf entsprechende digitale Medien verwehrt wird. § 3 BSmG ist damit geeignet, den staatlichen Erziehungs- und Bildungsauftrag, welcher von den Schulen wahrgenommen wird, zu fördern und in gewissem Maße die Gesundheit der Schüler:innen zu schützen.

cc) Erforderlichkeit

Die Regelung müsste zudem erforderlich sein. Das ist immer dann der Fall, wenn die gesetzliche Regelung das mildeste unter den zur Verfügung stehenden, gleichermaßen geeigneten Mitteln darstellt. Das bedeutet, dass es kein weniger belastendes Mittel geben darf, durch das auf gleich wirksame Weise der verfolgte Zweck der Regelung erreicht werden kann. Auch hier kommt dem Gesetzgeber eine Einschätzungsprärogative zu.

Zu denken wäre vorliegend daran, dass es für die Erreichung des staatlichen Bildungsauftrags genügen würde, die mobilen Endgeräte während der Unterrichtszeit zu verbieten, da lediglich in dieser Zeit Ablenkung und Konzentrationsstörungen drohen, die zu Störungen des Unterrichts führen. Ein noch milderer Eingriff wäre ein Verbot mobiler Endgeräte während des Unterrichts zu unterrichtsfremden Zwecken. Dies würde berücksichtigen, dass Smartphones, Tablets und andere ähnliche Geräte auch in den Unterricht eingebunden werden und so als Medium der Stoffvermittlung den staatlichen Bildungsauftrag sogar fördern können.

Fraglich ist jedoch, ob diese milderen Mittel – ein umfassendes Verbot nur während des Unterrichts oder ein Verbot der Nutzung zu unterrichtsfremden Zwecken – gleich geeignet sind, den mit dem Gesetz erstrebten Zweck zu erreichen. Grundsätzlich stellt ein umfassendes Verbot der Nutzung für das gesamte Schulgelände das effektivste Mittel dar, Störungen des Unterrichts durch die Nutzung digitaler Medien zu beseitigen. Ein Verbot der Verwendung zu unterrichtsfremden Zwecken erschwert die Kontrolle durch die Lehrkräfte erheblich. Auch ein absolutes Verbot der Nutzung während des Unterrichts dürfte weniger effektiv sein, da es den Schüler:innen grundsätzlich erlaubt wäre, mobile Endgeräte mit in die Schule zu nehmen und diese während der Pausen zu nutzen. Ob das umfassende Verbot der Nutzung mobiler Endgeräte auf dem gesamten Schulgelände zur Erreichung des staatlichen Bildungs- und Erziehungsauftrags aus Art. 7 I GG erforderlich ist, kann jedoch insofern dahinstehen, als die Gefahr des Cybermobbings durch die Verwendung digitaler Kommunikationsmedien bei einem Verbot ausschließlich während des Unterrichts nicht gebannt wäre, da die Schüler:innen während der unterrichtsfreien Zeit auf diese Medien über die mobilen Endgeräte zugreifen könnten.

Mithin steht vorliegend kein gleich geeignetes milderes Mittel zur Verfügung, sodass die gesetzliche Regelung auch erforderlich ist.

❗ Klausurtaktik

Eine andere Ansicht ist ebenfalls vertretbar. Der Schwerpunkt sollte jedoch die Prüfung der Angemessenheit sein. An dieser Stelle lohnt es sich daher auch, klausurtaktisch zu denken und eine weitergehende Prüfung zu ermöglichen, indem die Erforderlichkeit der Regelung bejaht wird.

---

dd) Angemessenheit

Darüber hinaus müsste § 3 BSmG angemessen sein. Dies ist der Fall, wenn die nachteiligen Folgen für das grundrechtlich geschützte Verhalten des:der Einzelnen nicht außer Verhältnis zu den positiven Folgen oder dem Nutzen des verfolgten Zwecks für die Allgemeinheit stehen. Eingriff und verfolgter Zweck müssen in einem angemessenen Verhältnis zueinander stehen. Je intensiver der Eingriff und je höher der Rang des geschützten Rechtsgutes ist, desto höher sind die Anforderungen an die Rechtfertigung des Eingriffs.

Vorliegend dient die Regelung zum einen der Erfüllung des staatlichen Erziehungs- und Bildungsauftrags nach Art. 7 I GG und zum anderen dem Gesundheitsschutz der Schüler:innen, vgl. Art. 2 II GG. Durch das Verbot der Nutzung der mobilen Endgeräte auf dem gesamten Schulgelände und die entsprechende Einbehaltungsermächtigung greift die Regelung des § 3 BSmG in die allgemeine Handlungsfreiheit der Schüler:innen ein. Diese beiden Rechtsgüter sind somit miteinander abzuwägen.

Grundsätzlich kommt dem staatlichen Bildungsauftrag als Verfassungsauftrag ein hohes Gewicht zu, da hierdurch dem Staat die Aufgabe übertragen wird, die Persönlichkeitsentwicklung von Kindern und Jugendlichen durch Bildung und Erziehung zu fördern. Er ist somit verpflichtet, für ein leistungsfähiges Schulwesen zu sorgen. Auch die körperliche Integrität ist ein elementares Schutzgut, bezüglich dessen dem Staat eine besondere Schutzpflicht zukommt. Bei abstrakter Betrachtung wiegen diese Schutzgüter schwerer als das Interesse der Schüler:innen, digitale Medien auf dem Schulgelände zu nutzen. Hierfür spricht auch, dass Art. 2 I GG ein sogenanntes Auffanggrundrecht ist.

Zu berücksichtigen ist dabei, dass die Verwendung digitaler Medien zu unterrichtsfremden Zwecken durch deren starke Verbreitung unter Schüler:innn laut Sachverhalt zu erheblichen Störungen des Unterrichts führt und damit den staatlichen Bildungsauftrag gefährdet. Ein Verbot der entsprechenden Geräte erscheint daher unerlässlich, um deren Ablenkungspotential entgegen zu treten. Auch gilt dieses Nutzungsverbot nur während der Schulzeit. Im Rahmen ihrer Freizeit können die Schüler:innen ihre Geräte weiterhin zur Kommunikation und anderen Zwecken nutzen. Allerdings verbringen die Schüler:innen eine nicht unerheblich Anzahl an Stunden in der Schule, sodass das umfassende Verbot der Nutzung digitaler Medien mittels mobiler Endgeräte, die mittlerweile sowohl für Erwachsene als auch für Kinder und Jugendliche fester Bestandteil des Lebensalltags sind, nicht unwesentlich in ihre allgemeine Handlungsfreiheit eingreift. Dies gilt insbesondere für ein Verbot während der Pausen, in denen keine Störung des Unterrichts droht.

Jedoch ist zu bedenken, dass der Schutz von Kindern und Jugendlichen vor den Gefahren des Cybermobbings, das insbesondere psychologische Beeinträchtigungen bis hin zum Suizid verursachen kann, schwer wiegt. Fraglich ist jedoch, ob zeitlich begrenzte Verbote den Gefahren des Cybermobbings effektiv begegnen können, da den Schüler:innen nach Verlassen des Schulgeländes weiterhin die Möglichkeit verbleibt, mittels ihrer mobilen Endgeräte Cybermobbing zu betreiben. Auch das ohne mobile Endgeräte durchgeführte Mobbing während der Schulzeit wird durch dieses Verbot nicht beendet.

Zudem können mobile Endgeräte durchaus sinnvoll auch zu Unterrichtszwecken in den Schulalltag eingebunden werden und haben darüber hinaus das Potential, soziale Kommunikation und den Austausch über gesellschaftlich relevante Themen zu begünstigen. Der Staat sollte daher vielmehr auf eine angemessene Verwendung und verantwortungsvolle Nutzung digitaler Kommunikationsmedien auch im Rahmen des Schulunterrichts hinwirken. Anstelle eines umfassenden Verbots der Nutzung auf dem ganzen Schulgelände, das erheblich in die allgemeine Handlungsfreiheit der Schüler:innen eingreift, könnte schon durch ein Verbot der Nutzung zu unterrichtsfremden Zwecken oder ein weiter gefasstes Verbot während des Unterrichts mit der entsprechenden Ermächtigung zum Einbehalt des Geräts bei Verstößen den Störungen des Unterrichts entgegengewirkt werden. Dabei sollte gleichzeitig der verantwortungsvolle Umgang mit den Medien propagiert und über die Gefahren des Cybermobbings aufgeklärt werden. So

Verena Kahl

könnten beide Interessen – das Interesse des Staates an der nachhaltigen Durchsetzung des Bildungsauftrags und der Bekämpfung des Cybermobbings sowie das Interesse der Schüler:innen an der Nutzung digitaler Kommunikationsmedien – in einen angemessenen Einklang gebracht werden.

Die tatsächliche Ausgestaltung des § 3 BSmG in Form eines umfassenden Verbots der Nutzung mobiler Endgeräte insbesondere auch außerhalb des Unterrichts steht angesichts der stetig wachsenden Bedeutung digitaler Medien für die Kommunikation und Informationsbeschaffung für Erwachsene aber eben auch Schüler:innen in keinem angemessenen Verhältnis zu dem Zweck, der mit dem Gesetz erreicht werden soll.

❗ Klausurtaktik

Im vorliegenden Fall ist eine andere Ansicht ebenfalls gut vertretbar. Die Unterteilung der Angemessenheit in eine abstrakte wie auch eine konkrete Interessenabwägung sollte ebenso honoriert werden wie die Entwicklung eigener Argumentationsstränge unter Zuhilfenahme des Sachverhalts.

---

b) Zwischenergebnis

§ 3 BSmG ist nicht verhältnismäßig.

IV. Ergebnis

Die Regelung verstößt damit gegen Art. 2 I GG und ist somit nicht materiell verfassungsmäßig.

❗ Klausurtaktik

Diese sehr ausführliche Darstellung der Verhältnismäßigkeit, insbesondere der Angemessenheit, wird in keinem Falle von den Bearbeiter:innen verlangt. Die detaillierte Darstellung soll vielmehr als **Musterbeispiel für Aufbau, Struktur und Argumentationstiefe** dienen.

Guten Bearbeiter:innen gelingt eine saubere Gliederung und Darstellung der Verhältnismäßigkeitsprüfung. Für eine ordentliche Bearbeitung genügt es, wenn unter Zuhilfenahme der Norm und der Sachverhaltsangaben eine eigenständige Argumentation konstruiert und diese am Ende zu einem überzeugenden Ergebnis geführt wird.

Die Verhältnismäßigkeitsprüfung stellt den klaren Schwerpunkt der Prüfung des Art. 2 I GG dar. Im Mittelpunkt dieser Ausführungen steht stets die Argumentation. Es ist daher unschädlich, wenn die Bearbeiter:innen zu einem anderen Ergebnis als die Musterlösung gelangen.

Verena Kahl

Frage 4: Zulässigkeit

Da der Senat der Freien und Hansestadt Hamburg das Gesetz auf seine Verfassungsmäßigkeit überprüfen lassen möchte, ist die **abstrakte Normenkontrolle** die statthafte Verfahrensart. Für die Zulässigkeit des Antrags müssten alle Sachentscheidungsvoraussetzungen vorliegen.

Klausurtaktik

Die vorliegende ausführliche Prüfung der einzelnen Zulässigkeitsvoraussetzungen dient vor allem als **Musterbeispiel,** um Erstsemesterstudierenden den Einstieg zu erleichtern und einen entsprechenden **Lerneffekt** zu erzielen. Daher wird im Wesentlichen auf den **Gutachtenstil** zurückgegriffen. In einer **Klausursituation** können und sollen unproblematische Prüfungspunkte jedoch **knapper** dargestellt werden. Es bietet sich dann die Verwendung eines verkürzten Gutachten- oder des Feststellungsstils an.[20]

I. Zuständigkeit des BVerfG, Art. 93 I Nr. 2 GG, § 13 Nr. 6 BVerfGG

Das BVerfG müsste für das Verfahren zuständig sein. Seine Zuständigkeit wird nur in den ihm enumerativ zugewiesenen Verfahren begründet. Der Senat der Freien und Hansestadt Hamburg hat Zweifel an der Verfassungsmäßigkeit des Gesetzes. Einschlägiges Verfahren ist somit die abstrakte Normenkontrolle. Diese ist dem BVerfG nach Art. 93 I Nr. 2 GG, § 13 Nr. 6 BVerfGG zugewiesen. Mithin ist das BVerfG zuständig.

II. Antragsberechtigung, Art. 93 I Nr. 2 GG, § 76 I BVerfGG

Der Senat der Freien und Hansestadt Hamburg müsste zudem antragsberechtigt sein. Nach Art. 93 I Nr. 2 GG, § 76 I BVerfGG können die Bundesregierung, Landesregierungen oder ein Viertel der Mitglieder des Bundestags einen Antrag auf abstrakte Normenkontrolle beim BVerfG stellen. Der Senat der Freien und Hansestadt Hamburg stellt eine Landesregierung im Sinne des Art. 93 I Nr. 2 GG, § 76 I BVerfGG dar und ist somit antragsberechtigt.

---

20 Siehe zu den verschiedenen Stilarten im Gutachten Bustami, Fall 1 Lösungsskizze, in diesem Fallbuch.

Verena Kahl

III. Antragsgegenstand, Art. 93 I Nr. 2 GG, § 76 I BVerfGG

Es bedarf weiterhin eines tauglichen Antragsgegenstands. Als solcher kommt gemäß Art. 93 I Nr. 2 GG, § 76 I BVerfGG sowohl Bundesrecht als auch Landesrecht in Betracht. Darunter werden Normen verstanden, die dem Bund oder einem Land zuzurechnen sind, unabhängig von ihrer Normstufe. Ein Antrag ist erst nach Ausfertigung und Verkündung, aber schon vor Inkrafttreten eines Gesetzes möglich. Vorliegend geht es um ein ausgefertigtes und verkündetes, aber noch nicht in Kraft getretenes Bundesgesetz. Ein Beharren auf dem Inkrafttreten der Norm wäre pure „Förmelei", weshalb eine solche vorbeugende Normenkontrolle zulässig ist. Ein tauglicher Antragsgegenstand liegt damit vor.

IV. Antragsgrund, Art. 93 I Nr. 2 GG, § 76 I BVerfGG

Darüber hinaus müsste der Senat der Freien und Hansestadt Hamburg auch über einen entsprechenden Antragsgrund verfügen. Gemäß Art. 93 I Nr. 2 GG genügt es dafür, dass Meinungsverschiedenheiten oder Zweifel über die förmliche oder sachliche Vereinbarkeit des Antragsgegenstandes mit dem Grundgesetz bestehen. Nach § 76 I Nr. 1 BVerfGG müssen der:die Antragsteller:innen den Antragsgegenstand hingegen für nichtig halten.

Vorliegend hegt der Senat der Freien und Hansestadt Zweifel bezüglich der Verfassungsmäßigkeit des BSmG, sodass die Voraussetzungen des Art. 93 I Nr. 2 GG erfüllt sind, nicht jedoch die des § 76 I Nr. 1 BVerfGG. Fraglich ist somit, ob diese Zweifel genügen. Diese Frage ist umstritten.

In § 76 I Nr. 1 BVerfGG könnte zunächst eine einfachgesetzliche „Konkretisierung" von Art. 93 I Nr. 2 GG zu sehen sein mit der Folge, dass der Antrag der Senat der Freien und Hansestadt Hamburg unzulässig wäre. Allerdings muss der Geltungsvorrang des Grundgesetzes dazu führen, dass dessen Regelung Vorrang hat, da das Grundgesetz in der Normenhierarchie höher angesiedelt ist als die einfachgesetzliche Regelung des § 76 BVerfGG. Eine einfachgesetzliche Norm ist somit nicht in der Lage, die weitreichendere Antragsbefugnis aus dem Grundgesetz einzuschränken. Folglich reichen die Zweifel des Senats der Freien und Hansestadt Hamburg hinsichtlich der Verfassungsmäßigkeit des Gesetzes aus.

Ein tauglicher Antragsgrund liegt vor.

❗ Klausurtaktik

Neben dem Begriff des **Antragsgrundes** wird auch die **Antragsbefugnis** als Oberbegriff für diesen Prüfungspunkt verwendet und ist damit ebenfalls zulässig.

Verena Kahl

V. Objektives Klarstellungsinteresse (ungeschriebene Zulässigkeitsvoraussetzung)

Ferner müsste auch ein objektives Klarstellungsinteresse, also das besondere objektive Interesse an der Klarstellung der Gültigkeit der Norm, gegeben sein. Das objektive Klarstellungsinteresse wird in der Regel durch die Antragsberechtigung und das Vorliegen des Antragsgrundes indiziert. Es entfällt nur dann, wenn von der zur Prüfung gestellten Norm unter keinen denkbaren Gesichtspunkten mehr Rechtswirkungen ausgehen können. Dies ist unter anderem der Fall, wenn eine Norm bereits für nichtig erklärt wurde oder von einer Verordnungsverfügung endgültig kein Gebrauch gemacht wird. Dafür ist vorliegend nichts ersichtlich. Das objektive Klarstellungsinteresse ist folglich gegeben.

VI. Form, § 23 I BVerfGG

Der Antrag auf abstrakte Normenkontrolle ist aufgrund seiner objektiven Natur nicht fristgebunden. Er bedarf nach § 23 I 1 BVerfGG jedoch der Schriftform und einer Begründung.

VII. Ergebnis

Die erforderlichen Sachentscheidungsvoraussetzungen liegen vor. Der Antrag der Freien und Hansestadt Hamburg wäre – eine formgerechte Antragstellung vorausgesetzt – somit zulässig.

Zusammenfassung: Die wichtigsten Punkte
- Das Bestimmtheitsgebot mit seinen Grundsätzen der Normklarheit und Justiziabilität ermöglicht die Verwendung von unbestimmten Rechtsbegriffen, sofern diese mittels Interpretation eine Konkretisierung erfahren können.
- Die Prüfung eines Verstoßes gegen Art. 2 I GG als Auffanggrundrecht bot Anlass, den klassischen Grundrechtsaufbau zu wiederholen. Im Streit um den sachlichen Schutzbereich setzt sich die weitere Lehre der allgemeinen Handlungsfreiheit mit systematischer und teleologischer Argumentation durch. Im Rahmen der Rechtfertigung kondensiert die Schrankentrias zu einem einfachen Gesetzesvorbehalt, der in eine umfangreiche Verhältnismäßigkeitsprüfung mündet. Schwerpunkt sind die hier die Prüfung der Erforderlichkeit und der Angemessenheit, die eine eigenständige Argumentation anhand des Sachverhalts erfordert.
- Die abstrakte Normenkontrolle bietet einen weiten Überprüfungsspielraum, der sowohl formelle als auch materielle Verfassungsverstöße abdeckt. Sie ist statthaft, wenn das BVerfG für den Antrag zuständig ist, Antragsberechtigung, -gegenstand und -grund vorliegen, das objektive Klarstellungsinteresse gegeben ist und der Antrag formgerecht eingereicht wurde. Schwerpunkt der Zulässigkeitsprüfung ist der Antragsgrund, bei dem sich Art. 93 I Nr. 2 GG als höherrangige Norm durchsetzt.

Verena Kahl

Weiterführende Studienliteratur
- Wolfgang Kahl, Grundfälle zu Art. 2 I GG, JuS 2008, S. 499–503; 595–599

Verena Kahl

Fall 4

Behandelte Themen: <u>Unterlassen als Beschwerdegegenstand</u>, <u>Beschwerdebefugnis: eigene, gegenwärtige, unmittelbare Betroffenheit</u>, <u>Subsidiarität</u>, <u>Recht auf Leben und körperliche Unversehrtheit</u>, <u>Schutzpflichtendimension von Grundrechten</u>, <u>Untermaßverbot</u>, <u>Grundrechtliche Bezüge von Umwelt- und Klimaschutz</u> (Klimaklagen)

Schwierigkeitsgrad: Fortgeschrittenenhausarbeit; 3 Wochen Bearbeitungszeit

Sachverhalt

Im April 2020 verbringt Laya (L) aufgrund der Corona-Pandemie den Großteil ihrer Zeit in den vier Wänden der familiären Wohnung. Da die Infektionszahlen in der Pandemie stetig steigen, befindet sich die 16-jährige L im „Home Schooling" und wird dort von ihrem alleinerziehenden Vater (V) betreut. L, die bereits seit zwei Jahren der Jugendbewegung „Fridays for Future" angehört, bereitet ein Referat vor, das sich mit den Auswirkungen des Klimawandels auf den Menschen und seine Umwelt befasst. Im Rahmen ihrer Recherche stößt sie auf die Berichte des <u>„Intergovernmental Panel on Climate Change" (IPCC)</u>, einem wissenschaftlichen Gremium der Vereinten Nationen, welches mithilfe von Expert:innen weltweit in regelmäßigen Berichten den aktuellen Kenntnisstand der Klimaforschung zusammenträgt und bewertet.

Aus diesen Berichten ergibt sich, dass aufgrund des Klimawandels eine Zunahme extremer Wetterereignisse, wie Hitzewellen, starke Regenfälle, Überschwemmungen und Dürren, zu erwarten sind. Mit hoher Sicherheit seien klimawandelbedingte Risiken solcher potentiell lebensbedrohlicher Wetterphänomene mit einem Temperaturanstieg von über 1 °C hoch und würden mit einer zunehmenden Erderwärmung weiter steigen. Gleichzeitig würden unter anderem der Zerfall des Eisschildes, das Absterben des Amazonas-Regenwaldes und der Verlust des <u>Permafrostes</u> dazu führen, dass unwiederbringliche Kipppunkte erreicht würden. Als <u>Kipppunkte</u> werden solche Entwicklungen bezeichnet, die nicht mehr aufgehalten werden können, auch wenn die Ursachen für die Veränderungen beseitigt werden. Die genannten kurzfristigen und langfristigen Phänomene führten wiederum zu Ernteausfällen, mangelhafter Wasserversorgung und der Zerstörung ganzer Lebensräume. Ferner käme es bereits bei einem Temperaturanstieg von 1,5 °C im Vergleich zum vorindustriellen Niveau zu einer Ausbreitung von Infektionskrankheiten und zunehmender menschlicher Morbidität und Mortalität. Dabei gehen verschiedene Berichte davon aus, dass in den nächsten 20–30 Jahren auch in Deutschland besagte Risiken extremer Wetterereignisse einschließlich den daraus resultierenden Ernteausfällen und einer verkürzten Lebenserwartung in Folge von Krankheiten und Hitzewellen zunehmen werden. Auf Grundlage der bestehenden Erkenntnisse empfehlen die Berichte des IPCC, den globalen Temperaturanstieg auf maximal 1,5 °C zu begrenzen, um die Folgen des Klimawandels auf ein noch zumutbares Maß zu reduzieren. Weiterhin ergibt sich aus verschiedenen Studien ein zur Erreichung dieses Ziels global noch bestehendes <u>Restbudget an CO2-Emissionen</u>, mithin die Anzahl an Emissionen, die noch emittiert werden können, bis eine Grenze der Erderwärmung von 1,5 °C erreicht ist.

Am Abendbrottisch erzählt L ihrem Vater von ihrer Recherche und fragt ihn, warum die Politik angesichts des katastrophalen Ausmaßes der Klimakrise nicht endlich tätig werde. In ihrem Gespräch weist V seine Tochter darauf hin, dass immerhin am 18. Dezember 2019 das Bundes-Klimaschutzgesetz (KSG) in Kraft getreten sei. L findet heraus, dass das KSG zwar konkrete jährliche Beschränkungen der Emissionen vorsieht, sogenannte <u>Jahresemissionsmengen</u>. Wissenschaftler:innen halten die Regelungen des KSG jedoch zur Erreichung des 1,5 °C Ziels für unzureichend. Denn die vorgesehenen Emissionsmengen würden dazu führen, dass Deutschland sein <u>nationales CO2-Restbudget</u> von etwa 4,2 Gigatonnen im Jahr 2020, errechnet nach dem globalen Pro-Kopf-Anteil am verbleibenden Gesamtbudget, bereits im Jahr 2025 aufgebraucht hätte. L ist daher der Meinung, dass das Gesetz völlig ungeeignet sei, um dem Klimawandel und dessen Folgen angemessen zu begegnen und es somit die Gesundheit und das Leben der jungen Generation aufs Spiel setze. Sie bespricht sich virtuell mit der auf Klimaschutzklagen spezialisierten Anwältin A. Nach diesem Gespräch fühlt sie sich in ihrem Anliegen bestärkt und ist nun fest entschlossen, gerichtlich gegen das KSG vorzugehen, sodass sie mit Unterstützung der A am 22. April 2020 formgerecht Beschwerde vor dem BVerfG erhebt. V unterstützt sie vollumfänglich bei diesem Vorgehen.

In ihrer Beschwerde rügt L die Verletzung ihrer Grundrechte durch das unzureichende Handeln des Gesetzgebers in Form der §§ 1, 3 I, 4 in Verbindung mit Anlage 2 des KSG. Zur Begründung macht L unter anderem geltend, dass sie als Vertreterin der jungen Generation besonders gravierend von den Auswirkungen der politischen Untätigkeit betroffen sein werde. Diesbezüglich bestünde dringender Handlungsbedarf, da es ansonsten angesichts der irreversiblen Folgen des Klimawandels für eine Kehrtwende zu spät sein werde. Aus diesem Grund komme es nicht darauf an, dass sie bereits jetzt mit absoluter Sicherheit und im Detail darlegen könnte, wann und in welchem Umfang sie von den Verletzungen betroffen sein werde. Gerade die unzureichenden Maßnahmen im KSG setzten dabei entscheidende Ursachen für die klimawandelbedingen Risiken. Schließlich sei Deutschland im Vergleich zur Bevölkerungszahl global für einen überdurchschnittlich hohen CO_2-Ausstoß verantwortlich. Darüber hinaus wäre es unbeachtlich, dass auch andere Staaten mit ihren CO_2-Emissionen zum Klimawandel beitrügen. Dies würde schließlich nichts an dem Beitrag deutscher Emissionen zur globalen Erderwärmung ändern. Ferner argumentiert L, dass die vom Gesetzgeber im KSG geregelten Emissionsmengen offensichtlich hinter dem grundrechtlich geschuldeten Mindestschutz zurückblieben, da sie in keinerlei realistischer Verbindung mit der Einhaltung der 1,5 °C-Grenze stünden. Wie die wissenschaftlichen Berechnungen zeigten, dürfte Deutschland bei Befolgung des KSG ab 2025 keine Emissionen mehr ausstoßen, da sein Restbudget dann erschöpft sei. Bereits daraus folge, dass die Entscheidungsgrundlagen angesichts der staatlichen Schutzpflichten nicht tragbar seien, zumal die vorgenannten Berechnungen für die BRD günstige Maßstäbe zugrunde legten.

Bundesregierung und Bundestag halten in ihrer Stellungnahme die Verfassungsbeschwerde der L dagegen bereits für unzulässig. L könnte sich schon allein deshalb nicht vor dem BVerfG auf eine Verletzung ihrer Grundrechte berufen, weil sie nicht geltend gemacht habe, inwiefern sie sich dabei von anderen Bürger:innen unterscheide. Eine spezifische Nähe der Beschwerdeführerin zu den gerügten Gefährdungen sei erforderlich, wohingegen die vom Klimawandel ausgehenden Gefahren die Allgemeinheit insgesamt beträfen. Weiterhin lägen die potentiellen Gefährdungen so weit in der Zukunft, dass L nicht mit Sicherheit darlegen könne, ob und wie genau sie konkret von den als unzureichend gerügten Maßnahmen betroffen sein werde. Schließlich bestehe auch nicht der erforderliche unmittelbare Zusammenhang zwischen den Maßnahmen im KSG und den Folgen für Leben und Gesundheit durch klimawandelbedingte Extremwetterereignisse. Im Gegenteil sei der nachhaltige Erfolg der deutschen Maßnahmen abhängig von einer internationalen Zusammenarbeit und dem Verhalten anderer Staaten.

Darüber hinaus berufen sich Bundestag und Bundesregierung insbesondere auf den weiten legislativen Gestaltungs- und Entscheidungsspielraum, welcher durch Gerichte nur eingeschränkt überprüfbar sei. Bei den Regelungen des KSG handele es sich um ein politisch ausgehandeltes Ergebnis am Ende von demokratischen Entscheidungsprozessen und unter Berücksichtigung verschiedener gesellschaftlicher Interessen. Weder unterliege dieses Ergebnis einer umfassenden gerichtlichen Kontrolle noch ergäben sich aus Art. 2 II 1 GG Pflichten zu einem optimalen Grundrechtsschutz. Vielmehr sei der Staat nur zu einem Mindestschutz verpflichtet, welcher im Lichte der besonders komplexen Materie und den verschiedenen politisch wählbaren Lösungswegen nicht zu hoch angesetzt werden dürfe. Allein durch den Erlass des KSG sei der Gesetzgeber bereits tätig geworden, sodass eine offensichtliche Unzulänglichkeit jedenfalls ausgeschlossen sei. Schließlich lehnen Bundesregierung und Bundestag die Verbindlichkeit des na-

Ammar Bustami/Verena Kahl

tionalen Restbudgets ab, da es sich hierbei um eine politische und ethische Frage handele, die Gerechtigkeitserwägungen unterworfen sei und sich nur aus globalen Aushandlungsprozessen ergeben könne.

Fallfrage

Hat die Verfassungsbeschwerde der L Aussicht auf Erfolg?

Hinweis:
Gehe im Rahmen der Bearbeitung von der Richtigkeit der im Sachverhalt wiedergegebenen wissenschaftlichen Aussagen aus. Der Bearbeitung soll ferner zugrunde gelegt werden, dass eine Begrenzung der Erderwärmung auf 1,5 °C aus wissenschaftlicher Perspektive noch möglich ist.

Die Grundrechtsprüfung ist auf Art. 2 GG zu begrenzen. Ebenso können Normen des Unionsrechts oder der EMRK außer Acht gelassen werden.

Grundlage des zu erstellenden Gutachtens sind nur die im Text benannten Normen des KSG (Stand 18.12.2019). Daher ist insbesondere § 4 I 7 KSG *nicht* zu berücksichtigen. Auf Beweislastfragen sowie Fragen der Kausalität zwischen Handlungen einzelner Staaten und spezifischen Klimawandelfolgen ist nicht einzugehen.

Auszug aus dem Bundes-Klimaschutzgesetz (KSG)[1]

§ 1 Zweck des Gesetzes
[1]Zweck dieses Gesetzes ist es, zum Schutz vor den Auswirkungen des weltweiten Klimawandels die Erfüllung der nationalen Klimaschutzziele [...] zu gewährleisten. [...] [3]Grundlage bildet die Verpflichtung nach dem Übereinkommen von Paris aufgrund der Klimarahmenkonvention der Vereinten Nationen, wonach der Anstieg der globalen Durchschnittstemperatur auf deutlich unter 2 Grad Celsius und möglichst auf 1,5 Grad Celsius gegenüber dem vorindustriellen Niveau zu begrenzen ist, um die Auswirkungen des weltweiten Klimawandels so gering wie möglich zu halten, [...].

§ 3 Nationale Klimaschutzziele
(1) [1]Die Treibhausgasemissionen werden im Vergleich zum Jahr 1990 schrittweise gemindert. [2]Bis zum Zieljahr 2030 gilt eine Minderungsquote von mindestens 55 Prozent.

---

1 Bundes-Klimaschutzgesetz vom 12.12.2019, BGBl. I 2019 S. 2513.

§ 4 Zulässige Jahresemissionsmengen

(1) [1]Zur Erreichung der nationalen Klimaschutzziele nach § 3 Absatz 1 werden jährliche Minderungsziele durch die Vorgabe von Jahresemissionsmengen für die folgenden Sektoren festgelegt: [...]. [3]Die Jahresemissionsmengen für den Zeitraum bis zum Jahr 2030 richten sich nach Anlage 2. [...]

Lösung

Die Verfassungsbeschwerde der L hat Aussicht auf Erfolg, wenn sie zulässig und soweit sie begründet ist.[2]

❗ Klausurtaktik

Anspruch der Bearbeitung dieser „Klimaverfassungsbeschwerde" ist die Erarbeitung und Aufbereitung eines gesellschaftlich hochaktuellen und juristisch äußerst komplexen Sachverhalts. Dies übt die Anwendung bekannter juristischer Arbeitsmethodik auf neue Sachverhalte sowie die verstärkte Auseinandersetzung mit im Sachverhalt enthaltenen Tatsachen und Argumentationen. Der Fall dient insofern weniger dem Abfragen schon bestehenden Wissens. Daher sollten vereinzelte Wissenslücken die Bearbeiter:innen nicht demotivieren, sondern vielmehr Anlass zur interessierten Nacharbeit geben.

A. Zulässigkeit der Verfassungsbeschwerde

Zunächst müsste die Verfassungsbeschwerde der L zulässig sein. Dies ist der Fall, wenn die Sachentscheidungsvoraussetzungen erfüllt sind.

I. Zuständigkeit des BVerfG, Art. 93 I Nr. 4a GG, § 13 Nr. 8a BVerfGG

Das BVerfG ist für die hier eingelegte Verfassungsbeschwerde der L gemäß Art. 93 I Nr. 4a GG, §§ 13 Nr. 8a, 90 ff. BVerfGG zuständig.[3]

II. Beschwerde- und Prozessfähigkeit, Art. 93 I Nr. 4a GG, § 90 I BVerfGG

L müsste sowohl beschwerde- als auch prozessfähig sein.

---

2 Sachverhalt und Lösung dieses Übungsfalls beruhen teilweise auf den Verfassungsbeschwerden, die dem sogenannten „Klimabeschluss" des Bundesverfassungsgerichts zugrunde lagen (BVerfG, Beschl. v. 24.3.2021, Az.: 1 BvR 2656/18 = NJW 2021, 1723 – Klimaschutz). Der Lösungsvorschlag orientiert sich nicht nur an dem „Klimabeschluss" selbst, sondern auch an der vorangegangenen Rechtsprechung und Dogmatik im Bereich der Schutzpflichten und stellt die von den Autor:innen vertretenen Lösungsansätze dar, die teilweise von der Argumentation des Bundesverfassungsgerichts abweichen bzw. darüber hinausgehen.

3 Siehe zur Zuständigkeit Linke, § 10 A.I., im OpenRewi Grundrechte Lehrbuch.

Ammar Bustami/Verena Kahl

1. Beschwerdefähigkeit

L müsste beschwerdefähig im Sinne von Art. 93 I Nr. 4a GG, § 90 I BVerfGG sein.[4] Beschwerdefähig ist jede:r, der:die Träger:in von Grundrechten oder grundrechtsgleichen Rechten sein kann, das heißt wer grundrechtsberechtigt beziehungsweise grundrechtsfähig ist. L ist als natürliche Person Grundrechtsträgerin und somit beschwerdefähig.

2. Prozessfähigkeit

Weiterhin müsste L prozessfähig sein, das heißt die Fähigkeit besitzen, Prozesshandlungen selbst oder durch selbst bestimmte Bevollmächtigte vorzunehmen.[5] Dabei ist nicht die einfachgesetzliche Geschäftsfähigkeit entscheidend, es kommt verfassungsrechtlich vielmehr auf die Grundrechtsmündigkeit der Beschwerdeführer:in hinsichtlich der gerügten Grundrechte an.[6] Für die Grundrechtsmündigkeit ist maßgeblich, ob die:der Beschwerdeführer:in hinsichtlich des in Streit stehenden Grundrechts reif und einsichtsfähig ist.

L ist bereits 16 Jahre alt und damit nicht weit entfernt von der gesetzlichen Volljährigkeit. Gerade in Bezug auf ihr eigenes Recht auf Leben und körperliche Unversehrtheit aus Art. 2 II 1 GG hat sie trotz ihrer Minderjährigkeit durchaus die Reife und Einsichtsfähigkeit, die Reichweite dieses Rechts sowie das Ausmaß staatlichen Handelns darauf zu verstehen. Insbesondere zeigt die Art und Weise, wie sie die negativen Folgen eines übermäßigen CO_2-Ausstoßes auf die Umwelt und die Menschen wahrnimmt, sich darüber informiert und hierzu Stellung bezieht, dass L die Zusammenhänge von Klimawandel, gesetzlicher Regulierung und Gefährdung ihrer Gesundheit erkennt und somit die notwendige Reife und Einsichtsfähigkeit im Hinblick auf potentielle Schutzpflichten aus Art. 2 II 1 GG besitzt. L ist mithin prozessfähig.

Klausurtaktik !

Aufgrund der expliziten Altersangabe der L im Sachverhalt sollte die Problematik der Prozessfähigkeit hier in jedem Fall erkannt und jedenfalls kurz thematisiert werden. Detailliertere Ausführungen sind nicht zwingend, da zur Frage der Grundrechtsmündigkeit von Kindern und Jugendlichen im Rahmen des Art. 2 II 1 GG bisher keine entsprechende höchstrichterliche Rechtsprechung existiert. Für den Fall, dass die Prozessfähigkeit der L verneint wird, sollte auf ihre Vertretung durch den alleinerziehenden Vater V abgestellt werden, ohne sogleich von einer Un-

---

4 Siehe zur Beschwerdefähigkeit Linke, § 10 A.II., im OpenRewi Grundrechte Lehrbuch.

5 Siehe zur Prozessfähigkeit Linke, § 10 A.III., im OpenRewi Grundrechte Lehrbuch.

6 BVerfG, Beschl. v. 26.5.1970, Az.: 1 BvR 83/69, 1 BvR 244/69, 1 BvR 345/69, Rn. 54 f. = BVerfGE 28, 243 (254 f.) – Dienstpflichtverweigerung = NJW 1970, 1729.

zulässigkeit der Verfassungsbeschwerde auszugehen. Siehe zu dieser Thematik auch Macoun, Fall 10, in diesem Fallbuch.

III. Beschwerdegegenstand, Art. 93 I Nr. 4a GG, § 90 I BVerfGG

Des Weiteren müsste ein tauglicher Beschwerdegegenstand vorliegen. Gegenstand der Verfassungsbeschwerde kann gemäß Art. 93 I Nr. 4a GG, § 90 I BVerfGG jeder Akt der öffentlichen Gewalt (Legislative, Exekutive, Judikative) sein.[7] Dabei kommt nicht nur ein aktives Tun, sondern auch ein Unterlassen der öffentlichen Gewalt in Betracht, §§ 92, 95 I BVerfGG, wobei zwischen echtem und unechtem Unterlassen unterschieden wird: **Echtes Unterlassen** liegt vor, wenn der Gesetzgeber eine schutzpflichtkonforme Regelung vollständig unterlassen hat, es also an einer einfachgesetzlichen Regelung fehlt. **Unechtes Unterlassen** kann dagegen gerügt werden, wenn eine konkrete Norm bereits existiert, diese aber als nicht schutzpflichtkonform angesehen wird, weil sie gänzlich ungeeignet oder unzulänglich sei.[8]

Vorliegend richtet L ihre Verfassungsbeschwerde gegen die aus ihrer Sicht unzureichenden Regelungen der §§ 1, 3 I, 4 I in Verbindung mit Anlage 2 des neuen Bundes-Klimaschutzgesetzes (KSG).[9] Sie rügt damit eine ungenügende Erfüllung der legislativen Schutzpflicht durch ein bereits verabschiedetes Gesetz und somit ein unechtes Unterlassen.[10] Dieses unechte Unterlassen stellt einen tauglichen Beschwerdegegenstand im Sinne von Art. 93 I Nr. 4a GG, § 90 I BVerfGG dar.

❗ Klausurtaktik

Die exakte Darstellung des Beschwerdegegenstands stellt in Konstellationen von Schutzpflichten einen wichtigen Aspekt in der Zulässigkeit der Verfassungsbeschwerde dar. Dabei sollte der Unterschied zwischen beiden Formen des Unterlassens
- keine gesetzliche Regelung (**echtes Unterlassen**) und
- eine unzureichende gesetzliche Regelung (**unechtes Unterlassen**)

bekannt und zumindest in dieser vereinfachten Form angewandt werden können. Nicht vorausgesetzt wird die genaue Benennung beider Varianten als „unechtes" beziehungsweise „echtes" Unterlassen.

---

7 Siehe zum Beschwerdegegenstand Linke, § 10 A.IV, im OpenRewi Grundrechte Lehrbuch.
8 Zur Unterscheidung im Detail: Gerhardt, Probleme des gesetzgeberischen Unterlassens in der Rechtsprechung des Bundesverfassungsgerichts, 2007, S. 17.
9 Der Übungsfall beruht auf der Rechtslage des Bundes-Klimaschutzgesetzes vom 12.12.2019, BGBl. I 2019 S. 2513 (vor Änderung im August 2021).
10 Vgl. dazu auch BVerfG, Beschl. v. 24.3.2021, Az.: 1 BvR 2656/18, Rn. 95 = NJW 2021, 1723 – Klimaschutz. Das BVerfG verwendet die Begriffe echtes und unechtes Unterlassen jedoch nicht explizit.

IV. Beschwerdebefugnis, Art. 93 I Nr. 4a GG, § 90 I BVerfGG

Des Weiteren müsste L beschwerdebefugt sein. Gemäß § 90 I 2 BVerfGG muss die Verfassungsbeschwerde mit der Behauptung erhoben werden, durch den angegriffenen Akt in den eigenen Grundrechten verletzt zu sein. Es muss daher zum einen die Möglichkeit bestehen, dass eine Grundrechtsverletzung gegeben ist, zum anderen muss L auch selbst, gegenwärtig und unmittelbar beschwert sein.

1. Möglichkeit der Grundrechtsverletzung

Zunächst dürfte die Verletzung von Grundrechten der L <u>nicht offensichtlich und eindeutig nach jeder Betrachtungsweise ausgeschlossen sein</u>.[11]

a) Schutzpflichten aus Art. 2 II 1 GG

Gerügt wird durch L nicht die Verletzung ihrer Rechte aus Art. 2 II 1 GG durch einen Eingriff in Form einer Handlung des Staates, sondern in Gestalt eines gesetzgeberischen Unterlassens. Ein legislatives Unterlassen ist nur dann rügefähig, wenn der Gesetzgeber einer Handlungspflicht, insbesondere in Form <u>grundrechtlicher Schutzpflichten</u>, unterliegt.[12] Hier kommt ein Verstoß gegen die <u>Schutzpflichtendimension der Rechte aus Art. 2 II 1 GG</u> in Betracht.[13]

Möglicherweise könnte die Legislative mit Verabschiedung des KSG ihrer Schutzpflicht aus Art. 2 II 1 GG nicht in ausreichendem Maße nachgekommen sein. Aus dem Recht auf Leben und körperliche Unversehrtheit können sich auch Schutzpflichten für den Staat ergeben.[14] Dies schließt den Schutz vor Beeinträchtigungen durch Umweltbelastungen mit ein.[15] Dazu zählen auch die vom Klimawandel für die Rechtsgüter Leben und Gesundheit ausgehenden Gefahren. L legt substantiiert dar, inwiefern der Gesetzgeber durch das KSG gegen das Untermaßverbot verstoßen habe, inwieweit die dort geregelten Maßnahmen ungeeignet oder jedenfalls unzulänglich seien und die dadurch verursachten ne-

---

11 Siehe zur Beschwerdebefugnis Linke, § 10 A.V.1., im OpenRewi Grundrechte Lehrbuch.

12 BVerfG, Beschl. v. 29.10.1987, Az.: 2 BvR 624/83, Rn. 112 = BVerfGE 77, 170 (214) – Lagerung chemischer Waffen. Siehe zu den Schutzpflichten auch Ruschemeier, § 1 C.I.2.b), im OpenRewi Grundrechte Lehrbuch.

13 Siehe zu der Schutzpflicht des Art. 2 II 1 GG Senders, § 18.3 D., im OpenRewi Grundrechte Lehrbuch.

14 BVerfG, Beschl. v. 29.10.1987, Az.: 2 BvR 624/83, Rn. 112 = BVerfGE 77, 170 (214) – Lagerung chemischer Waffen.

15 BVerfG, Beschl. v. 24.3.2021, Az.: 1 BvR 2656/18, Rn. 99 = NJW 2021, 1723 – Klimaschutz.

Ammar Bustami/Verena Kahl

gativen Folgen des Klimawandels potentiell ihre Rechte aus Art. 2 II 1 GG verletzten.[16] Insofern ist nicht ausgeschlossen, dass der Gesetzgeber mit den Vorgaben aus den §§ 1, 3 I, 4 I KSG in Verbindung mit Anlage 2 bis zum Jahr 2030 zu große Mengen an CO_2-Emissionen zugelassen hat, was zum weiteren Klimawandel beitragen und damit die Gesundheit, zum Teil sogar das Leben der L gefährden würde.[17]

Insgesamt ist die behauptete Verletzung der Schutzpflichtdimension des Art. 2 II 1 GG jedenfalls nicht von vornherein ausgeschlossen und daher möglich.

! Klausurtaktik

Aus dem Sachverhalt und dem Bearbeitungshinweis ergibt sich, dass sich die Beschwerdeführerin nur auf die Schutzpflichtendimension des Art. 2 II 1 GG beruft. Daher war auf die Schutzpflichtendimension der Art. 12, 14 GG in diesem Fall **nicht** einzugehen. Die detaillierte Befassung mit den Einzelheiten zur Schutzpflichtverletzung bietet sich vorzugsweise auf der Ebene der Begründetheit an. Manche Prüfungsschemata thematisieren dies allerdings schon in größerer Ausführlichkeit im Rahmen der Beschwerdebefugnis.

---

i Weiterführendes Wissen

In den diesem Fall zugrundeliegenden Verfassungsbeschwerden stellten die Beschwerdeführenden vereinzelt auch auf Art. 20a GG sowie auf ein „Grundrecht auf ein ökologisches Existenzminimum" ab.[18] Das BVerfG folgte dieser Argumentation nicht. Art. 20a GG umfasse zwar auch den Klimaschutz und sei zudem justiziabel; sie enthalte jedoch keine subjektiven Rechte.[19] Ob das Grundgesetz ein „Recht auf ein ökologisches Existenzminimum" enthält, hat das BVerfG nicht abschließend geklärt, hielt dieses jedoch jedenfalls für nicht verletzt, da der Gesetzgeber nicht untätig geblieben und die Verhinderung katastrophaler Zustände zumindest möglich sei.[20]

---

16 Zu diesem Erfordernis bei Schutzpflichtverletzungen siehe auch: BVerfG, Beschl. v. 18.2.2010, Az.: 2 BvR 2502/08, Rn. 9 ff. = BVerfGE 17, 57 (61 ff.) – CERN.
17 Vgl. BVerfG, Beschl. v. 24.3.2021, Az.: 1 BvR 2656/18, Rn. 102 = NJW 2021, 1723 – Klimaschutz.
18 Beschwerdeschrift „Luisa Neubauer u.a.", Az.: 1 BvR 288/20. Siehe auch Buser, Ein Grundrecht auf Klimaschutz? Möglichkeiten und Grenzen grundrechtlicher Klimaklagen in Deutschland, 2020, S. 4–6; BVerfG, Beschl. v. 24.3.2021, Az.: 1 BvR 2656/18, Rn. 112 ff. = NJW 2021, 1723 – Klimaschutz.
19 BVerfG, Beschl. v. 24.3.2021, Az.: 1 BvR 2656/18, Rn. 112 = NJW 2021, 1723 – Klimaschutz.
20 BVerfG, Beschl. v. 24.3.2021, Az.: 1 BvR 2656/18, Rn. 113 ff. = NJW 2021, 1723 – Klimaschutz.

Ammar Bustami/Verena Kahl

b) Intertemporale Freiheitssicherung (Lösungsansatz des BVerfG)[21]

Neben der Verletzung von Schutzpflichten aus Art. 2 II 1 GG könnte L auch in ihren Freiheitsrechten betroffen sein. Die gerügten Regelungen bestimmen durch die darin bis 2030 vorgegebenen Jahresemissionsmengen bereits das Ausmaß der damit verbundenen Grundrechtsbeschränkung mit, indem sie möglicherweise den Verbleib sehr hoher Treibhausgasminderungslasten ab dem Jahr 2031 verursachen. Es ist jedenfalls nicht ausgeschlossen, dass diese Vorwirkung auf künftige Freiheitsrechte L bereits jetzt in ihren Grundrechten verletzt.

Klausurtaktik ❗

Mit der vorstehenden Konstruktion der „intertemporalen Freiheitssicherung" hat das BVerfG im „Klimabeschluss" einen dogmatisch neuen Weg beschritten, um die in Betracht kommenden Grundrechtsverletzungen zu beschreiben.[22] In einer Fortgeschrittenenhausarbeit wäre eine Auseinandersetzung mit dieser Entscheidung zu erwarten, wobei ein anderer Lösungsweg – wie hier vorgeschlagen – gut vertreten werden kann. In einer Examensklausur würde hingegen kein Detailwissen über die Lösung des BVerfG verlangt.

---

2. Eigene, gegenwärtige, unmittelbare Beschwer

L müsste darüber hinaus auch selbst, gegenwärtig und unmittelbar betroffen sein.

Klausurtaktik ❗

Die folgenden Ausführungen zu den drei Kriterien der Betroffenheit können in dieser Ausführlichkeit nicht erwartet werden. Wichtig ist vielmehr, dass die Bearbeitenden die Informationen aus dem Sachverhalt verwenden und sich an einer entsprechenden Subsumtion versuchen. Dabei ist im Rahmen aller drei Prüfungspunkte eine andere Ansicht mit entsprechender Argumentation vertretbar. Auch die folgende Prüfungsreihenfolge und die Zuordnung der entsprechenden Probleme sind keineswegs zwingend.

---

a) Selbstbetroffenheit

Dies setzt zunächst voraus, dass L selbst betroffen ist. Bei Rechtssatzverfassungsbeschwerden genügt es, dass die Beschwerdeführer:innen darlegen, dass sie durch die nicht schutzpflichtkonforme Regelung in ihren Grundrechten berührt

---

21 Der vom BVerfG gewählte Weg steht – auch auf Grund des hier aufbereiteten Sachverhalts – in dieser Falllösung nicht im Fokus. Dennoch werden im Folgenden die diesbezüglichen Ausführungen in verkürzter Form dargestellt.
22 Eisentraut, JuWissBlog v. 30.4.2021; kritisch Kahl/Bustami, JuWissBlog v. 7.5.2021.

werden und zum Kreis der Betroffenen zählen können.[23] Um Popularklagen auszuschließen, muss L daher geltend machen, dass sie durch die Normierungen des
KSG in eigenen Rechten verletzt ist. Vorliegend bringt sie vor, dass der Gesetzgeber durch die unzureichende Regelung des KSG und den dadurch bedingten
übermäßigen Ausstoß von CO_2-Emissionen mit den entsprechenden negativen
Folgen für Umwelt und Klima seiner Schutzpflicht aus Art. 2 II 1 GG nicht nachgekommen sei und somit ihr Recht auf Leben und körperliche Unversehrtheit verletze. Sie macht damit potentielle Gefährdungen geltend, von denen sie möglicherweise auch selbst betroffen wäre.

Entgegen der Argumentation der Bundesregierung scheitert die eigene Betroffenheit von L auch nicht daran, dass die negativen Folgen des anthropogenen
Klimawandels eine **Vielzahl anderer Personen** betreffen.[24] Die Verfassungsbeschwerde kennt kein Erfordernis einer besonderen Betroffenheit, wonach sich die
Beschwerdeführer:innen von der Allgemeinheit abheben müssten.[25] L rügt die
Verletzung eigener Rechte und ist somit trotz einer Vielzahl möglicher anderer Betroffener durch die benannten Regelungen des KSG individuell betroffen im Sinne
von Art. 93 I Nr. 4a GG, § 90 I BVerfGG.

b) Gegenwärtige Betroffenheit

Ferner setzt die Beschwerdebefugnis eine gegenwärtige Beschwer von L voraus.
Grundsätzlich liegt eine gegenwärtige Betroffenheit immer dann vor, wenn die
Norm ihre Wirkung auf die Beschwerdeführer:innen <u>aktuell und nicht nur poten-
tiell</u> entfaltet.[26] Darüber hinaus sind Beschwerdeführer:innen auch dann gegenwärtig betroffen, wenn klar abzusehen ist, dass und wie sie in der Zukunft von der
Regelung betroffen sein werden.[27] Zwar macht L geltend, dass eine unzureichende Regelung des KSG zu einem übermäßigen Ausstoß an CO_2-Emissionen führe,

---

23 Gerhardt, Probleme des gesetzgeberischen Unterlassens in der Rechtsprechung des Bundesverfassungsgerichts, 2007, S. 19.
24 Vgl. BVerfG, Beschl. v. 24.3.2021, Az.: 1 BvR 2656/18, Rn. 110 = NJW 2021, 1723 – Klimaschutz;
BVerfG, Beschl. v. 21.1.2009, Az.: 1 BvR 2524/06, Rn. 43 = NVwZ 2009, 515; BVerfG, Beschl.
v. 29.10.1987, Az.: 2 BvR 624/83, 2 BvR 1080/83, 2 BvR 2029/83, Rn. 109 = BVerfGE 77, 170 (214) –
Lagerung chemischer Waffen; BVerfG, Urt. v. 11.3.2008, Az.: 1 BvR 2074/05, 1 BvR 1254/07, Rn. 60
= NJW 2008, 1505.
25 BVerfG, Beschl. v. 24.3.2021, Az.: 1 BvR 2656/18, Rn. 110 = NJW 2021, 1723 – Klimaschutz. Siehe auch BVerfG, Beschl. v. 21.1.2009, Az.: 1 BvR 2524/06, Rn. 43 = NVwZ 2009, 515.
26 Siehe zur gegenwärtigen Betroffenheit Linke, § 10 A.V.2.c., im OpenRewi Grundrechte Lehrbuch.
27 BVerfG, Beschl. v. 14.1.1998, Az.: 1 BvR 1995/94, Rn. 28 = BVerfGE 97, 157 (164) – Saarlän-
disches Pressegesetz.

welche bedingt durch die negativen Auswirkungen auf Klima und Umwelt ihre Gesundheit beeinträchtigen könnten. Doch handelt es sich dabei nicht um aktuelle, sondern um zukünftige Grundrechtsbeeinträchtigungen.

Auch Regelungen, die erst im Laufe ihrer Vollziehung zu einer nicht unerheblichen Grundrechtsgefährdung führen, können gegen die Verfassung verstoßen.[28] Diese Beeinträchtigungen müssen zumindest mit **hinreichender Wahrscheinlichkeit** eintreten,[29] wobei sich die Anforderungen an die Gegenwärtigkeit in solchen Fällen nach **Art, Nähe und Ausmaß der geltend gemachten Gefahren** sowie nach **Art und Rang des verfassungsrechtlich geschützten Rechtsguts** richten.[30] Drohen Schäden **katastrophalen oder apokalyptischen Ausmaßes**, so genügt es, dass deren Realisierung nach dem Stand der Wissenschaft nicht vollständig ausgeschlossen ist, um die staatlichen Schutzpflichten schon gegenwärtig zu aktivieren.[31]

Mit dem Recht auf körperliche Unversehrtheit aus Art. 2 II 1 GG ist ein hohes verfassungsrechtliches Schutzgut von L betroffen. Die wissenschaftlichen Erkenntnisse des IPCC zum Klimawandel zeigen, dass dessen negative Folgen, deren Eintreten zum Teil mit hoher Wahrscheinlichkeit berechnet wurde, unter anderem zu einem signifikanten Anstieg menschlicher Morbidität und Mortalität und zur Zerstörung ganzer menschlicher Lebensräume führen wird. Die Intensität wie auch die globale Dimension der klimawandelbedingten Phänomene sprechen für Schäden katastrophalen Ausmaßes. Es ist den Berichten des IPCC zufolge wissenschaftlich nicht ausgeschlossen, dass L aufgrund des Klimawandels Schäden an ihrer Gesundheit erleiden wird. Hinzu kommt der teilweise irreversible Charakter von klimawandelbedingten Beeinträchtigungen sowie die beschleunigende Wirkung, die von der drohenden Überschreitung klimatischer Kipppunkte ausgeht.

Angesichts der in Rede stehenden essentiellen Verfassungsgüter, des apokalyptischen Ausmaßes der drohenden Grundrechtsbeeinträchtigungen sowie der Irreversibilität der durch einen übermäßigen CO_2-Ausstoß verursachten Gefahren ist die Betroffenheit von L auch heute schon als gegenwärtig im Sinne der Beschwerdebefugnis anzusehen.

---

28 BVerfG, Beschl. v. 24.3.2021, Az.: 1 BvR 2656/18, Rn. 108 = NJW 2021, 1723 – Klimaschutz.
29 BVerfG, Urt. v. 15.2.2006, Az.: 1 BvR 357/05, Rn. 78 = BVerfGE 115, 118 (137) – Luftsicherheitsgesetz.
30 BVerfG, Beschl. v. 8.8.1978, Az.: 2 BvL 8/77, Rn. 115 = BVerfGE 49, 89 (141) – Kalkar I.
31 BVerfG, Beschl. v. 18.2.2010, Az.: 2 BvR 2502/08, Rn. 12 = BVerfGK 17, 57 – CERN.

c) Unmittelbare Betroffenheit

Zuletzt müsste L auch unmittelbar betroffen sein. Unmittelbare Betroffenheit ist gegeben, wenn die Rechtsstellung der Beschwerdeführer:innen bereits durch die angegriffene Norm und nicht erst durch einen möglichen Vollzugsakt verändert wird.[32] Zwar führen die Klimaschutzziele des KSG nicht selbst schon zur Einsparung von THG-Emissionen. Sie bestimmen jedoch über das insgesamt anzustrebende Reduktionsniveau. Daher sind weitere Vollzugsakte vorliegend nicht erforderlich, denn L stützt sich gerade auf die potentielle Gefährdung ihrer Gesundheit direkt durch das Unterlassen des Gesetzgebers. Dass die Gefährdungen erst in der Zukunft drohen, ändert an der Unmittelbarkeit der Betroffenheit nichts, da die genannten Regelungen des KSG bereits heute die zukünftige Gefährdungslage rechtlich zementieren.[33]

Jedoch stellt sich die Frage, ob die Unmittelbarkeit der Betroffenheit dadurch entfällt, dass der anthropogene Klimawandel durch den akkumulierten Ausstoß von **CO2-Emissionen vieler verschiedener Staaten** verursacht wird. Eine mangelnde Regulierung durch den deutschen Gesetzgeber wäre somit nicht alleinig für die negativen Folgen des Klimawandels verantwortlich (sogenannte kumulative Kausalität). Jedoch ändert dieses Zusammenspiel mit anderen Verursachungsbeiträgen nichts an der fortbestehenden Mitursächlichkeit der Unterlassungen der deutschen Staatsgewalt. Mit einer potentiell unzureichenden Regulierung des CO2-Ausstoßes setzt der deutsche Gesetzgeber unmittelbar eine Ursache für den voranschreitenden Klimawandel und dessen negative Folgen. Hinzu kommt, dass der deutsche Staat zu den Emittenten mit einem überdurchschnittlich hohen CO2-Ausstoß gehört, sodass im internationalen Vergleich eine verstärkte Verantwortlichkeit aufgrund des höheren Verursachungsbeitrags besteht.

Folglich ist L durch die Regelungen des KSG auch unmittelbar betroffen.

ℹ Weiterführendes Wissen

Das BVerfG hat im Gegensatz zur hier vertretenen Lösung die Unmittelbarkeit der Betroffenheit im Kontext der Schutzpflichten gar nicht und im Rahmen der Freiheitsrechte nur sehr knapp behandelt, während es das Problem der Mitverursachung erst in der Begründetheit eruierte. Dort hielt es fest, dass der Klimawandel als globales Phänomen zwar weder von einem Staat alleine verursacht noch gelöst werden könne, dies jedoch der Verpflichtung zur Umsetzung nationaler

---

[32] Siehe zur unmittelbaren Betroffenheit Linke, § 10 A.V.2.b., im OpenRewi Grundrechte Lehrbuch.

[33] Vgl. BVerfG, Beschl. v. 24.3.2021, Az.: 1 BvR 2656/18, Rn. 133 = NJW 2021, 1723 – Klimaschutz, jedoch in Bezug auf die intertemporale Freiheitssicherung.

Maßnahmen und einem Beitrag zur Lösung des Problems auf internationaler Ebene nicht entgegenstehe, sondern den Staat gerade hierzu verpflichte.[34]

---

3. Zwischenergebnis

L konnte geltend machen, dass eine Verletzung in ihren Rechten aus Art. 2 II 1 GG durch das gesetzgeberische Unterlassen nicht von Vornherein ausgeschlossen und sie zudem selbst, gegenwärtig und unmittelbar betroffen ist. Die erforderliche Beschwerdebefugnis ist mithin gegeben.

V. Rechtswegerschöpfung und Subsidiarität, § 90 II 1 BVerfGG

Weiterhin müssten die Voraussetzung der Rechtswegerschöpfung gegeben und der Grundsatz der Subsidiarität gewahrt worden sein.

1. Rechtswegerschöpfung

Gemäß § 90 II 1 BVerfGG kann eine Verfassungsbeschwerde erst nach Erschöpfung des Rechtsweges erhoben werden. Jedoch steht weder ein Rechtsweg gegen Parlamentsgesetze (§ 93 III BVerfGG) noch gegen das hier gerügte unechte gesetzgeberische Unterlassen offen.[35] Der Rechtswegerschöpfung kommt deshalb vorliegend keine Bedeutung zu.[36]

2. Subsidiarität

Über das Erfordernis der Rechtswegerschöpfung geht der Grundsatz der Subsidiarität der Verfassungsbeschwerde hinaus. Dieser ist gewahrt, wenn der beschwerdeführenden Person keine Möglichkeiten zur Verfügung stehen, den Akt der öffentlichen Gewalt zumutbar anderweitig anzugreifen.[37] Im Umkehrschluss heißt dies, dass alle zur Verfügung stehenden Mittel ergriffen werden müssen, die der geltend gemachten Grundrechtsverletzung abhelfen können.

Im Falle des unechten gesetzgeberischen Unterlassens in Form des KSG könnte in Betracht kommen, dass L sich zunächst um eine inzidente fachgerichtliche Klärung der in Rede stehenden Normen des KSG bemühen müsste, und erst

---

34 BVerfG, Beschl. v. 24.3.2021, Az.: 1 BvR 2656/18, Rn. 199 ff. = NJW 2021, 1723 – Klimaschutz.

35 BVerfG, Beschl. v. 24.3.2021, Az.: 1 BvR 2656/18, Rn. 138 = NJW 2021, 1723 – Klimaschutz; vgl. auch Gröpl/Windthorst/von Coelln, Studienkommentar GG, 4. Aufl. 2020, Art. 93 Rn. 76.

36 Siehe zur Rechtswegerschöpfung Linke, § 10 VI.1.a, im OpenRewi Grundrechte Lehrbuch.

37 Siehe zur Subsidiarität Linke, § 10 VI.2., Open Rewi Grundrechte Lehrbuch.

im Anschluss an ein solches fachgerichtliches Verfahren Verfassungsbeschwerde einlegen könnte.[38] Allerdings steht einem solchen indirekten Rechtsschutz der Sinn und Zweck des Subsidiaritätsgrundsatzes entgegen. Dieser soll unter anderem dem BVerfG ermöglichen, seine Entscheidungen auf gesicherter Tatsachen- und Rechtsgrundlage zu treffen.[39] In Bezug auf die von L gerügten Normen des KSG ist von einer vorangehenden fachgerichtlichen Prüfung aber keine verbesserte Entscheidungsgrundlage für das BVerfG zu erwarten. Es stehen stattdessen ausschließlich Fragen nach dem Inhalt und Umfang der grundrechtlichen Schutzpflichten des Gesetzgebers in Rede. Das Durchlaufen mittelbarer fachgerichtlicher Verfahren durch L vor Einlegung der Verfassungsbeschwerde ist daher nicht erforderlich. Der Grundsatz der Subsidiarität wurde somit gewahrt.

VI. Form und Frist, §§ 23 I, 92, 93 III BVerfGG

Ausweislich des Sachverhalts hat L ihre Verfassungsbeschwerde schriftlich und mit ausführlicher Begründung eingereicht und damit die Formanforderungen der §§ 23 I, 92, 93 III BVerfGG gewahrt.[40]

Schließlich müsste die Verfassungsbeschwerde von L auch fristgerecht eingereicht worden sein.[41] Nach § 93 III BVerfGG gilt für Verfassungsbeschwerden gegen Gesetze oder sonstige Hoheitsakte, gegen die der Rechtsweg nicht offensteht, die Frist von einem Jahr seit Inkrafttreten des Gesetzes oder dem Erlass des Hoheitsaktes. Während diese Fristvorschriften bei einem echten Unterlassen grundsätzlich nicht greifen, richtet sich bei einem unechten Unterlassen die Rüge gerade gegen eine bestehende Norm, welche von den Beschwerdeführer:innen lediglich als unzureichend angesehen wird, sodass die Jahresfrist gilt.[42] L erhob bereits am 22.4.2020 Verfassungsbeschwerde gegen das gesetzgeberische Unterlassen, mithin vor Ablauf der am 17.12.2020 endenden Jahresfrist aus § 93 III BVerfGG. Damit hat L in jedem Fall das Fristerfordernis gewahrt.

VII. Ergebnis zur Zulässigkeit

Die Verfassungsbeschwerde der L ist zulässig.

---

38 Siehe zur fachgerichtlichen Kontrolle Linke, § 10 VI.2.a), im OpenRewi Grundrechte Lehrbuch.
39 BVerfG, Beschl. v. 24.3.2021, Az.: 1 BvR 2656/18, Rn. 139 = NJW 2021, 1723 – Klimaschutz; BVerfG, Beschl. v. 14.1.2015, Az.: 1 BvR 931/12, Rn. 23 = BVerfGE 138, 261 – Ladenöffnungszeiten.
40 Siehe zur Form Linke, § 10 VII.1., im OpenRewi Grundrechte Lehrbuch.
41 Siehe zur Frist Linke, § 10 VII.2., im OpenRewi Grundrechte Lehrbuch.
42 BVerfG, Beschl. v. 14.1.1981, Az.: 1 BvR 612/72, Rn. 67 = BVerfGE 56, 54 (70) – Fluglärm.

B. Begründetheit

Die Verfassungsbeschwerde ist begründet, soweit L durch die Regelungen der §§ 1, 3 I, 4 I KSG in Verbindung mit Anlage 2 in ihren Grundrechten verletzt ist.

I. Verletzung von Schutzpflichten aus Art. 2 II 1 GG

L macht in erster Linie geltend, durch das gesetzgeberische unechte Unterlassen in der schutzrechtlichen Dimension des Art. 2 II 1 GG verletzt worden zu sein. Dazu müsste zum einen der schutzrechtliche Gehalt des Art. 2 II 1 GG im vorliegenden Fall betroffen sein. Zum anderen müsste der Gesetzgeber durch die Verabschiedung des KSG die aus Art. 2 II 1 GG resultierende Schutzpflicht nicht erfüllt haben.

Für dieses Kapitel gibt es bei Wikibooks eine Version mit Prüfungsschema zu dieser speziellen Konstellation. Halte einfach deine Smartphone-Kamera vor den Kasten mit den Punkten (QR-Code).

---

1. Schutzrechtlicher Gehalt des Grundrechts

Zunächst müsste der schutzrechtliche Gehalt von Art. 2 II 1 GG betroffen sein.

a) Schutzgüter des Art. 2 II 1 GG

L müsste schutzfähige Rechtsgüter aus Art. 2 II 1 GG geltend machen. In Betracht kommen hier sowohl das **Recht auf Leben** als auch das **Recht auf körperliche Unversehrtheit,** welche L als natürlicher Person zustehen. Vom Schutzumfang des <u>Grundrechts auf Leben</u> ist die biologisch-physische Existenz, das heißt das körperliche Dasein eines jeden Menschen, umfasst.[43] Das <u>Recht auf körperliche Unversehrtheit</u> umfasst die körperliche Integrität des lebenden Menschen in ihrem biologisch-physiologischen Sinne.[44] Durch die Auswirkungen des men-

---

[43] Siehe zum Recht auf Leben Senders, § 18.3 A.I., im OpenRewi Grundrechte Lehrbuch.
[44] Siehe zum Recht auf körperliche Unversehrtheit Senders, § 18.3 A.II., im OpenRewi Grundrechte Lehrbuch.

schengemachten Klimawandels werden sich Gesundheitsrisiken durch Hitzeperioden, Extremwetterereignisse, Luftverschmutzung und Ausbreitung gefährlicher Krankheiten erheblich erhöhen. Hiervon werden in Deutschland in der Zukunft immer mehr Menschen betroffen sein, sodass diese Risiken auch L betreffen. Diese erhöhten Gesundheitsrisiken werden ferner von einer durch die Extremereignisse begünstigten höheren Sterblichkeit begleitet. Somit haben die negativen Folgen des Klimawandels potentiell auch Auswirkungen auf die biologisch-physische Existenz und die körperliche Integrität von L, sodass die Schutzgüter des Art. 2 II 1 GG vorliegend betroffen sind.[45]

❗ Klausurtaktik

Die Prüfung der Schutzgüter ähnelt der aus der Prüfung eines Abwehrrechts bekannten „Schutzbereich"-Prüfung. Eine Aufspaltung dieses „Schutzbereichs" in die Schutzgüter des Art. 2 II 1 GG (Leben; körperliche Unversehrtheit) ist im Rahmen der Prüfung von Schutzpflichten nicht zwingend erforderlich, da sich die Schutzpflichtdimension des Art. 2 II 1 GG in der Regel aus beiden Schutzgütern gemeinsam ergibt und die gleiche Wirkrichtung hat.[46]

---

b) Verdichtung einer objektiven Schutzpflicht zu einem Schutzanspruch

L könnte einen Schutzanspruch vor den beschriebenen Gefährdungen gegenüber dem Gesetzgeber haben.

Grundsätzlich verfügen die Grundrechte neben einer Abwehrfunktion gegenüber dem Staat auch über eine positive <u>Schutzfunktion</u>, die sich insbesondere aus der Funktion der Grundrechte als objektive Werteordnung ergeben.[47] Diese Schutzfunktion schließt gerade auch die Pflicht ein, sich schützend und fördernd vor die Rechtsgüter Leben und körperliche Unversehrtheit <u>zu stellen</u> und sie vor rechtswidrigen Eingriffen von Seiten anderer zu bewahren.[48] Damit sich die objektiv bestehende Schutzpflicht des Staates zu einem subjektiven Schutzanspruch der L verdichtet, müssten die in Rede stehenden Klimawandelfolgen eine gewisse <u>Gefährdungsschwelle</u> überschritten und damit die Schutzpflicht aktiviert

---

45 Vgl. BVerfG, Beschl. v. 24.3.2021, Az.: 1 BvR 2656/18, Rn. 148 = NJW 2021, 1723 – Klimaschutz.
46 Siehe insofern beispielsweise BVerfG, Beschl. v. 8.8.1978, Az.: 2 BvL 8/77, Rn. 113 f. = BVerfGE 49, 89, 140 f. – Kalkar I sowie entsprechend auch Senders, § 18.3 D., im OpenRewi Grundrechte Lehrbuch.
47 Siehe zu den Schutzpflichten Ruschemeier/Senders, § 8, im OpenRewi Grundrechte Lehrbuch.
48 Siehe zur Bedeutung der Schutzpflicht aus Art. 2 II 1 GG Senders, § 18.3 D.I.1, im OpenRewi Grundrechte Lehrbuch.

haben.[49] Absolute Sicherheit hinsichtlich des Schadenseintritts ist gerade nicht erforderlich, vielmehr genügt eine hinreichende Wahrscheinlichkeit, an deren Überschreiten niedrigere Anforderungen zu stellen sind, je größer das Risikopotential für Leben oder Gesundheit ist.[50]

Der exzessive Ausstoß von Treibhausgasen und die damit einhergehenden klimatischen Veränderungen führten bereits zu vermehrten und intensiveren Hitzewellen, extremen Niederschlagsmengen und Überschwemmungen, einer größeren Ausbreitung von Waldbränden und Krankheiten sowie der Verschlechterung der Luftqualität. Neben den bereits eingetretenen Schäden an Leben und körperlicher Unversehrtheit vieler Millionen Menschen weltweit, drohen bei einem ungehinderten Fortgang des Geschehens ohne gegensteuernde Maßnahmen ähnlich negative Auswirkungen auf die Gesundheit und das Leben vieler auch in Deutschland lebender Menschen. Werden zudem klimatische Kipppunkte überschritten, hätte dies unwiderrufliche Entwicklungen katastrophalen Ausmaßes zur Folge, welche die fortschreitende Erderwärmung noch beschleunigten. Die Realisierung dieser Gefahren stellt nicht nur eine abstrakte Möglichkeit dar, sondern ist bereits heute vorauszusehen und sehr wahrscheinlich. Die notwendige Gefahrenschwelle ist somit eindeutig überschritten. Folglich ist die objektive staatliche Schutzpflicht aktiviert, sodass sich diese im Zusammenhang mit dem von Menschen verursachten Klimawandel zu einem konkreten Schutzanspruch verdichten.[51]

2. Erfüllung der Schutzpflicht

Fraglich ist jedoch, in welchem Umfang diese Schutzpflicht besteht und ob der Gesetzgeber diese durch Erlass des KSG erfüllt hat.

a) Verfassungsgerichtliche Kontrolldichte

Da es sich bei Schutzpflichten um bloße Zielvorgaben handelt, sind Art und Umfang staatlicher Schutzpflichten stets anhand des jeweiligen Einzelfalls zu bestimmen. Aufgrund der zahlreichen unterschiedlichen Maßnahmen, mit denen bestimmte Rechtsgüter geschützt werden können, und der daraus resultierenden

---

49 Epping, Grundrechte, 8. Aufl. 2019, Rn. 124; Manssen, Staatsrecht II – Grundrechte, 17. Aufl. 2020, Rn. 64. Siehe zur Gefährdungsschwelle auch Senders, § 18.3 D.II.1., im OpenRewi Grundrechte Lehrbuch.
50 BVerfG, Beschl. v. 18.2.2010, Az.: 2 BvR 2502/08, Rn. 12 = BVerfGK 17, 57 – CERN.
51 So auch überzeugend BVerfG, Beschl. v. 24.3.2021, Az.: 1 BvR 2656/18, Rn. 148 = NJW 2021, 1723 – Klimaschutz.

Komplexität dieser politischen Entscheidungen, gehört die Entscheidung über diese Maßnahmen nach dem <u>Grundsatz der Gewaltenteilung</u> und dem Demokratieprinzip grundsätzlich in die Verantwortung des unmittelbar legitimierten Gesetzgebers.[52] Bei der Erfüllung seiner Schutzpflicht kommt dem Gesetzgeber ein **weiter Einschätzungs-, Wertungs- und Gestaltungsspielraum** zu.[53] Der Staat schuldet insofern keinen Maximalschutz, sondern nur einen Minimalschutz im Sinne eines <u>Untermaßverbots</u>.[54]

Aufgrund des Grundsatzes der Gewaltenteilung und dem Vorrang demokratisch legitimierter Entscheidungen ist die <u>gerichtliche Kontrolldichte</u> diesbezüglich grundsätzlich eingeschränkt, sodass das BVerfG in der Regel nur prüft, ob der Gesetzgeber überhaupt keine Schutzvorkehrungen getroffen hat oder die ergriffenen Maßnahmen gänzlich ungeeignet oder völlig unzulänglich sind, das gebotene Schutzziel zu erreichen (**Evidenzkontrolle**).[55] Der Prüfungsmaßstab kann sich jedoch zu einer umfassenden **Inhaltskontrolle** verdichten.[56] Er wird dabei bedingt durch den Einschätzungsspielraum des Gesetzgebers, der wiederum unter anderem abhängig ist von den Möglichkeiten, sich ein hinreichend sicheres Urteil zu bilden, und der Bedeutung der auf dem Spiel stehenden Rechtsgüter.

Wie hier gerügt, sind im Fall der negativen Folgen des Klimawandels insbesondere das Recht auf Leben und körperliche Unversehrtheit und damit besonders hochrangige Schutzgüter betroffen. Zwar unterliegen die Details in Bezug auf konkrete Folgen der gesetzgeberischen Entscheidungen einer gewissen Ungewissheit. Doch liegen solche Ungewissheiten gerade in der Natur von Prognose-Entscheidungen, was wiederum eine umfassende gerichtliche Kontrolle nicht grundsätzlich ausschließen kann.[57] Ferner besteht aufgrund der eindeutigen wissenschaftlichen Faktenlage zu den negativen Folgen des Klimawandels eine

---

52 Vgl. BVerfG, Beschl. v. 26.5.1998, Az.: 1 BvR 180/88, Rn. 23 = NJW 1998, 3264. Siehe zum Zusammenhang von Schutzpflichten und Gewaltenteilung Ruschemeier/Senders, § 8 A.I., im OpenRewi Grundrechte Lehrbuch.
53 BVerfG, Beschl. v. 24.3.2021, Az.: 1 BvR 2656/18, Rn. 152 = NJW 2021, 1723 – Klimaschutz.
54 BVerfG, Urt. v. 28.5.1993, Az.: 2 BvF 2/90, 2 BvF 4/92, 2 BvF 5/92, Rn. 159 = BVerfGE 88, 203 (254) – Schwangerschaftsabbruch II. Siehe zum Untermaßverbot Ruschemeier/Senders, § 8 A.II., im OpenRewi Grundrechte Lehrbuch.
55 BVerfG, Beschl. v. 18.2.2010, Az.: 2 BvR 2502/08, Rn. 11 = NVwZ 2010, 702. In diesem Sinne auch BVerfG, Beschl. v. 24.3.2021, Az.: 1 BvR 2656/18, Rn. 154–157 = NJW 2021, 1723 – Klimaschutz. Siehe zur gerichtlichen Kontrolldichte Senders, § 18.3 D.II.2., im OpenRewi Grundrechte Lehrbuch.
56 Siehe hierzu auch Gerhardt, Probleme des gesetzgeberischen Unterlassens in der Rechtsprechung des Bundesverfassungsgerichts, 2007, S. 29–30.
57 So auch BVerfG, Urt. v. 1.3.1979, Az.: 1 BvR 532/77, 1 BvR 533/77, 1 BvR 419/78 und 1 BvL 21/78, Rn. 131 = BVerfGE 50, 290 (332) – Mitbestimmung.

solide Grundlage für die Entscheidungen des Gesetzgebers, die insofern auch vom BVerfG an den geltenden wissenschaftlichen Erkenntnissen gemessen werden können. Diese Gründe sprechen für eine über eine reine Evidenzkontrolle hinausgehende <u>umfassende Inhaltskontrolle</u> der gesetzgeberischen Mindestschutzpflichten durch das Gericht.

Klausurtaktik !

Für eine gute Bearbeitung genügt bereits die Unterscheidung von Evidenz- und Inhaltskontrolle; eine weitergehende Differenzierung ist nicht erforderlich.[58] Mit entsprechender Argumentation wäre es auch vertretbar, von einer <u>reinen Evidenzkontrolle</u> auszugehen.[59] Zu trennen von der Frage der Kontrolldichte ist der inhaltliche Umfang des staatlich geschuldeten Mindestschutzes, welcher sogleich im folgenden Abschnitt geprüft wird. Jedoch wird dieser oftmals (auch vom BVerfG) gemeinsam und überlappend mit der Kontrolldichte thematisiert, sodass eine solche Prüfung ebenfalls vertretbar wäre.[60] Aus didaktischen Gründen wurden hier die Darstellung der Kontrolldichte (a) und die <u>Bestimmung des Schutzumfangs (b) aa)</u> auch im Prüfungsaufbau voneinander getrennt.

---

b) Beachtung des Untermaßverbots

Auf Grundlage einer **umfassenden Inhaltskontrolle** wäre die schutzrechtliche Dimension des Grundrechts auf Leben und körperliche Unversehrtheit gewahrt, wenn die Maßnahmen des KSG einen angemessenen und wirksamen Mindestschutz darstellen und zudem auf sorgfältigen Tatsachenermittlungen und vertretbaren Einschätzungen beruhen.[61]

---

58 Gerade auch das BVerfG nimmt hier keine dogmatisch saubere Trennung vor, sondern prüft gewissermaßen sowohl Aspekte einer Evidenzkontrolle (Rn. 154–157) als auch einer (eingeschränkten) inhaltlichen Kontrolle (Rn. 158 ff.), siehe <u>Kahl/Bustami, JuWissBlog v. 7.5.2021.</u>
59 Siehe hierzu unten in diesem Kapitel unter B.I.2.b)bb).
60 Vgl. <u>Buser, Ein Grundrecht auf Klimaschutz? Möglichkeiten und Grenzen grundrechtlicher Klimaklagen in Deutschland, 2020, S. 9, 13.</u>
61 BVerfG, Urt. v. 28.5.1993, Az.: 2 BvF 2/90, 2 BvF 4/92, 2 BvF 5/92, Rn. 159 = BVerfGE 88, 203 (254 f.) – Schwangerschaftsabbruch II. In seinem Klimabeschluss beruft sich das BVerfG (dogmatisch unsauber) nicht auf diesen Maßstab, sondern prüft stattdessen, ob „die angegriffenen Regelungen erheblich hinter dem durch Art. 2 II 1 GG gebotenen Schutz von Leben und Gesundheit zurückblieben", auch <u>BVerfG, Beschl. v. 24.3.2021, Az.: 1 BvR 2656/18, Rn. 158 ff.</u> = NJW 2021, 1723 – Klimaschutz.

aa) Bestimmung des Mindestschutzumfangs

Die Einhaltung des Untermaßverbots hängt vom konkreten Schutzumfang ab. Maßgeblich für die Bestimmung des Mindestmaßes an Schutz sind insbesondere **Art, Nähe und Ausmaß der möglichen Gefahren**, der **Rang des verfassungsrechtlich geschützten Rechtsguts**, die schon **vorhandenen Regelungen** sowie **entgegenstehende öffentliche Interessen** und die **Grundrechte Dritter**.[62]

Mit dem Recht auf Leben und körperliche Unversehrtheit sind besonders hochrangige Schutzgüter durch die Klimawandelfolgen betroffen, welche wiederum ihre Grundlage in der Menschenwürdegarantie finden.[63] Ferner zeigt sich aufgrund der Intensität und der globalen Dimension der durch den Klimawandel bedingten Phänomene, dass den daraus folgenden Schäden ein katastrophales Ausmaß zukommt. Dabei ist auch der teilweise irreversible Charakter der Beeinträchtigungen zu berücksichtigen. Auch wenn zum heutigen Zeitpunkt nicht klar vorausgesagt werden kann, ob und wann die Grundrechtspositionen konkreter Individuen betroffen sein werden, so ist in Anbetracht der bestehenden Erkenntnisse eine hohe Wahrscheinlichkeit für extreme, negative Auswirkungen auf Leben und körperliche Unversehrtheit einer Vielzahl von Personen gegeben.

Aus diesen Gründen muss sich der notwendige Mindestschutz somit an den wissenschaftlichen Notwendigkeiten orientieren. Da der Gesetzgeber im Rahmen des Untermaßverbots keine absolute Sicherheit schuldet, geht es nicht darum, jede weitere Erderwärmung umgehend zu stoppen. Nach den wissenschaftlichen Erkenntnissen stellt eine Begrenzung der Erderwärmung auf maximal 1,5° C im Vergleich zum vorindustriellen Niveau jedoch das notwendige Minimum dar, welches den Eintritt schwerwiegender Folgen des Klimawandels zwar nicht verhindern, jedoch auf ein noch zumutbares Maß reduzieren würde. Diese international und wissenschaftlich anerkannte 1,5 °C-Grenze findet auch im KSG selbst Anerkennung, indem es diese in § 1 als Gesetzeszweck statuiert.[64]

---

62 Im Überblick Gerhardt, Probleme des gesetzgeberischen Unterlassens in der Rechtsprechung des Bundesverfassungsgerichts, 2007, S. 24. Vgl. auch BVerfG, Beschl. v. 8.8.1978, Az.: 2 BvL 8/77, Rn. 115 = BVerfGE 48, 89 (142) – Kalkar I; BVerfG, Urt. v. 16.10.1977, Az.: 1 BvQ 5/77, Rn. 12 ff. = BVerfGE 46, 160 (164) – Schleyer; BVerfG, Urt. v. 28.5.1993, Az.: 2 BvF 2/90, 2 BvF 4/92, 2 BvF 5/92, Rn. 159 f. = BVerfGE 88, 203 (254) – Schwangerschaftsabbruch II.
63 Siehe zur Verbindung mit der Menschenwürdegarantie Senders, § 18.3 D.I.2., im OpenRewi Grundrechte Lehrbuch.
64 So im Kern auch BVerfG, Beschl. v. 24.3.2021, Az.: 1 BvR 2656/18, Rn. 208 ff. = NJW 2021, 1723 – Klimaschutz.

Zwar erfordern entsprechende Klimaschutzmaßnahmen oftmals auch erhebliche Eingriffe in die Grundrechte Dritter,[65] beispielsweise in die Berufsfreiheit des Art. 12 I GG oder die Eigentumsfreiheit des Art. 14 GG, was zu einer Herabsetzung des Mindestschutzumfangs im Rahmen von Art. 2 II 1 GG führen könnte.[66] Dies ändert zunächst jedoch nichts an den oben genannten klimatischen Grenzen. Auch lässt die Orientierung am 1,5 °C-Ziel dem Gesetzgeber noch ausreichend Spielraum, um im Einklang mit diesem Mindestschutz Maßnahmen zu treffen, die mit entgegenstehenden öffentlichen Interessen, insbesondere der Wirtschafts- und Sozialverträglichkeit, und den Grundrechten Dritter in angemessenen Ausgleich gebracht werden können.

Die gesetzgeberischen Regelungen sind daher daran zu messen, ob sie geeignet sind, dieses sich aus der Erreichung des 1,5 °C-Ziels ergebende **Mindestmaß an Schutz angemessen und wirksam zu erreichen.**[67]

bb) Verfehlung des Mindestschutzumfangs

Für eine Einhaltung des Mindestschutzes durch die vorliegenden Regelungen des KSG spricht vorliegend, dass sich die Zielsetzung, die Grenze von 1,5 °C-Erderwärmung nicht zu überschreiten, zunächst an die gesamte Staatengemeinschaft richtet, ohne konkrete Zielvorgaben für die einzelnen Staaten zu machen. Auch durch ambitionierte Klimaschutzziele können einzelne Staaten alleine die Begrenzung der Erderwärmung nicht steuern, solange es nicht global zu entsprechenden Einsparmaßnahmen kommt. Hieraus folgt gerade eine staatliche **Pflicht zur internationalen Kooperation** im Kontext des Klimaschutzes. Dies hat wiederum auch Konsequenzen für die Verpflichtungen auf nationaler Ebene: Der nationale Gesetzgeber darf sich seinen verfassungsrechtlichen Schutzpflichten nicht derart entziehen, dass die Erreichung des Mindestschutzes in Form der Einhaltung der 1,5 °C-Grenze durch die nationalen Maßnahmen und Entscheidungen vereitelt und geradezu unmöglich gemacht wird. Vielmehr folgt daraus die Notwendigkeit,

---

65 In diese Richtung argumentiert auch das BVerfG an anderer Stelle (BVerfG, Beschl. v. 24.3.2021, Az.: 1 BvR 2656/18, Rn. 185 ff. = NJW 2021, 1723 – Klimaschutz); vgl. insofern auch im Rahmen der intertemporalen Freiheitsrechte unten in diesem Kapitel unter B.II.
66 Siehe zur Berufsfreiheit Goldberg, § 21.2, im OpenRewi Grundrechte Lehrbuch. Siehe zur Eigentumsfreiheit Eisentraut, § 21.1, im OpenRewi Grundrechte Lehrbuch.
67 Das BVerfG gelangt an dieser Stelle zu einem anderen Ergebnis, BVerfG, Beschl. v. 24.3.2021, Az.: 1 BvR 2656/18, Rn. 162–164, 167 = NJW 2021, 1723 – Klimaschutz. Dies überzeugt jedoch angesichts der irreversiblen Folgen von unambitioniertem Klimaschutz und der Nachrangigkeit von Anpassungs- gegenüber Minderungsmaßnahmen auch zum Schutz von Leben und Gesundheit im Ergebnis nicht, siehe hierzu Kahl/Bustami, JuWissBlog v. 7.5.2021.

international vereinbarte Maßnahmen zum Klimaschutz tatsächlich zu ergreifen und keine Anreize zu setzen, das internationale Zusammenwirken zu unterlaufen.[68] Die gesetzgeberischen Vorgaben und Maßnahmen müssen jedenfalls in vertretbarer und wirksamer Weise zur Erreichung des angemessenen Mindestschutzes beitragen.

Dies könnte im Falle des KSG zumindest fraglich sein. Wie von L geltend gemacht, führen die in § 3 KSG statuierten nationalen Klimaschutzziele in Verbindung mit den Jahresemissionsmengen aus § 4 I KSG und Anlage 2 dazu, dass bereits im Jahr 2025 eine Gesamtmenge an Treibhausgasemissionen durch Deutschland erreicht wird, welche das nationale **CO_2-Restbudget aufgebraucht** haben wird. Dem kann entgegengehalten werden, dass vom IPCC zwar ein globales CO_2-Restbudget errechnet wurde, dadurch jedoch noch keine Aussage über die nationalen Anteile an diesem Budget getroffen wurden. Die Frage der globalen Verteilung des verbleibenden CO_2-Budgets stellt zudem keine rein naturwissenschaftlich determinierte Frage dar, sondern wird durch politische und ethisch-moralische Gerechtigkeits- und Billigkeitsentscheidungen bedingt.[69] Je nach zugrunde gelegtem Bemessungsmaßstab können dabei unterschiedliche nationale Anteile zustande kommen.[70] Das Verfassungsgericht könnte daher in dieser politisch und moralisch beeinflussten Frage nicht ohne Weiteres einen Maßstab auswählen. Jedoch sprechen zum einen die Stellungnahmen diverser nationaler Institutionen für eine Pro-Kopf-Verteilung der weltweiten CO_2-Emissionen.[71] Zum anderen würden alle sonst in Frage kommenden Maßstäbe noch geringere Restbudgets für die Bundesrepublik ausweisen, sodass der geltend gemachte Maßstab bereits die für Deutschland großzügigste Berechnungsgrundlage darstellt.[72]

---

68 In Bezug auf Art. 20a GG in diesem Sinne auch BVerfG, Beschl. v. 24.3.2021, Az.: 1 BvR 2656/18, Rn. 199 ff. = NJW 2021, 1723 – Klimaschutz.
69 So beispielsweise das VG Berlin, Urt. v. 31.10.2019, Az.: 10 K 412.18, Rn. 83 = NVwZ 2020, 1289.
70 Übersicht bei Climate Action Tracker, Methodology, Comparability of effort. Siehe auch (in Bezug auf Art. 20a GG) BVerfG, Beschl. v. 24.3.2021, Az.: 1 BvR 2656/18, Rn. 220–229 = NJW 2021, 1723 – Klimaschutz.
71 Wissenschaftlicher Beirat der Bundesregierung Globale Umweltveränderungen, Der WBGU-Budgetansatz, 2009, S. 2; Sachverständigenrat für Umweltfragen, Offener Brief an die Bundesregierung, 2019, S. 1.
72 Vgl. auch Beschwerdeschrift „Linus Steinmetz u.a.", Az.: 1 BvR 96/20, S. 36 mit weiteren Nachweisen.

Weiterführendes Wissen ⓘ

Auch die Entscheidung des BVerfG enthält detaillierte Ausführungen zur Berechnung des globalen und nationalen CO2-Restbudgets.[73] Allerdings zieht das Gericht diese Erwägungen ausschließlich im Rahmen des Art. 20a GG, nicht jedoch für die Schutzpflichten heran.[74] Zudem wirken die bestehenden Ungewissheiten in der Berechnung des Restbudgets laut BVerfG letztlich zugunsten des gesetzgeberischen Spielraums.[75]

Während das KSG jedoch einerseits in § 1 ausdrücklich auf die Grenze von 1,5 °C Bezug nimmt und somit deren Relevanz anerkennt, werden die weiteren Vorschriften (§§ 3, 4 in Verbindung mit Anlage 2) diesem Mindestniveau nicht gerecht. Im Sinne des grundrechtlichen Mindestschutzumfangs stellt die Bindung des Gesetzgebers an das nationale Restbudget den wissenschaftlich determinierten und zugleich mindestens erforderlichen Rahmen für das gesetzgeberische Handeln dar. Damit wird auch keineswegs der **legislative Entscheidungsspielraum** dahingehend beschränkt, dass dem Staat vorgeschrieben würde, wie genau er seinen Mindestschutzpflichten nachkommen müsse. Denn es obliegt weiterhin dem demokratisch legitimierten Gesetzgeber, die Maßnahmen auszugestalten und die entgegenstehenden Verfassungsgüter in einen angemessenen Ausgleich zu bringen, um den verfassungsrechtlichen Mindestschutz zu erreichen.

Diesem Mindestschutz kommt der Gesetzgeber durch das KSG nicht ausreichend nach, sodass er seine grundrechtliche Schutzpflicht aus Art. 2 II 1 GG verletzt hat.

Klausurtaktik ❗

Sofern sich Bearbeiter:innen oben für den Kontrollmaßstab der reinen Evidenzkontrolle entschieden haben, wären die vorangegangenen Ausführungen an diesen Maßstab anzupassen gewesen. Demnach würde das BVerfG nur prüfen, ob der Gesetzgeber Schutzvorkehrungen überhaupt nicht getroffen hat oder die ergriffenen Maßnahmen gänzlich ungeeignet oder völlig unzulänglich sind, das gebotene Schutzziel zu erreichen.[76] Daraus würde ein weitgehend uneingeschränkter Einschätzungsspielraum der Legislative folgen, aus dem zumindest das BVerfG folgert, dass der Erlass des KSG durch den Gesetzgeber jedenfalls nicht völlig ungeeignet ist, um einen Mindestschutz zu erreichen.[77]

---

73 BVerfG, Beschl. v. 24.3.2021, Az.: 1 BvR 2656/18, Rn. 216 ff. = NJW 2021, 1723 – Klimaschutz.
74 Kritisch hierzu Kahl/Bustami, JuWissBlog v. 7.5.2021.
75 BVerfG, Beschl. v. 24.3.2021, Az.: 1 BvR 2656/18, Rn. 237 = NJW 2021, 1723 – Klimaschutz.
76 So letztlich auch BVerfG, Beschl. v. 24.3.2021, Az.: 1 BvR 2656/18, Rn. 152–157 = NJW 2021, 1723 – Klimaschutz.
77 BVerfG, Beschl. v. 24.3.2021, Az.: 1 BvR 2656/18, Rn. 156–157 = NJW 2021, 1723 – Klimaschutz. Vgl. auch Stürmlinger, EurUP 2020, 169 (184); Voland, NVwZ 2019, 114 (119).

Allerdings könnten Bearbeiter:innen mit entsprechender Begründung selbst auf Basis der Evidenzkontrolle argumentieren, dass die gesetzgeberischen Maßnahmen auch dann hinter den Erfordernissen des Untermaßverbots zurückbleiben, da das KSG selbst bei reiner Evidenzprüfung offensichtlich unzureichend sei.[78]

3. Zwischenergebnis

Der Gesetzgeber hat folglich mit Erlass des KSG seine grundrechtliche Schutzpflicht aus Art. 2 II 1 GG nicht erfüllt.

II. Verletzung von intertemporalen Freiheitsrechten (Lösungsansatz des BVerfG)[79]

Vorliegend könnten die Regelungen der §§ 3, 4 KSG in Verbindung mit Anlage 2 zudem gegen Freiheitsrechte der L verstoßen. Eine Grundrechtsverletzung liegt dann vor, wenn durch die gesetzliche Regelung in den Schutzbereich der Freiheitsrechte eingegriffen wird, ohne dass dieser Eingriff verfassungsrechtlich gerechtfertigt ist.

1. Schutzbereich

Die speziellen Freiheitsrechte des Grundgesetzes schützen sämtliche menschlichen Freiheitsbetätigungen. Zudem verbürgt Art. 2 I GG als allgemeines Freiheitsrecht im Sinne eines Auffanggrundrechts die allgemeine Handlungsfreiheit. Nach herrschender Meinung ist jede freie Entfaltung der Persönlichkeit und damit <u>jede Form menschlichen Handelns</u> von Art. 2 I GG erfasst.[80] Diese Freiheitsrechte schützen auch alle Aktivitäten des alltäglichen Lebens, des Arbeitens und des Wirtschaftens der L, die unmittelbar oder mittelbar zum Ausstoß von CO_2-Emissionen in die Atmosphäre führen.[81]

---

78 Vgl. <u>Beschwerdeschrift „Linus Steinmetz u. a.", Az.: 1 BvR 96/20, S. 110–111.</u>

79 Die folgenden Ausführungen sind angelehnt an die Entscheidung des BVerfG vom 24.3.2021 zur Prüfung der Verletzung von „intertemporaler Freiheitssicherung". Der vom BVerfG gewählte Weg steht auf Grund des hier aufbereiteten Sachverhalts in dieser Falllösung nicht im Fokus, wird jedoch dennoch in verkürzter Form im Folgenden dargestellt. Die Ausführungen können in dieser Tiefe (noch) nicht von Bearbeiter:innen erwartet werden.

80 Siehe zum Schutzbereich des Art. 2 I GG Würkert, § 17 A., im OpenRewi Grundrechte Lehrbuch sowie Kahl, Fall 3, in diesem Fallbuch.

81 <u>BVerfG, Beschl. v. 24.3.2021, Az.: 1 BvR 2656/18, Rn. 37, 184</u> = NJW 2021, 1723 – Klimaschutz.

Ammar Bustami/Verena Kahl

Weiterführendes Wissen ⓘ

Angesichts der ungewöhnlichen und vor allem erstmaligen Annahme der im folgenden dargestellten „eingriffsähnlichen Vorwirkung"[82] führte das BVerfG im Beschluss keine eigenständige Prüfung des „Schutzbereichs" aus und legte sich dahingehend auch nicht auf bestimmte Freiheitsgrundrechte fest. Vielmehr scheint es von einem Konglomerat von betroffenen Grundrechtspositionen auszugehen.

2. Eingriff

Die Regelungen der §§ 3, 4 KSG in Verbindung mit Anlage 2 könnten in diese Freiheiten der L eingreifen. Zwar lassen diese Regelungen zum heutigen Zeitpunkt noch Verhaltensweisen mit entsprechendem CO2-Ausstoß in ausreichendem Maße zu. Ein klassischer oder moderner Eingriff liegt somit grundsätzlich noch nicht vor.

Jedoch ist der Gesetzgeber gemäß Art. 20a GG zum Klimaschutz verpflichtet und darf deshalb einen unbegrenzt fortschreitenden Klimawandel nicht zulassen. Der Gesetzgeber selbst hat dieses Klimaschutzziel derart konkretisiert, dass eine Begrenzung der Erderwärmung auf deutlich unter 2 °C und möglichst auf 1,5 °C gegenüber dem vorindustriellen Niveau zu erfolgen hat. Mithin steht Deutschland bis zur Erreichung dieser Grenze ein entsprechendes Restbudget zur Verfügung. Geht dieses Restbudget zur Neige, dürfen mit CO2-Emissionen verbundene Verhaltensweisen nur noch zugelassen werden, soweit sich die entsprechenden Grundrechte in der Abwägung mit dem Klimaschutz durchsetzen können. Dabei nimmt das relative Gewicht der Freiheitsbetätigung bei fortschreitendem Klimawandel aufgrund der immer intensiveren Umweltbelastungen immer weiter ab.[83]

Die §§ 3, 4 KSG in Verbindung mit Anlage 2 lassen bis 2030 einen Verbrauch von CO2-Emissionen zu, der notwendig und unumkehrbar zu einem Aufbrauchen von großen Teilen des Restbudgets führt.[84] Ein zu schneller Verbrauch des CO2-Budgets bis 2030 würde das Risiko dann notwendiger, verfassungsrechtlich gebotener schwerwiegender Freiheitseinbußen verschärfen, da die Zeitspanne für eine sozialverträgliche, freiheitsschonende Transformation sozialer und technologischer Prozesse hin zur Klimaneutralität erheblich schrumpft. In diesem Sinne haben die genannten Regelungen des KSG eine unausweichliche, **eingriffsähnliche Vorwirkung** auf die nach 2030 bleibenden Möglichkeiten der L, von ihrer

---

82 Siehe auch <u>Buser, Verfassungsblog v. 30.4.2021.</u>
83 <u>BVerfG, Beschl. v. 24.3.2021, Az.: 1 BvR 2656/18, Rn. 185, 208 ff.</u> = NJW 2021, 1723 – Klimaschutz.
84 <u>BVerfG, Beschl. v. 24.3.2021, Az.: 1 BvR 2656/18, Rn. 186, 187</u> = NJW 2021, 1723 – Klimaschutz.

grundrechtlich geschützten Freiheit tatsächlich Gebrauch zu machen.[85] Diese Vorwirkung ist nicht bloß faktischer Art, sondern ist rechtlich vermittelt. Denn Art. 20a GG gibt mit jedem Anteil, der vom Restbudget verzehrt wird, umso dringender auf, weitere emissionsrelevante Freiheitsausübung zu unterbinden. Insofern zementieren die Regelungen des KSG bereits heute die künftige Freiheitseinschränkung im Sinne einer eingriffsähnlichen Vorwirkung.

3. Rechtfertigung

Diese rechtlich vermittelte eingriffsähnliche Vorwirkung aktueller Emissionsmengenregelungen bedarf wegen der gegenwärtig weitestgehend irreversiblen Wirkung der einmal zugelassenen und in die Erdatmosphäre gelangten Emissionsmengen bereits heute verfassungsrechtlicher Rechtfertigung. Daher müssten die Regelungen der §§ 3, 4 KSG in Verbindung mit Anlage 2 zum einen mit elementaren Grundentscheidungen des Grundgesetzes vereinbar sein und zum anderen den Anforderungen des Verhältnismäßigkeitsgrundsatzes genügen.[86]

a) Vereinbarkeit mit Art. 20a GG

Zu den elementaren Grundentscheidungen des Grundgesetzes gehört auch Art. 20a GG, welcher den Staat dazu verpflichtet, in Verantwortung für die künftigen Generationen die natürlichen Lebensgrundlagen zu schützen.[87] Darin verfassungsrechtlich verankert ist auch der **Klimaschutz**.[88] Folglich müssen sich die benannten Regelungen des KSG auch an Art. 20a GG messen lassen, dessen Schutzgüter mit zunehmendem Klimawandel im Rahmen der Abwägung mit anderen entgegenstehenden Interessen an Gewicht gewinnen.[89] Das Klimaschutzgebot des Art. 20a GG zielt im Wesentlichen auf die Einhaltung einer Temperaturschwelle, bei der die anthropogen verursachte Erderwärmung angehalten werden soll. Zwar handelt es sich bei Art. 20a GG um eine objektive Norm, die dem Gesetzgeber eine gewisse Konkretisierungsprärogative eröffnet. Trotz seines offenen Normgehalts ist Art. 20a GG jedoch justiziabel.[90] Der Gesetzgeber selbst hat die

---

85 BVerfG, Beschl. v. 24.3.2021, Az.: 1 BvR 2656/18, Rn. 117 ff., 186 f. = NJW 2021, 1723 – Klimaschutz.

86 BVerfG, Beschl. v. 24.3.2021, Az.: 1 BvR 2656/18, Rn. 187 ff. = NJW 2021, 1723 – Klimaschutz.

87 Siehe zur Bedeutung des Art. 20a GG Senders, § 18.4 C., im OpenRewi Grundrechte Lehrbuch.

88 BVerfG, Urt. v. 5.11.2014, Az.: 1 BvF 3/11, Rn. 47 = BVerfGE 137, 350 – Luftverkehrsteuer.

89 BVerfG, Beschl. v. 24.3.2021, Az.: 1 BvR 2656/18, Rn. 198 = NJW 2021, 1723 – Klimaschutz.

90 BVerfG, Beschl. v. 24.3.2021, Az.: 1 BvR 2656/18, Rn. 205 = NJW 2021, 1723 – Klimaschutz.

verfassungsrechtlich einzuhaltende Temperaturgrenze durch § 1 Satz 3 KSG auf deutlich unter 2 °C und möglichst auf 1,5 °C konkretisiert.[91]

Maßstab für die Übersetzung dieser Temperaturschwelle in CO2-Emissionsmengen ist der vom IPCC entwickelte **Budgetansatz,**[92] auf dessen Grundlage Deutschland bis zur Erreichung der Temperaturgrenze von 1,75 °C ein Restbudget von 6,7 Gigatonnen zusteht.[93] Dieses Restbudget würde durch die in Anlage 2 geregelten Emissionsmengen bis zum Jahr 2030 nahezu aufgezehrt.[94] Zur Wahrung der Budgetgrenzen müsste demzufolge nach 2030 alsbald Klimaneutralität realisiert werden, was allein aus technologischen Gründen nicht wahrscheinlich ist. Zwar würde das Restbudget von 6,7 Gigatonnen CO2-Emissionen damit wohl überschritten werden; doch richtete man die Bestimmung des nationalen Restbudgets an einer etwas großzügigeren Temperaturzahl zwischen 1,75 °C und 2 °C aus, erschiene die Einhaltung des entsprechenden Restbudgets jedenfalls nicht gänzlich ausgeschlossen.[95] Hinzu kommt, dass die Berechnung des Restbudgets mit wesentlichen Unsicherheiten bzgl. des globalen Restbudgets verbunden ist, sodass die ermittelte Budgetgröße kein zahlengenaues Maß für die verfassungsgerichtliche Kontrolle bieten kann. Aus diesem Grund kann angesichts unsicherer Berechnungen nicht festgestellt werden, dass der Gesetzgeber seinen verfassungsrechtlichen Entscheidungsspielraum im Rahmen des Art. 20a GG überschritten hat.[96]

Klausurtaktik   !

Bisher spielte Art. 20a GG eine vergleichsweise untergeordnete Rolle sowohl in der juristischen Praxis als auch in der juristischen Ausbildung.[97] Dies könnte sich mit dem Klimabeschluss des BVerfG zumindest insofern ändern, als dass das BVerfG explizit die Justiziabilität des Art. 20a GG feststellt. Dies bedeutet, dass das darin enthaltene Klimaschutzgebot fortan im Rahmen von Grundrechtseingriffen zu berücksichtigen ist. Genauso, wie sich Eingriffe an anderen Verfassungsprinzipien (wie dem Rechtsstaatsprinzip, beispielsweise in Form des Bestimmtheitsgebots oder des Verhältnismäßigkeitsgrundsatzes) messen lassen müssen, so gilt dies spätestens seit

---

91 BVerfG, Beschl. v. 24.3.2021, Az.: 1 BvR 2656/18, Rn. 208 ff. = NJW 2021, 1723 – Klimaschutz.
92 BVerfG, Beschl. v. 24.3.2021, Az.: 1 BvR 2656/18, Rn. 216 ff. = NJW 2021, 1723 – Klimaschutz.
93 BVerfG, Beschl. v. 24.3.2021, Az.: 1 BvR 2656/18, Rn. 219 = NJW 2021, 1723 – Klimaschutz.
94 BVerfG, Beschl. v. 24.3.2021, Az.: 1 BvR 2656/18, Rn. 231 ff., 236 = NJW 2021, 1723 – Klimaschutz.
95 BVerfG, Beschl. v. 24.3.2021, Az.: 1 BvR 2656/18, Rn. 234 = NJW 2021, 1723 – Klimaschutz.
96 BVerfG, Beschl. v. 24.3.2021, Az.: 1 BvR 2656/18, Rn. 236 = NJW 2021, 1723 – Klimaschutz. Zur Kritik an den letztlich sehr zurückhaltenden Schlussfolgerungen des Gerichts siehe Kahl/Bustami, JuWissBlog v. 7.5.2021.
97 Siehe auch Buser, Verfassungsblog v. 30.4.2021.

dem Klimabeschluss des BVerfG auch für Art. 20a GG. Ob und inwieweit sich dies auch in der künftigen Rechtsprechung niederschlagen wird, bleibt abzuwarten.

b) Verhältnismäßigkeit

Schließlich dürfte die eingriffsähnliche Vorwirkung der Vorschriften des KSG auch nicht zu **unverhältnismäßigen Belastungen der künftigen Freiheit** der L führen.

Dabei ist zu beachten, dass die Freiheitsrechte den Gesetzgeber dazu verpflichten, die notwendigen Reduktionen von CO_2-Emissionen vorausschauend so zu gestalten, dass die damit verbundenen Freiheitseinbußen trotz steigender Klimaschutzanforderungen weiterhin zumutbar ausfallen und die Reduktionslasten über die Zeit und zwischen den Generationen nicht einseitig zulasten der Zukunft verteilt sind. Insbesondere darf nicht einer Generation zugestanden werden, unter vergleichsweise milder Reduktionslast große Teile des CO_2-Budgets zu verbrauchen, wenn damit zugleich den nachfolgenden Generationen eine radikale Reduktionslast überlassen und deren Leben schwerwiegenden Freiheitseinbußen ausgesetzt würde.[98] Durch die in im KSG bis zum Jahr 2030 vorgesehenen Emissionsmengen werden die für den Zeitraum nach 2030 verbleibenden Emissionsmöglichkeiten erheblich reduziert. Daher müssten für eine verhältnismäßige Verteilung der Lasten zwischen den Generationen hinreichende Vorkehrungen getroffen werden, um die ab 2031 auf die kommende Generation der L zukommende Minderungslast zu lindern und die damit verbundene Grundrechtsgefährdung einzudämmen.[99] Hierzu gehört auch die Schaffung eines entwicklungsfördernden Planungshorizonts.[100]

Indem der Gesetzgeber im KSG entschieden hat, die Emissionsmengen nur bis 2030 festzulegen und die Entscheidung über den weiteren **Reduktionspfad** ohne konkretere Vorgaben ins Jahr 2025 verschob, wird er diesen Anforderungen der Verhältnismäßigkeit jedoch nicht gerecht.[101] Zwar kann nicht verlangt werden, dass die absinkenden Emissionsmengen bereits jetzt bis zur Erreichung der für 2050 angestrebten Klimaneutralität konkret bestimmt werden.[102] Jedoch genügt der Verweis ins Jahr 2025 für die weitere Festlegung von Jahresemissionsmengen in § 4 VI KSG nicht: Durch die dann verbleibende fünfjährige Vorbereitungszeit

---

98 BVerfG, Beschl. v. 24.3.2021, Az.: 1 BvR 2656/18, Rn. 192 = NJW 2021, 1723 – Klimaschutz.

99 BVerfG, Beschl. v. 24.3.2021, Az.: 1 BvR 2656/18, Rn. 244 ff. = NJW 2021, 1723 – Klimaschutz.

100 BVerfG, Beschl. v. 24.3.2021, Az.: 1 BvR 2656/18, Rn. 248 ff. = NJW 2021, 1723 – Klimaschutz.

101 BVerfG, Beschl. v. 24.3.2021, Az.: 1 BvR 2656/18, Rn. 256 ff. = NJW 2021, 1723 – Klimaschutz.

102 BVerfG, Beschl. v. 24.3.2021, Az.: 1 BvR 2656/18, Rn. 253 = NJW 2021, 1723 – Klimaschutz.

dürfte ein hinreichender Planungshorizont in vielen Produktions-, Konsum- oder Infrastrukturbereichen kaum rechtzeitig entstehen können.[103]

Folglich stellen die Vorschriften des KSG eine unverhältnismäßige Belastung der künftigen Freiheit der L dar.

Klausurtaktik   !

Die didaktische Aufbereitung der Ausführungen des BVerfG im Rahmen der Verhältnismäßigkeit kann Studierende an dieser Stelle in die Irre leiten: Denn das Gericht hat in seinem Klimabeschluss keine klassische Verhältnismäßigkeitsprüfung durchgeführt. Vielmehr etabliert es einen besonderen Verhältnismäßigkeitsmaßstab im Kontext intertemporaler Freiheitssicherung. Von Studierenden können daher gerade in Bezug auf das Erfordernis eines hinreichenden Planungshorizonts keine genaueren Kenntnisse erwartet werden.

Weiterführendes Wissen   i

Während das BVerfG in Bezug auf die Schutzpflichtendimension sowie auf die Verletzung von Art. 20a GG im Ergebnis zurückhaltend blieb, bejaht es zuletzt zumindest einen Verstoß gegen das Verhältnismäßigkeitsprinzip. Für verfassungswidrig befunden werden letztlich jedoch nicht die unzureichenden Jahresemissionsmengen des KSG insgesamt. Stattdessen sind Nachbesserungen des Gesetzgebers explizit nur für die Periode nach 2030 gefordert,[104] wobei jedoch deutlich wird, dass sich dieser Reduktionspfad im Grunde nicht ohne Anpassungen der bisherigen Jahresemissionsmengen verfassungskonform fortschreiben lässt.[105]

---

4. Zwischenergebnis

Die eingriffsähnliche Vorwirkung der §§ 3 I 2, 4 I 3 KSG in Verbindung mit Anlage 2 verletzt die beschwerdeführende L daher bereits jetzt in unverhältnismäßiger Weise in ihren zukünftigen Freiheitsrechten.

III. Ergebnis

Die gerügten Normen des KSG verletzten L damit in ihren Grundrechten. Zum einen hat der Gesetzgeber mit Erlass des KSG seine grundrechtliche Schutzpflicht aus Art. 2 II 1 GG nicht erfüllt. Nach Ansicht des BVerfG verletzt der Gesetzgeber zum anderen durch die eingriffsähnliche Vorwirkung des KSG die L in ihren inter-

---

103 BVerfG, Beschl. v. 24.3.2021, Az.: 1 BvR 2656/18, Rn. 257 f. = NJW 2021, 1723 – Klimaschutz.
104 BVerfG, Beschl. v. 24.3.2021, Az.: 1 BvR 2656/18, Rn. 243, 256 ff. = NJW 2021, 1723 – Klimaschutz. Siehe auch Rösch/Christiansen, JuWissBlog v. 3.5.2021.
105 Siehe Aust, Verfassungsblog v. 5.5.2021.

temporalen Freiheitsrechten. Die Verfassungsbeschwerde der L ist somit begründet.

C. Ergebnis

Die Verfassungsbeschwerde der L ist zulässig und begründet und hat somit Aussicht auf Erfolg.

Zusammenfassung: Die wichtigsten Punkte
- Einen Schwerpunkt der **Zulässigkeitsprüfung** von „Klimaverfassungsbeschwerden" bildet der **Beschwerdegegenstand**, der vorliegend im gerügten unechten Unterlassen des Gesetzgebers besteht. Besonderheiten ergeben sich zudem aufgrund der zukünftigen potentiellen Grundrechtsverletzungen einer Vielzahl von Personen im Rahmen der **eigenen, gegenwärtigen und unmittelbaren Beschwer**.
- Bei der Prüfung einer Schutzpflichtverletzung bietet sich ein zweistufiger Aufbau an: Der **schutzrechtliche Gehalt des Grundrechts** wird vor allem bestimmt durch die Verdichtung der objektiven Schutzpflicht zu einem subjektiven Schutzanspruch. Für die **Erfüllung dieser Schutzpflicht** sind sodann die Bestimmung der verfassungsgerichtlichen Kontrolldichte im Zusammenhang mit dem Grundsatz der Gewaltenteilung sowie die Beachtung des Untermaßverbots von besonderer Relevanz.
- Zudem kann anhand der didaktischen Aufbereitung die neue Rechtsprechung des BVerfG zur **intertemporalen Freiheitssicherung** und zum **Klimaschutzgebot des Art. 20a GG** nachvollzogen werden.

Weiterführende Studienliteratur
- BVerfG, Beschl. v. 24.3.2021, Az.: 1 BvR 2656/18 = NJW 2021, 1723 – Klimaschutz
- Verena Kahl/Ammar Bustami, Auf den zweiten Blick – BVerfG zwischen innovativem Klimarechtsschutz und Pflicht ohne Schutz?, JuWissBlog, 7.5.2021
- Andreas Buser, Ein Grundrecht auf Klimaschutz? Möglichkeiten und Grenzen grundrechtlicher Klimaklagen in Deutschland, DVBl. 2020, S. 1389–1396

Dieses Kapitel darf gerne kommentiert, verändert und beliebig genutzt werden. Jeder Link in der PDF-Version des Textes führt zur Überarbeitungsmöglichkeit bei der Plattform Wikibooks. Eine konkrete Anleitung zur Mitarbeit & Weiternutzung findet sich auf unserer Homepage | ebenfalls über den abgebildeten QR-Code mit der Smartphone-Kamera erreichbar.

Fall 5

Notwendiges Vorwissen: Meinungsfreiheit, Prüfung der Verfassungsbeschwerde

Behandelte Themen: Meinungsäußerungsfreiheit, Schmähung und Formalbeleidigung, Art. 3 III 3 GG, mittelbare Drittwirkung, Urteilsverfassungsbeschwerde, Beschwerdefrist

Schwierigkeitsgrad: Grundstudium; 3 Stunden Bearbeitungszeit

Sachverhalt

B arbeitet seit zwölf Jahren als Buchbinder in der großen Druckerei D. Seit einigen Jahren ist er Mitglied des Betriebsrats. Im vergangenen Jahr wurde er einmal abgemahnt, weil er sich in einer privaten WhatsApp-Gruppe, der insgesamt 22 der 120 Angestellten der Druckerei angehören, abfällig über die Beförderung einer Kollegin äußerte. Diese sei „völlig unfähig, außerdem noch hässlich und ja nur wegen Political Correctness befördert worden, weil die Druckerei ihr Image aufpolieren" wolle. Zuletzt betitelte er dann im Rahmen einer hitzigen Auseinandersetzung während einer Betriebsratssitzung über den Umgang mit einem EDV-System seinen Kollegen C mehrmals mit den Worten „Ugah, Ugah!" verbunden mit Affenlauten, um ihn als Person of Colour zu provozieren. Die Druckerei erklärte dem B aufgrund dieses Vorfalls die außerordentliche Kündigung.

Der B erhob hiergegen Kündigungsschutzklage. Die Arbeitsgerichte erachteten die Kündigung nach umfänglicher Beweisaufnahme auch aufgrund der einschlägigen vorhergehenden Abmahnung, die nicht zu einer Änderung seines Verhaltens geführt hatte, als rechtmäßig. Die Arbeitsgerichte stellten darauf ab, dass grobe Beleidigungen von Arbeitskolleg:innen erhebliche Pflichtverletzungen seien, die als wichtiger Grund im Sinne von § 626 BGB zur Kündigung berechtigen würden. Das ergebe sich schon aus den Wertungen in §§ 104, 75 I BetrVG und §§ 1, 7, 12 AGG [Hinweis: Diese Vorschriften beinhalten die Fürsorgepflicht der Arbeitgeberin, ihre Mitarbeiter:innen vor Diskriminierung, insbesondere durch Kolleg:innen, zu schützen]. Die Äußerung sei eine grobe, rassistische Beleidigung, die „als Offenbarung eines Rassisten zu verstehen" sei. Die Gesamtwürdigung auch der wirkungslosen Abmahnung in der Vergangenheit mache die Weiterbeschäftigung angesichts fortgesetzter Beleidigung von Kolleg:innen unzumutbar. Die letztinstanzliche Entscheidung vom 2.12.2020 wurde B am 28.1.2021 zugestellt.

Der B versteht die Welt nicht mehr. Er sieht sich durch die Kündigung und die Entscheidungen der Arbeitsgerichte in seinem Recht auf Meinungsfreiheit aus Art. 5 I GG verletzt. Man dürfte ja heute überhaupt nichts mehr sagen. Das könne doch nicht angehen. Er sei auf keinen Fall ein Rassist und müsse sich auch nicht als solcher bezeichnen lassen. Er empfindet die Reaktion der Druckerei und die Bestätigung durch die Gerichte als völlig übertrieben und unverhältnismäßig. Die Arbeitsgerichte hätten seine Grundrechte gegenüber dem Kündigungsinteresse der Arbeitgeberin überhaupt nicht vernünftig abgewogen.

Er erhebt am Montag, den 1.3.2021, schriftlich Verfassungsbeschwerde vor dem BVerfG.

Fallfrage

Hat die Verfassungsbeschwerde Aussicht auf Erfolg?

Hinweis:
Bitte prüfe gegebenenfalls hilfsgutachterlich die Verhältnismäßigkeit der Rechtsanwendung im Einzelfall.

Weiterführendes als das im Sachverhalt genannte Wissen zu den §§ 104, 75 I BetrVG und §§ 1, 7, 12 AGG ist zur Falllösung nicht notwendig.

§ 626 BGB *lautet (auszugsweise):*
(1) Das Dienstverhältnis kann von jedem Vertragsteil aus wichtigem Grund ohne Einhaltung einer Kündigungsfrist gekündigt werden, wenn Tatsachen vorliegen, auf Grund derer dem Kündigenden unter Berücksichtigung aller Umstände des Einzelfalles und unter Abwägung der Interessen beider Vertragsteile die Fortsetzung des Dienstverhältnisses bis zum Ablauf der Kündigungsfrist oder bis zu der vereinbarten Beendigung des Dienstverhältnisses nicht zugemutet werden kann.

Lösung

Die Verfassungsbeschwerde des B hat Aussicht auf Erfolg, wenn sie zulässig und soweit sie begründet ist.

A. Zulässigkeit

Die Verfassungsbeschwerde müsste zunächst zulässig sein. Sie ist zulässig, wenn die Voraussetzungen aus <u>Art. 93 I Nr. 4a GG</u> und <u>§§ 90 ff. BVerfGG</u> erfüllt sind.

I. Zuständigkeit des BVerfG

Gemäß Art. 93 I Nr. 4a GG, §§ 13 Nr. 8a, 90 ff. BVerfGG ist das BVerfG für die Verfassungsbeschwerde zuständig.

II. Beschwerdefähigkeit

B müsste beschwerdefähig sein. Gemäß Art. 93 I Nr. 4a GG, § 90 I BVerfGG ist „jedermann" beschwerdefähig, also jede Person, die Trägerin von Grundrechten oder grundrechtsgleichen Rechten sein kann. B ist als natürliche Person Grundrechtsträger und somit beschwerdefähig.

III. Beschwerdegegenstand

Zudem müsste ein tauglicher Beschwerdegegenstand vorliegen. Beschwerdegegenstand einer Verfassungsbeschwerde ist gemäß Art. 93 I Nr. 4a GG, § 90 I BVerfGG jeder „Akt öffentlicher Gewalt". Dies kann ein Handeln oder Unterlassen der Legislative, der Exekutive oder der Judikative sein, vgl. Art. 1 III GG. Vorliegend sieht sich der B durch die Kündigung und die Entscheidungen der Arbeitsgerichte in seinem Recht auf Meinungsfreiheit aus Art. 5 I 1 GG verletzt. Die Kündigung durch seine Arbeitgeberin, die Druckerei D, stellt eine einseitige Willenserklärung dar, die nicht durch die öffentliche Gewalt erfolgte. Die Kündigung ist somit kein Akt öffentlicher Gewalt.

B wendet sich weiter auch gegen die letztinstanzliche arbeitsgerichtliche Entscheidung, welche die Kündigung der Druckerei als rechtmäßig erachtete. Die letztinstanzliche Gerichtsentscheidung ist als Akt der Judikative tauglicher Beschwerdegegenstand für eine Urteilsverfassungsbeschwerde.

Klausurtaktik ▐!▌

Inhaltlich greift B alle arbeitsgerichtlichen Entscheidungen an, nicht nur die letztinstanzliche Entscheidung. Es könnte sich daher strenggenommen um mehrere, miteinander verbundene Verfassungsbeschwerden handeln. In der Praxis geht das BVerfG davon aus, dass gerichtliche Entscheidungen „prozessual überholt" sind, wenn die höhere Instanz in vollem Umfang und mit eigenständiger Begründung über den Streitgegenstand entschieden hat.[1] Vorliegend ist dem Sachverhalt lediglich zu entnehmen, dass in allen gerichtlichen Entscheidungen die Kündigung als rechtmäßig eingestuft wurde. Es ist aber nicht ersichtlich, ob sie jeweils eigenständige Begründungen aufwiesen.

An dieser Stelle ist es auch vertretbar, von mehreren miteinander verbundenen Verfassungsbeschwerden auszugehen.

IV. Beschwerdebefugnis

B müsste auch beschwerdebefugt sein. Gemäß Art. 93 I Nr. 4a GG, § 90 I BVerfGG kann die Verfassungsbeschwerde „von jedermann" mit der Behauptung erhoben werden, durch die öffentliche Gewalt in einem Grundrecht oder in einem grundrechtsgleichen Recht verletzt zu sein. Die beschwerdeführende Person muss dafür substantiiert vortragen, selbst, gegenwärtig und unmittelbar betroffen zu sein.

1. Möglichkeit der Grundrechtsverletzung

Der Vortrag der beschwerdeführenden Person muss die Möglichkeit einer Grundrechtsverletzung oder der Verletzung eines grundrechtsgleichen Rechtes ergeben. Das ist der Fall, wenn eine solche nicht von vornherein ausgeschlossen ist.

Bei der Urteilsverfassungsbeschwerde muss die beschwerdeführende Person substantiiert eine Verletzung spezifischen Verfassungsrechts durch die Judikative darlegen. In Betracht kommt insbesondere die fehlerhafte Auslegung unbestimmter Rechtsbegriffe im Privatrecht. Die Grundrechte und grundrechtsgleichen Rechte sind bei der Auslegung unbestimmter Rechtsbegriffe und Generalklauseln als objektive Wertentscheidungen zu berücksichtigen. Das Grundgesetz entfaltet insoweit eine Ausstrahlungswirkung, die sogenannte mittelbare Drittwirkung.[2]

Vorliegend rügt B die Verletzung seines Rechts auf Meinungsäußerungsfreiheit aus Art. 5 I 1 Alt. 1 GG. Er behauptet, die Arbeitsgerichte hätten die Meinungsfreiheit gegenüber dem Kündigungsinteresse der Arbeitgeberin bei der Auslegung des „wichtigen Grundes" im Sinne von § 626 BGB nicht hinreichend berücksich-

---

1 BVerfG, Urt. v. 24.2.2018, Az.: 2 BvR 309/15, Rn. 60 = BVerfGE 149, 293 (317).
2 Siehe zur mittelbaren Drittwirkung Wienfort, § 9, im OpenRewi Grundrechte Lehrbuch.

tigt. Eine Verletzung spezifischen Verfassungsrechts ist demnach jedenfalls nicht von vornherein ausgeschlossen.

2. Beschwer

B müsste auch selbst, gegenwärtig und unmittelbar betroffen sein.

Die beschwerdeführende Person ist selbst betroffen, wenn sie geltend machen kann, in eigenen Grundrechten betroffen zu sein. B rügt eine Verletzung seiner Meinungsfreiheit und damit eines eigenen Grundrechts.

Die Betroffenheit müsste auch gegenwärtig vorliegen, das heißt die beschwerdeführende Person muss schon oder noch betroffen sein. B wendet sich gegen Entscheidungen der Arbeitsgerichte, die seiner Kündigungsschutzklage nicht abgeholfen haben. Er ist durch die Entscheidungen gegenwärtig betroffen.

B ist durch die gerichtliche Entscheidung, nach der die Kündigung ihm gegenüber rechtmäßig war, auch unmittelbar, das heißt ohne weiteren Zwischenakt, betroffen.

! **Klausurtaktik**

Der Prüfungspunkt der Beschwer, der ursprünglich für die Rechtssatzverfassungsbeschwerde entwickelt wurde, kann hier ohne weitere Untergliederung (eigene Beschwer, gegenwärtige Betroffenheit, unmittelbare Betroffenheit) und auch knapper dargestellt werden, da bei einer Urteilsverfassungsbeschwerde – wie hier – in der Regel keine Zweifel am Vorliegen der Voraussetzungen bestehen dürften.

B ist somit beschwerdebefugt.

V. Rechtswegerschöpfung und Subsidiarität

Die Verfassungsbeschwerde kann gemäß § 90 II 1 BVerfGG erst nach Erschöpfung des Rechtsweges erhoben werden. Außerdem darf der Grundsatz der Subsidiarität der Zulässigkeit der Verfassungsbeschwerde nicht entgegenstehen. B hat den fachgerichtlichen Rechtsweg vor den Arbeitsgerichten erschöpfend beschritten. Ihm stehen auch keine weiteren Möglichkeiten zur Verfügung, das Urteil zumutbar anderweitig anzugreifen, folglich ist der Grundsatz der Subsidiarität hier gewahrt.

VI. Frist und Form

B müsste die Verfassungsbeschwerde form- und fristgerecht erhoben haben.

Zunächst ist das Fristerfordernis zu prüfen. Gemäß § 93 I 1, 2 BVerfGG ist die Verfassungsbeschwerde binnen eines Monats ab Zustellung der gerichtlichen Entscheidung zu erheben. Die letztinstanzliche Entscheidung ist B am 28.1.2021 zugestellt worden. Die Frist berechnet das BVerfG anhand der §§ 187 ff. BGB. Die Frist beginnt gemäß § 187 I Var. 1 BGB am 29.1.2021 um 0:00 Uhr. Sie endet gemäß § 188 II Alt. 1 BGB am 28.2.2021 um 24:00 Uhr. Der 28.2.2021 ist jedoch ein Sonntag. Nach § 193 BGB endet die Frist in diesem Fall am nächsten Werktag, also am 1.3.2021 um 24:00 Uhr. B hat die Verfassungsbeschwerde somit am 1.3.2021 fristgemäß erhoben.

Die Verfassungsbeschwerde ist gemäß § 23 I 1 BVerfGG schriftlich beim BVerfG einzureichen. Die Beschwerdeschrift müsste des Weiteren eine ausreichende Begründung gemäß §§ 23 I 2, 92 BVerfGG aufweisen. Laut Sachverhalt hat B die Verfassungsbeschwerde schriftlich erhoben. Auch vom Vorliegen des Begründungserfordernisses kann ausgegangen werden. Folglich liegt eine formgerecht erhobene Verfassungsbeschwerde vor.

VII. Ergebnis zur Zulässigkeit

Die Verfassungsbeschwerde des B ist somit zulässig.

B. Begründetheit

Die Verfassungsbeschwerde müsste auch begründet sein. Sie ist begründet, wenn B durch die arbeitsgerichtliche Entscheidung in einem Grundrecht oder grundrechtsgleichen Recht verletzt wird, vgl. Art. 93 I Nr. 4a GG. Das BVerfG ist keine Superrevisionsinstanz, das heißt, es überprüft die angegriffene Entscheidung nicht auf ihre Rechtmäßigkeit, sondern ausschließlich auf die Verletzung spezifischen Verfassungsrechts. Eine solche Verletzung kommt erst dann in Betracht, wenn dargelegt ist, dass die Auslegung und Anwendung des einfachen Rechts auf einer grundsätzlich unrichtigen Anschauung der Bedeutung eines Grundrechts beruht; das Gericht etwa den Umfang des Schutzbereichs eines Grundrechts verkannt hat.

Klausurtaktik !

Diese Ausführungen können auch unter einem gesonderten Prüfungspunkt zum „Prüfungsmaßstab" oder „Prüfprogramm" angebracht werden, siehe dazu Fall 9 in diesem Fallbuch.

Dana-Sophia Valentiner

Vorliegend könnte Art. 5 I 1 GG verletzt worden sein. Eine Grundrechtsverletzung liegt vor, wenn in den Schutzbereich eines Grundrechts eingegriffen wird, ohne dass dieser Eingriff verfassungsrechtlich gerechtfertigt ist.

[!] Klausurtaktik

Bei der Prüfung der Begründetheit ist wiederum zu beachten, dass es sich um eine Konstellation der mittelbaren Drittwirkung von Grundrechten handelt. Gegenstand der Verfassungsbeschwerde ist eine gerichtliche Entscheidung. Die behauptete Grundrechtsverletzung liegt vor, wenn das Gericht entweder bei der Entscheidungsfindung grundrechtliche Wertungen verkannt hat oder die angewendeten Rechtsnormen ihrerseits nicht mit Verfassungsrecht vereinbar sind. Letzteres ist im vorliegenden Fall eher abwegig. Es liegen keine Anhaltspunkte dafür vor, dass der § 626 BGB verfassungswidrig ist. Vielmehr geht es darum, ob das Gericht bei der Prüfung des „wichtigen Grundes" im Sinne des § 626 BGB einen grundrechtskonformen Ausgleich der Rechte der Parteien vorgenommen hat. Hier waren die Meinungsfreiheit des Beschwerdeführers und das Kündigungsinteresse der Arbeitgeberin abzuwägen. Der B rügt, das Gericht habe hierbei die Meinungsfreiheit nicht angemessen berücksichtigt. Die Begründetheitsprüfung setzt sich damit auseinander, ob dies zutrifft oder nicht.

I. Schutzbereich

Zunächst könnte der Schutzbereich des Art. 5 I 1 GG eröffnet sein.

1. Sachlicher Schutzbereich

Der sachliche Schutzbereich müsste eröffnet sein. Art. 5 I 1 Alt. 1 GG garantiert das Recht, die eigene Meinung in Wort, Schrift und Bild frei zu äußern und zu verbreiten. Grundrechtlich geschützt sind insbesondere Werturteile, also Äußerungen, die durch ein Element der Stellungnahme und des Dafürhaltens gekennzeichnet sind, und zwar ungeachtet eines etwaigen ehrschmälernden, polemischen oder verletzenden Gehalts der Äußerung.[3] Die Schranke der „persönlichen Ehre" in Art. 5 II GG ergibt, dass sogar beleidigende Äußerungen als Meinungen eingestuft werden können. Der B betitelte seinen Kollegen C mehrmals mit den Worten „Ugah, Ugah!", um ihn als Person of Colour zu provozieren. Dabei handelt es sich zwar um eine herabwürdigende Äußerung, die aber in ebendieser Diskreditierung jedenfalls noch ein Element der Stellungnahme beinhaltet. Die Äußerung ist von dem weit gefassten Meinungsbegriff erfasst.

---

3 BVerfG, Beschl. v. 10.10.1995, Az.: 1 BvR 1476/91 = BVerfGE 93, 266 (289 f.) – Soldaten sind Mörder. Siehe grundlegend zum Schutzbereich der Meinungsfreiheit Wienfort, § 20.1, im OpenRewi Grundrechte Lehrbuch.

Dana-Sophia Valentiner

Klausurtaktik !

Es ist auch möglich, an dieser Stelle bereits zu thematisieren, ob die Äußerung die Grenze der Schmähung beziehungsweise Formalbeleidigung überschreitet. In dem Bearbeitungsvorschlag wird dies erst im Rahmen der verfassungsrechtlichen Rechtfertigung geprüft.

2. Persönlicher Schutzbereich

Auch der persönliche Schutzbereich müsste eröffnet sein. Nach Art. 5 I 1 Alt. 1 GG hat „jeder" das Recht, seine Meinung in Wort, Schrift und Bild frei zu äußern und zu verbreiten. Der B ist als natürliche Person von dem persönlichen Schutzbereich erfasst.

Somit ist der Schutzbereich der Meinungsfreiheit eröffnet.

II. Eingriff

Zu prüfen ist, ob ein Eingriff in den Schutzbereich der Meinungsfreiheit vorliegt. Nach dem sogenannten „klassischen" Eingriffsbegriff ist ein Eingriff jede staatliche Maßnahme, die eine in den Schutzbereich fallende Tätigkeit final, unmittelbar, rechtsförmig und imperativ beeinträchtigt.[4] Ein Eingriff könnte in der arbeitsgerichtlichen Entscheidung liegen, mit der ein „wichtiger Grund" für die Kündigung gemäß § 626 BGB angenommen wurde. Die Auslegung und Anwendung der einschlägigen gesetzlichen Vorschriften obliegen den Gerichten. Bei ihren Entscheidungen haben sie dem Einfluss der Grundrechte auf die anwendbaren gesetzlichen Vorschriften, der sogenannten mittelbaren Drittwirkung der Grundrechte[5], Rechnung zu tragen.

Klausurtaktik !

Es bestehen mehrere Möglichkeiten, im Rahmen der Prüfung darauf aufmerksam zu machen, dass eine Fallkonstellation der sogenannten mittelbaren Drittwirkung von Grundrechten vorliegt. Hier wird dieser Aspekt ausdrücklich erst im Eingriff angesprochen. Es ist aber auch möglich, hierauf bereits in der Zulässigkeit bei der Beschwerdebefugnis einzugehen, siehe dazu Fall 7 in diesem Fallbuch.

---

4 Siehe zu den Eingriffsbegriffen Ruschemeier, § 5 C., im OpenRewi Grundrechte Lehrbuch.
5 Siehe zur mittelbaren Drittwirkung Wienfort, § 9, im OpenRewi Grundrechte Lehrbuch.

Dana-Sophia Valentiner

In der arbeitsgerichtlichen Bestätigung der Kündigung, die sich auf eine von der Meinungsfreiheit geschützte Aussage stützt, liegt eine Beeinträchtigung dieser Freiheit.[6] Die Entscheidung beschränkt das Recht des B auf freie Meinungsäußerung final und unmittelbar. Es ergeht als Gerichtsentscheidung in rechtsförmiger Weise und ist mit Befehl beziehungsweise Zwang durchsetzbar. Ein Eingriff liegt somit schon nach dem klassischen Eingriffsbegriff vor.

❗ Klausurtaktik

Sofern – wie hier – bereits der klassische Eingriffsbegriff zu einem Eingriff führt, kann ein Erörtern des modernen Eingriffsbegriffs unterbleiben.

III. Rechtfertigung

Der Eingriff könnte jedoch verfassungsrechtlich gerechtfertigt sein. Dies setzt voraus, dass das betroffene Grundrecht einschränkbar ist, die angewendete Rechtsgrundlage und die Anwendung und Auslegung durch das Gericht verfassungsmäßig sind.

1. Einschränkbarkeit

Gemäß Art. 5 II GG findet die Meinungsfreiheit ihre Schranken in den Vorschriften der allgemeinen Gesetze, den gesetzlichen Bestimmungen zum Schutze der Jugend und in dem Recht der persönlichen Ehre (sogenannter <u>qualifizierter Gesetzesvorbehalt</u>[7]). Bedeutsam ist vor allem die Schranke der allgemeinen Gesetze. Ein Gesetz ist <u>„allgemein" im Sinne von Art. 5 II GG</u>, wenn es nicht auf das Verbot einer bestimmten Meinung gerichtet ist und (zumindest auch) dem Schutz von Verfassungsgütern dient, die gegenüber der Meinungsfreiheit im Einzelfall den Vorrang haben können.[8]

❗ Klausurtaktik

An dieser Stelle könnte auch etwas ausführlicher auf das Verständnis des allgemeines Gesetzes und die Abgrenzung von Sonderrechtslehre und Abwägungslehre eingegangen werden, bevor die

---

6 BVerfG, Beschl. v. 2.11.2020, Az.: 1 BvR 2727/19, Rn. 8.
7 Siehe zum qualifizierten Gesetzesvorbehalt Milas, § 6 C.II.2., im OpenRewi Grundrechte Lehrbuch.
8 Siehe zur Schranke der allgemeinen Gesetze Wienfort, § 20.1 C.I.1., im OpenRewi Grundrechte Lehrbuch.

Dana-Sophia Valentiner

hier verwendete Definition gefunden wird (die der sogenannten Kombinationslehre des BVerfG entspricht[9]).

§ 626 BGB verbietet keine bestimmte Meinung und ermöglicht mit dem unbestimmten Tatbestandsmerkmal des „wichtigen Grundes" eine Abwägung widerstreitender Rechtsgüter, von denen etwa die Berufsfreiheit der Arbeitgeberin gemäß Art. 12 I GG im Einzelfall den Vorrang vor der Meinungsfreiheit genießen kann. Es handelt sich bei § 626 BGB somit um ein allgemeines Gesetz.

Klausurtaktik !

Die Anforderungen des qualifizierten Gesetzesvorbehalt (hier: das allgemeine Gesetz) können an verschiedenen Punkten geprüft werden: 1) innerhalb der „Einschränkbarkeit", wenn – wie hier – dieser Prüfungspunkt keiner längeren Ausführungen bedarf, 2) als eigenständiger Prüfungspunkt zwischen „Einschränkbarkeit" und der „Verfassungsmäßigkeit der Rechtsgrundlage", 3) als eigenständiger Prüfungspunkt der „Verfassungsmäßigkeit der Rechtsgrundlage". Wichtig ist, dass der Prüfungspunkt in der Bearbeitung sichtbar wird.

2. Verfassungsmäßigkeit der Rechtsgrundlage

§ 626 BGB ist sowohl formell als auch materiell verfassungsgemäß. Insbesondere ermöglicht die generalklauselartige Formulierung des „wichtigen Grundes" einen verhältnismäßigen Ausgleich der jeweils betroffenen Rechtsgüter Privater.

Klausurtaktik !

Der Sachverhalt enthält keinerlei Anhaltspunkte dafür, dass die Rechtsgrundlage verfassungswidrig sein könnte, sodass die Prüfung hier äußerst knapp erfolgen kann. Es ist jedoch nicht zu beanstanden, wenn hierzu in zwei, drei kurzen Sätzen ausgeführt wird.

3. Verfassungsmäßigkeit der Gesetzesanwendung und -auslegung im Einzelfall

Das Gericht müsste auch im konkreten Einzelfall bei der Auslegung und Anwendung von § 626 BGB Bedeutung und Reichweite der Meinungsfreiheit zutreffend erkannt und eine verhältnismäßige Abwägung der widerstreitenden Rechtsgüter vorgenommen haben.

---

9 Siehe zur Kombinationslehre Wienfort, § 20.1 C.I.1., im OpenRewi Grundrechte Lehrbuch.

a) Ermittlung des Sinns der Meinungsäußerung

Zunächst müsste das Gericht Bedeutung und Reichweite der Meinungsfreiheit bei der Auseinandersetzung mit der Aussage des B hinreichend ermittelt haben.[10] Dies erfordert, dass das Gericht sich mit den Deutungsmöglichkeiten der Aussage befasst, auf der die Kündigung beruht. Die Arbeitsgerichte haben eine umfängliche Beweisaufnahme vorgenommen und die Äußerung auf dieser Grundlage als grobe rassistische Beleidigung eines Arbeitskollegen und als erhebliche Pflichtverletzung gewertet. Die Bewertung der Äußerung als fundamental herabwürdigende, rassistische Beleidigung ist insbesondere im Lichte von Art. 3 III 1 GG, der sich gegen rassistische Diskriminierung wendet, nicht zu beanstanden.[11] Die Gerichte haben jedenfalls nicht grob verkannt, dass die Äußerung des B grundsätzlich eine von der Meinungsfreiheit geschützte Aussage darstellt.

b) Ausfall der Einzelfallabwägung?

Grundsätzlich erfordert die Meinungsfreiheit eine Abwägung der drohenden Beeinträchtigungen der Meinungsfreiheit mit anderen Rechtsgütern. Ausnahmsweise tritt die Meinungsfreiheit aber bei herabwürdigenden Äußerungen von vornherein zurück, ohne dass es einer Abwägung im Einzelfall bedürfe. Dies ist durch das BVerfG insbesondere anerkannt bei Formalbeleidigungen und Schmähungen, welche die Menschenwürde der beleidigten beziehungsweise geschmähten Person berühren. In solchen Fällen ist keine Verhältnismäßigkeitsprüfung vorzunehmen.

An das Vorliegen einer Formalbeleidigung oder Schmähung sind sehr strenge Anforderungen zu stellen.

aa) Schmähung

Die Äußerung des B könnte als Schmähung zu bewerten sein. Eine Schmähung liegt erst dann vor, wenn nicht mehr die Auseinandersetzung in der Sache, sondern die Diffamierung der Person im Vordergrund einer Äußerung steht. Sachkritik darf grundsätzlich auch pointiert, grob und überspitzt ausfallen. Erst wenn die Äußerung sich als gravierende persönliche Herabwürdigung beziehungsweise Degradierung darstellt, überschreitet sie die Grenze zur Schmähung. Dies könnte bei dem Ausruf „Ugah Ugah" verbunden mit Affenlauten der Fall sein. Diese Äußerung des B gegenüber seinem Kollegen C könnte für sich genommen einen

---

10 Vgl. BVerfG, Beschl. v. 2.11.2020, Az.: 1 BvR 2727/19, Rn. 11 m.w.N.
11 BVerfG, Beschl. v. 2.11.2020, Az.: 1 BvR 2727/19, Rn. 11.

menschenunwürdigen Charakter haben. Die Aussage verbunden mit den Affenlauten stellt People of Colour in die Nähe zu Tieren und adressiert sie ganz ausdrücklich nicht als Menschen, sondern als minderwertig. Die Aussage ist bereits für sich genommen derart verachtend, dass sie eine Schmähung darstellen kann. Es handelt sich um eine menschenverachtende Diskriminierung. Die Menschenwürde aus Art. 1 I GG wird laut BVerfG angetastet, wenn eine Person nicht als Mensch, sondern als Affe adressiert wird und damit das in Art. 3 III 1 GG ausdrücklich normierte Recht auf Anerkennung als Gleiche frei von rassistischen Zuschreibungen verletzt wird.[12] Danach ist in der Äußerung eine Schmähung zu sehen.

bb) Formalbeleidigung

Daneben könnte die Äußerung des B auch eine Formalbeleidigung darstellen. Bei der Formalbeleidigung handelt es sich um die Verwendung besonders krasser, aus sich heraus herabwürdigender Schimpfwörter, die kontextunabhängig als gesellschaftlich absolut missbilligte und tabuisierte Begrifflichkeiten einzustufen sind.[13] Es handelt sich bei dem Ausruf „Ugah Ugah" verbunden mit Affenlauten um eine durchaus gängige Form der rassistischen Diffamierung, die mit dem Ziel der gravierenden persönlichen Herabwürdigung eingesetzt wird, zum Beispiel im Zusammenhang mit Fußballspielen.[14] Die Äußerung stellt somit auch eine Formalbeleidigung dar.

Klausurtaktik   **!**

Hier kann auch anders argumentiert werden und eine Schmähung und Formalbeleidigung mit Blick auf die strengen verfassungsrechtlichen Anforderungen (noch) abgelehnt werden. Im Rahmen der verhältnismäßigen Abwägung ist dem Charakter der Äußerung und ihren Bezügen zu Art. 1 I GG und Art. 3 III 1 GG dann angemessen Rechnung zu tragen. Auf diese Weise ließe sich die weitere Prüfung im Hilfsgutachten umgehen. Wenn an einer Stelle wie dieser erwogen wird, das Gutachten zu beenden und in eine hilfsgutachterliche Prüfung überzugehen, sollte stets die Kontrollfrage gestellt werden, ob durch das Hilfsgutachten ein Prüfungspunkt „abgeschnitten" würde (dies spräche gegen eine Prüfung im Hilfsgutachten). Ist – wie hier – im Sachverhalt ein ausdrücklicher Hinweis auf ein Hilfsgutachten enthalten, kann hiervon Gebrauch gemacht werden. Merke dennoch: Das Hilfsgutachten ist die Ausnahme, nicht die Regel.

---

12 Vgl. BVerfG, Beschl. v. 2.11.2020, Az.: 1 BvR 2727/19, Rn. 18.
13 BVerfG, Beschl. v. 2.11.2020, Az.: 1 BvR 2727/19, Rn. 11.
14 Siehe etwa hier https://www.deutschlandfunk.de/rassismus-im-fussball-landessportbund-berlin-distanziert.890.de.html?dram:article_id=471106 (Abrufdatum: 10.3.2022).

Dana-Sophia Valentiner

c) Hilfsgutachten: Verhältnismäßigkeit der Anwendung und Auslegung im konkreten Einzelfall

Hilfsgutachterlich ist zu prüfen, ob das Gericht bei der konkreten Anwendung und Auslegung im Einzelfall die widerstreitenden Rechtsgüter in einen verhältnismäßigen Ausgleich (**praktische Konkordanz**) gebracht oder die Wertungen von Art. 5 I 1 GG verkannt beziehungsweise im Rahmen der Abwägung grob verletzt hat. Bei der Prüfung des „wichtigen Grundes" hatte das Gericht das Kündigungsinteresse der Druckerei (Art. 12 I GG) mit der Meinungsfreiheit des B abzuwägen.

❗ Klausurtaktik

Geprüft wird hier die Herstellung praktischer Konkordanz. Eine vierstufige Verhältnismäßigkeitsprüfung ist dafür nicht erforderlich.

Im Rahmen der Abwägung sind zunächst die widerstreitenden Interessen abstrakt zu bestimmen. Der B beruft sich auf seine Meinungsfreiheit aus Art. 5 I 1 GG. Das Kündigungsinteresse der Druckerei ergibt sich demgegenüber auch mit Blick auf die Fürsorgepflichten der Arbeitgeberin, ihr Personal vor rassistischen Anfeindungen durch Kolleg:innen zu schützen. Diese Pflicht ergibt sich wiederum in Zusammenschau der § 3 III, § 12 III AGG und § 75 I BetrVG. Diese Regelungen gestalten das verfassungsrechtliche Diskriminierungsverbot des Art. 3 III 1 GG aus, wonach niemand wegen der „Rasse"[15] benachteiligt oder bevorzugt werden darf. In diesen Regelungen findet zudem die verfassungsrechtliche Wertung der Unantastbarkeit der Menschenwürde aus Art. 1 I GG ihren Niederschlag.[16]

Die Arbeitsgerichte haben in ihren Entscheidungen konkret berücksichtigt, dass die Äußerung im Rahmen einer Auseinandersetzung während einer Betriebsratssitzung getätigt wurde. In diesem dienstlichen Kontext sind auch die Schutzpflichten der Arbeitgeberin gegenüber ihren Mitarbeiter:innen besonders gewichtig. Die Fürsorgepflicht der Arbeitgeberin ist zudem aufgrund von Vorfällen in der Vergangenheit verdichtet, weshalb die Arbeitgeberin zur Herstellung eines diskriminierungsfreien Arbeitsumfeldes ein besonderes Interesse an der Kündigung hat. Der B war bereits in der Vergangenheit wegen diskriminierender Äußerungen gegenüber Kolleg:innen abgemahnt worden. Ihm war damit die Bedeutung seiner Äußerungen aus der vorherigen Abmahnung bekannt. Diese Abmahnung verblieb

---

15 Zur Verwendung dieses problematischen, in der Verfassung verwendeten Begriffs siehe Fall 10, in diesem Fallbuch.
16 Vgl. BVerfG, Beschl. v. 2.11.2020, Az.: 1 BvR 2727/19, Rn. 17 ff.

Dana-Sophia Valentiner

allerdings ausweislich der hier in Rede stehenden Äußerung wirkungslos. Dies haben die Gerichte im Rahmen einer Gesamtwürdigung in einer Weise gewertet, die nicht von einer groben Verkennung der Meinungsfreiheit zeugt.

4. Zwischenergebnis

Der Eingriff in die Meinungsfreiheit war somit gerechtfertigt.

IV. Ergebnis

Die arbeitsgerichtliche Entscheidung verletzt den B nicht in seinem Recht auf Meinungsfreiheit. Die Verfassungsbeschwerde ist unbegründet. Sie wird keinen Erfolg haben.

Zusammenfassung: Die wichtigsten Punkte
- Die Meinungsfreiheit erfordert grundsätzlich eine Abwägung zwischen der durch eine Äußerung drohenden Beeinträchtigung des Persönlichkeitsrechts einerseits und der Meinungsfreiheit andererseits.
- Bei Schmähung und Formalbeleidigung tritt die Meinungsfreiheit ausnahmsweise dergestalt hinter den Schutz des Persönlichkeitsrechts zurück, dass die Einzelfallabwägung entbehrlich ist. An diese Ausnahmefälle sind strenge Maßstäbe anzulegen.
- Menschenverachtende diskriminierende Äußerungen, welche die Menschenwürde (Art. 1 I GG) und das in Art. 3 III 1 GG enthaltene Verbot rassistischer Diskriminierung berühren, lassen sich nicht unter Berufung auf die Meinungsfreiheit rechtfertigen.

Weiterführende Studienliteratur
- Der Fall ist einer Kammerentscheidung des BVerfG nachgebildet: BVerfG, Beschluss der 3. Kammer des Ersten Senats vom 2. November 2020, Az.: 1 BvR 2727/19
- Hendrik Cremer, Verbreitung rassistischer Positionen – Meinungsfreiheit hat Grenzen, in: ZRP 2017, S. 151–153
- Nora Markard/Eva Maria Bredler, Jeder schweigt für sich allein: Silencing effect und die gleichheitsrechtliche Leerstelle in der Beleidigungsdogmatik, VerfBlog v. 20.4.2021

Dana-Sophia Valentiner

Fall 6

Notwendiges Vorwissen: Zulässigkeit der Verfassungsbeschwerde, Aufbau der Prüfung eines Freiheitsgrundrechts, Deutschengrundrechte, Versammlungsfreiheit Art. 8 GG

Behandelte Themen: Verfassungsbeschwerde, Deutschengrundrechte und EU-Ausländer:innen, Versammlungsbegriff

Schwierigkeitsgrad: Grundstudium; 2 Stunden Bearbeitungszeit

Sachverhalt

Beatriz Burgos Bedoya (B) ist spanische Staatsbürgerin und lebt in Frankfurt am Main. An einem Wochenende im Juli 2019 besuchte B den Frankfurter Christopher Street Day (CSD). Dieser findet jährlich statt und steht in der Tradition der Geschehnisse rund um das Stonewall Inn in der New Yorker Christopher Street, wo insbesondere Homosexuelle und trans Frauen im Jahr 1969 gegen Polizeiwillkür aufbegehrten. Anlässlich des Jubiläums stand der CSD 2019 in Frankfurt unter dem Motto „50 Jahre Stonewall – Wir sind Bewegung!". Höhepunkt des CSD-Wochenendes war eine Parade, bei der die Teilnehmer:innen begleitet von Techno-Musik spielenden Festwagen durch die Straßen zogen. Dabei wurden auch alkoholische Getränke verkauft und es herrschte eine ausgelassene Partystimmung. Viele Teilnehmer:innen schwenkten Regenbogenfahnen oder hatten sich solche als Cape umgehängt. Einige trugen auch Banner und Transparente mit Botschaften wie „Love is Love". Auf dem Transparent, das B mit sich trug, war zu lesen: „Stonewall was a riot! No cops at Pride!". Das Wort „riot" kann ins Deutsche mit „Aufstand", „Ausschreitungen" oder auch „Krawall" übersetzt werden. Das Transparent erinnert somit daran, dass es sich bei den Auseinandersetzungen rund um das Stonewall Inn in der Christopher Street um aktive und zum Teil auch gewaltsame Auseinandersetzungen zwischen der Polizei und den Personen, die sich spontan zum Protest zusammengefunden haben, handelte. In direktem Zusammenhang damit steht dann auch der Aufruf „No cops at Pride! – Keine Polizist:innen bei Pride / auf dem CSD!". Außerdem führte B auf einem Handwagen einen Lautsprecher mit sich. Diesen benutzte sie unter anderem für folgende Durchsagen: „Bullen raus aus der Parade! No cops at Pride! Zivile Bullen raus aus der Parade – und zwar sofort!".

Die zuständige Versammlungsbehörde hatte für den CSD verschiedene Auflagen erlassen. Neben Lautstärkenbegrenzungen für die Musik verfügte die Versammlungsbehörde unter dem Unterpunkt „Kundgebungsmittel / Versammlungshilfsmittel" unter anderem, dass Lautsprecher und Megaphone nur für Ansprachen und Darbietungen, die im Zusammenhang mit der Versammlung stehen, sowie für Ordnungsdurchsagen verwendet werden dürfen. Die zuständige Behörde verhängte gemäß § 29 I Nr. 3 in Verbindung mit § 15 VersG gegen die B ein Bußgeld in Höhe von 250 Euro mit der Begründung, B habe die auf Lautsprecherdurchsagen bezogene Auflage nicht beachtet, was eine Ordnungswidrigkeit darstelle. Die für derartige Ordnungswidrigkeiten zuständige Strafrichterin am Amtsgericht Frankfurt am Main bestätigte dies, sodass die B zur Zahlung eines Bußgelds in ebendieser Höhe verurteilt wurde. Zur Begründung führte das Amtsgericht unter anderem aus, es bestünden keine Bedenken hinsichtlich der Rechtmäßigkeit der Auflage. Es sei bereits zweifelhaft, ob die CSD-Parade überhaupt in den Schutzbereich der Versammlungsfreiheit falle. Schließlich werde hier lediglich das Lebensgefühl einer Subkultur zur Schau gestellt. Selbst wenn das Gericht jedoch von einer kollektiven Meinungsbildung und -kundgabe ausgehe, entfalle dieser Zweck, wenn der Einsatz elektronischer Verstärker allein oder hauptsächlich anderen Zwecken als der Meinungskundgabe zu versammlungsbezogenen Themen diene. Die Auflage und das Bußgeld seien vorliegend auch deshalb gerechtfertigt, weil Polizeibeamt:innen vor derartigen Angriffen auf ihre Persönlichkeit geschützt werden müssten und ein reibungsloser und störungsfreier Ablauf der CSD-Parade auch im Sinne der anderen Teilnehmenden gewährleistet werden müsse.

Nachdem die B einen Antrag auf Zulassung der Rechtsbeschwerde gegen das amtsgerichtliche Urteil gestellt hat und dieser abgelehnt wurde, stehen ihr keine weiteren Rechtsmittel zur Verfügung. Sie erhebt daher form- und fristgerecht Verfassungsbeschwerde, in der sie sich gegen das Urteil des Amtsgerichts Frankfurt am Main wendet und eine Verletzung ihres Grundrechts der Versammlungsfreiheit aus Art. 8 I GG rügt.

Fallfrage

Hat die Verfassungsbeschwerde der B Aussicht auf Erfolg?

Hinweis:
Von der Verfassungsmäßigkeit der § 29 I Nr. 3 in Verbindung mit § 15 VersG ist auszugehen. Eine Verletzung des Art. 5 GG ist nicht zu prüfen.

Sué González Hauck

Lösung

Die Verfassungsbeschwerde der B hat Aussicht auf Erfolg, wenn sie zulässig und soweit sie begründet ist.

A. Zulässigkeit

Die Verfassungsbeschwerde ist zulässig, wenn sie alle Sachentscheidungsvoraussetzungen des Art. 93 I Nr. 4a GG und der §§ 90 ff. BVerfGG erfüllt.

I. Zuständigkeit des BVerfG
Das BVerfG ist gemäß Art. 93 I Nr. 4a GG, §§ 13 Nr. 8a, 90 ff. BVerfGG für die Entscheidung über Verfassungsbeschwerden zuständig.

II. Beschwerdefähigkeit
B müsste beschwerdefähig sein. Gemäß Art. 93 I Nr. 4a GG, § 90 I BVerfGG ist jede Person, die Träger:in von Grundrechten oder grundrechtsgleichen Rechten sein kann, beschwerdefähig. B ist als natürliche Person grundsätzlich Trägerin von Grundrechten, sodass sie beschwerdefähig im Sinne des Art. 93 I Nr. 4a GG, § 90 I BVerfGG ist.

❗ Klausurtaktik

Die Thematik der Deutschen-Grundrechte in Bezug auf EU-Ausländer:innen wird in der Kommentarliteratur zum Teil bereits bei der Beschwerdefähigkeit thematisiert. Da es sich hier um eine natürliche Person handelt und somit die grundsätzliche Grundrechtsträgerschaft nicht in Frage steht, empfehlen wir, auf die Thematik frühestens in der Beschwerdebefugnis einzugehen. Wo genau man diese Problematik einbaut, ist für die Bewertung letztlich nicht entscheidend.

III. Prozessfähigkeit
B hat als volljährige natürliche Person auch die Fähigkeit inne, Prozesshandlungen selbst vorzunehmen und ist somit prozessfähig.

IV. Beschwerdegegenstand
Beschwerdegegenstand einer Verfassungsbeschwerde ist gemäß Art. 93 I Nr. 4a GG, § 90 I BVerfGG jeder „Akt öffentlicher Gewalt". Dies kann ein Handeln oder

Unterlassen der Exekutive, der Judikative oder der Legislative sein. Vorliegend wendet sich B gegen das Urteil des Amtsgerichts Frankfurt am Main, mithin gegen einen Akt der Judikative. Ein Akt öffentlicher Gewalt und somit ein tauglicher Beschwerdegegenstand ist gegeben.

Klausurtaktik !

Richtiger Beschwerdegegenstand ist hier ausschließlich das Urteil und nicht mehr der Bußgeldbescheid, der zu dem Urteil des Amtsgerichts Anlass gegeben hat. Grund dafür ist schlicht, dass die Beschwerdeführerin sich nur gegen dieses letztinstanzliche Urteil wendet. Kommen mehrere Beschwerdegegenstände in Betracht, stellt es das BVerfG der Beschwerdeführerin frei, gegen welchen Akt der öffentlichen Gewalt sie sich konkret wenden möchte. Enthält die Verfassungsbeschwerde dazu keine eindeutigen Angaben, geht das BVerfG von einem mehrgliedrigen Beschwerdegegenstand aus. Siehe hierzu auch die Ausführungen zum Beschwerdegegenstand im Lehrbuch-Kapitel zur Zulässigkeit der Verfassungsbeschwerde.[1]

V. Beschwerdebefugnis

B müsste beschwerdebefugt sein. Gemäß Art. 93 I Nr. 4a GG, § 90 I BVerfGG muss sie hierfür behaupten, durch die öffentliche Gewalt in ihren Grundrechten oder grundrechtsgleichen Rechten verletzt zu sein. Die bloße Behauptung genügt hierfür jedoch nicht. Vielmehr muss jedenfalls die Möglichkeit einer Grundrechtsverletzung bestehen. Um Popularklagen auszuschließen, müsste B überdies behaupten, selbst, gegenwärtig und unmittelbar betroffen zu sein.

1. Möglichkeit der Grundrechtsverletzung

Der Vortrag der B muss die Möglichkeit einer Grundrechtsverletzung ergeben, das heißt eine solche darf nicht von vornherein ausgeschlossen sein. In Betracht kommt vorliegend eine Verletzung der Versammlungsfreiheit aus Art. 8 I GG oder mindestens eines entsprechenden Schutzniveaus aus der allgemeinen Handlungsfreiheit gemäß Art. 2 I GG. B beruft sich auf das Grundrecht der Versammlungsfreiheit aus Art. 8 I GG. Dieses steht nach seinem Wortlaut nur Deutschen zu. Allerdings ist B als spanische Staatsbürgerin EU-Bürgerin, sodass Art. 18 AEUV eine europarechtskonforme Auslegung des Grundgesetzes verlangt, die im Ergebnis EU-Ausländer:innen den gleichen Grundrechtsschutz wie deutschen Staatsbürger:innen gewährt. Ob dieses Ergebnis durch eine Ausweitung des per-

---

1 Siehe zum Beschwerdegegenstand bei der Verfassungsbeschwerde Linke, § 10 A.IV., im Open-Rewi Grundrechte Lehrbuch.

Sué González Hauck

sönlichen Schutzbereiches auf EU-Ausländer:innen oder über Art. 2 I GG erzielt wird, ist für die generelle Möglichkeit der Grundrechtsverletzung nicht von Belang.

❗ Klausurtaktik

Denkbar wäre es, bereits hier den persönlichen und den sachlichen Schutzbereich des Art. 8 I GG ausführlich zu prüfen. Um die Zulässigkeitsprüfung nicht zu überfrachten, ist es klausurtaktisch jedoch sinnvoll, diese beiden Schwerpunkte der Klausur erst in der Begründetheit zu behandeln.

---

2. Eigene, gegenwärtige und unmittelbare Beschwer

B ist als Adressatin des Urteils selbst betroffen und trägt somit eine eigene Beschwer vor. Indem es die B zu einer Geldbuße verurteilte, griff das Amtsgericht Frankfurt am Main auch derart in den Rechtskreis der B ein, dass es keines weiteren vermittelnden Vollziehungsakts bedarf. B macht mithin eine unmittelbare Beschwer geltend. Durch die Verurteilung ist B auch noch betroffen, sodass die Beschwer gegenwärtig ist.

❗ Klausurtaktik

Gutachtenstil muss nicht immer bedeuten, dass dieser ausführlich mit einleitender Subsumtionsfrage („B müsste eine eigene Beschwer vortragen."), Obersatz („Eine eigene Beschwer liegt vor, wenn die Beschwerdeführerin geltend macht, in eigenen Rechten verletzt zu sein."), Untersatz („B macht geltend, in eigenen Rechten verletzt zu sein.") und Ergebnis („B trägt somit eine eigene Beschwer vor.") ausformuliert wird. Es kann auch ein verkürzter Gutachtenstil verwendet werden, der wie hier in einem ersten (Halb)Satz als Begründung bereits Obersatz und Untersatz miteinander verknüpft und in einem zweiten (Halb)Satz das Ergebnis präsentiert. Formulierungen wie oben mit den Wörtern „indem" oder „sodass" sind typisch für diesen verkürzten Gutachtenstil.

VI. Rechtswegerschöpfung und Subsidiarität

Nachdem die B einen Antrag auf Zulassung der Rechtsbeschwerde gegen das amtsgerichtliche Urteil gestellt hat und dieser abgelehnt wurde, stehen ihr keine weiteren Rechtsmittel zur Verfügung. Der Rechtsweg ist erschöpft, sodass § 90 II 1 BVerfGG einer Verfassungsbeschwerde nicht entgegensteht. Der B stehen auch keine weiteren Möglichkeiten zur Verfügung, das Urteil des Amtsgerichts Frankfurt am Main zumutbar anderweitig anzugreifen, sodass der Grundsatz der Subsidiarität gewahrt ist.

Sué González Hauck

VII. Frist und Form der Beschwerde

B wahrt mit ihrem Antrag die erforderliche Form gemäß §§ 23 I, 92 BVerfGG und die Monatsfrist ab Zustellung der Entscheidung gemäß § 93 I BVerfGG.

VIII. Ergebnis zur Zulässigkeit

Die Verfassungsbeschwerde der B ist zulässig.

B. Begründetheit

Die Verfassungsbeschwerde ist begründet, wenn das Urteil des Amtsgerichts Frankfurt am Main die B in ihrem Grundrecht der Versammlungsfreiheit aus Art. 8 I GG verletzt. Dabei ist zu beachten, dass das BVerfG keine Superrevisionsinstanz ist, mithin das Urteil nicht allgemein auf Rechtsfehler, sondern nur auf die Verletzung spezifischen Verfassungsrechts überprüft. Eine Verletzung spezifischen Verfassungsrechts liegt insbesondere vor, wenn das Amtsgericht Frankfurt am Main die Bedeutung des Grundrechts der Versammlungsfreiheit verkannt hat, wenn durch das Urteil mithin ein Eingriff in den Schutzbereich der Versammlungsfreiheit vorliegt, der nicht verfassungsrechtlich gerechtfertigt ist.

I. Schutzbereich

Der Schutzbereich müsste eröffnet sein. Das umfasst den persönlichen und den sachlichen Schutzbereich.

1. Persönlicher Schutzbereich

Der persönliche Schutzbereich der Versammlungsfreiheit aus Art. 8 I GG ist seinem Wortlaut nach nur für Deutsche im Sinne des Art. 116 I GG eröffnet. B ist als spanische Staatsbürgerin nicht Deutsche in diesem Sinne. Der persönliche Schutzbereich des Art. 8 I GG umfasst sie daher seinem Wortlaut nach nicht. Das in Art. 18 AEUV enthaltene Diskriminierungsverbot verlangt jedoch, dass EU-Bürger:innen aus anderen Mitgliedstaaten nicht schlechter gestellt werden als deutsche Staatsbürger:innen. Mittels unionsrechtskonformer Auslegung des Grundgesetzes ist ein äquivalenter Grundrechtsschutz für EU-Bürger:innen herzustellen. Sollte eine unionsrechtskonforme Auslegung nicht möglich sein, ist wegen des Anwendungsvorrangs des Unionsrechts die Einschränkung auf Deutsche unangewendet zu lassen.

Sué González Hauck

Umstritten ist, ob ein unionsrechtskonformes Ergebnis über eine Erweiterung des Anwendungsbereichs der Deutschengrundrechte oder mittels eines gleichwertigen Schutzes über Art. 2 I GG zu erreichen ist.[2]

Gegen eine direkte Anwendung der Deutschengrundrechte und mithin auch des Art. 8 I GG auf EU-Bürger:innen spricht zunächst der Wortlaut, der von „Deutschen" spricht, was wiederum in Art. 116 I GG definiert ist. Jedoch sieht Art. 23 I 2, 3 GG ausdrücklich vor, dass durch das europäische Primärrecht – in den Grenzen des Art. 79 III GG – auch das Grundgesetz geändert werden kann. Damit stellt das Grundgesetz selbst klar, was der Anwendungsvorrang des Unionsrechts ohnehin erfordert, nämlich dass eine mitgliedstaatliche Norm gleich welchen Rangs in dem Umfang unangewendet bleiben muss, in dem sie dem Unionsrecht widerspricht. Für die Deutschengrundrechte bedeutet das, dass der Ausschluss von Nicht-Deutschen aus dem persönlichen Schutzbereich für EU-Bürger:innen keine Wirkung entfalten kann. Im Ergebnis ist Art. 8 I GG also so zu lesen, als stünde dort „Deutsche und EU-Bürger:innen". Dieses Ergebnis ist trotz des Überschreitens der Wortlautgrenze methodisch auch deshalb vorzugswürdig, weil es die Systematik der Grundrechte intakt lässt und nicht erfordert, dass die Besonderheiten des sachlichen Schutzbereichs und der Schranken des Art. 8 GG in Art. 2 I GG „hineingelesen" werden müssen.

! Klausurtaktik

Ein anderes Ergebnis ist hier gut vertretbar. Dann wäre im Folgenden nicht der sachliche Schutzbereich des Art. 8 I GG, sondern des Art. 2 I GG in seiner Ausprägung als versammlungsbezogene Handlungsfreiheit zu prüfen.

Der persönliche Schutzbereich ist somit eröffnet.

2. Sachlicher Schutzbereich

Der sachliche Schutzbereich ist eröffnet, wenn es sich bei der CSD-Parade um eine Versammlung im Sinne des Art. 8 I GG handelt und wenn das konkrete sanktionierte Verhalten der B in Form der Lautsprecherdurchsagen zu den von Art. 8 I GG im Rahmen einer Versammlung geschützten Verhaltensweisen zählt.

---

2 Siehe ausführlich zu der Anwendung von Deutschengrundrechten auf EU-Ausländer:innen González Hauck, § 2 A.II., im OpenRewi Grundrechte Lehrbuch.

Sué González Hauck

a) Versammlungsbegriff

B müsste Teilnehmerin einer Versammlung im Sinne des Art. 8 I GG gewesen sein. Eine Versammlung ist das Zusammenkommen mehrerer Personen zu einem gemeinsamen Zweck.

Umstritten ist, welche Anforderungen genau der gemeinsame Zweck erfüllen muss, damit die Versammlung in den Schutzbereich des Art. 8 I GG fällt.

Nach einer Ansicht dient Art. 8 GG dazu, einzelne Bürger:innen vor staatlicher Isolation zu schützen. Demnach genügt jeder Zweck. Auch eine Versammlung, die allein Geselligkeitszwecken dient, ist damit durch Art. 8 I GG geschützt.

Eine andere Ansicht betont den Zusammenhang zwischen der Meinungsfreiheit des Art. 5 I GG und der Versammlungsfreiheit des Art. 8 I GG. Danach ist eine Versammlung im Sinne des Art. 8 I GG nur dann gegeben, wenn der Zweck der Versammlung in der gemeinsamen Meinungsbildung und -äußerung besteht. Das BVerfG betont zusätzlich, dass es dabei um öffentliche Belange gehen müsse, eine Versammlung im Sinne des Art. 8 I GG also dann vorliege, wenn der Zweck in der Teilhabe an der öffentlichen Meinungsbildung bestünde.[3]

Der Streit muss nicht entschieden werden, wenn der engste Versammlungsbegriff erfüllt ist, es sich bei der CSD-Parade also um eine Zusammenkunft handelt, die dem Zweck der Teilhabe an der öffentlichen Meinungsbildung dient.

Vorliegend deutet zwar das äußere Erscheinungsbild der CSD-Parade durch die ausgelassene Partystimmung, die Techno-Musik und den Konsum alkoholischer Getränke darauf hin, dass der Zweck der Versammlung überwiegend in bloßer Geselligkeit bestehen könnte. Ähnlich wie bei der in der Rechtsprechung nicht als Versammlung anerkannten „Loveparade" und ähnlichen Veranstaltungen[4] könnte der Eindruck entstehen, dass es hier lediglich darum gehe, das Lebensgefühl einer Subkultur zur Schau zu stellen. Allerdings hat vorliegend bereits das offene Zurschaustellen der Zugehörigkeit zur LGBTQI+ Community den Charakter einer öffentlichen Meinungskundgabe, denn allein damit soll der Diskriminierung sexueller Minderheiten durch die Mehrheitsgesellschaft entgegengewirkt werden. Unterstrichen wird der Umstand, dass die CSD-Parade auf die öffentliche Meinungsbildung und -kundgabe gerichtet ist, dadurch, dass die Teilnehmenden neben Regenbogenflaggen auch Transparente mit politischen Botschaften mit sich tragen.

Insgesamt fällt die CSD-Parade also selbst unter den engsten Versammlungsbegriff, sodass der Streit nicht entschieden werden muss. B war Teilnehmerin einer Versammlung im Sinne des Art. 8 I GG.

---

3 BVerfG, Beschl. v. 7.3.2011, Az.: 1 BvR 388/05, Rn. 32.
4 BVerfG, Beschl. v. 12.7.2001, Az.: 1 BvQ 28/01 und 1 BvQ 30/01, Rn. 13.

b) Lautsprecherdurchsage als Teil der Versammlungsfreiheit

Die durch das Amtsgericht Frankfurt am Main als bußgeldbewehrt erachteten Lautsprecherdurchsagen müssten auch von der Versammlungsfreiheit nach Art. 8 I GG umfasst sein. Innerhalb einer Versammlung fällt grundsätzlich auch die Verwendung von Lautsprechern oder Megaphonen als Hilfsmittel in den Schutzbereich des Art. 8 I GG. Dazu müssten die Durchsagen ein versammlungsbezogenes Anliegen kundgetan haben. In ihrer idealtypischen Ausformung sind Demonstrationen die körperliche Sichtbarmachung von gemeinsamen Überzeugungen. Wer an einer Versammlung teilnimmt, ist daher grundsätzlich auch berechtigt, während der Versammlung dafür einzutreten, dass nur die das Anliegen der Versammlung unterstützenden Personen an der Versammlung teilnehmen und dass insbesondere Polizist:innen sich außerhalb der Versammlung bewegen.[5] Selbst wenn die Aussagen keinen spezifischen Zusammenhang mit dem Versammlungsthema aufgewiesen hätten, wären sie daher von dem Schutzbereich des Art. 8 I GG umfasst gewesen. Vorliegend kommt hinzu, dass die Lautsprecherdurchsagen der B im Zusammenhang mit Aussagen auf dem von ihr mitgeführten Transparent und mit dem Motto der Versammlung, das explizit an das Jubiläum der Geschehnisse rund um das Stonewall Inn 1969 anknüpfte, zu sehen sind. B ging es erkennbar darum, darauf hinzuweisen, dass die CSD-Parade in der Tradition des Aufbegehrens gegen Polizeiwillkür stand. In diesem Zusammenhang äußerte sie das Anliegen, dass Polizeibeamt:innen nicht an der Parade teilnehmen sollen. Die Lautsprecherdurchsagen wiesen daher einen Bezug zu dem Versammlungsthema auf und waren somit erst recht als von der Versammlungsfreiheit geschützt anzusehen.

Der sachliche Schutzbereich des Art. 8 I GG ist eröffnet.

3. Zwischenergebnis zum Schutzbereich

Der Schutzbereich ist eröffnet.

II. Eingriff

Ferner müsste ein Eingriff in den Schutzbereich gegeben sein. Nach dem klassischen Eingriffsbegriff ist ein Grundrechtseingriff ein rechtsförmiger Vorgang, der unmittelbar und gezielt (final) durch ein vom Staat verfügtes, erforderlichenfalls zwangsweise durchzusetzendes Ge- oder Verbot, also imperativ, zu einer Verkür-

---

5 BVerfG, Beschl. v. 26.6.2014, Az.: 1 BvR 2135/09, Rn. 11.

zung grundrechtlicher Freiheiten führt.[6] Nach dem modernen Eingriffsbegriff genügt auch eine mittelbar-faktische Beeinträchtigung des Grundrechts.[7] Das Urteil des Amtsgerichts Frankfurt am Main belegt ein in den Schutzbereich des Art. 8 I GG fallendes Verhalten mit einem Bußgeld. Damit wirkt es in rechtsförmiger Weise unmittelbar, final und imperativ auf den Rechtskreis der B ein und erschwert so die Ausübung des Grundrechts erheblich. Das Urteil stellt somit sowohl nach dem klassischen als auch nach dem modernen Eingriffsbegriff einen Eingriff in den Schutzbereich des Art. 8 I GG dar.

III. Verfassungsrechtliche Rechtfertigung
Fraglich ist, ob der Eingriff verfassungsrechtlich gerechtfertigt ist.

1. Einschränkbarkeit der Versammlungsfreiheit
Die Versammlungsfreiheit ist nicht unbeschränkt gewährleistet. Bei Versammlungen unter freiem Himmel sind zur Wahrung kollidierender Interessen Dritter Eingriffe in das Grundrecht gemäß Art. 8 II GG durch Gesetz oder aufgrund eines Gesetzes zulässig. Die CSD-Parade ist eine Versammlung unter freiem Himmel, sodass der einfache Gesetzesvorbehalt des Art. 8 II GG einschlägig ist.

2. Verfassungsmäßigkeit der Rechtsgrundlage
Es handelt sich bei der zur Anwendung gelangten Bußgeldvorschrift des § 29 II, I Nr. 3 VersG um ein Gesetz im Sinne des Art. 8 II GG. Es bestehen keine Zweifel hinsichtlich der Verfassungsmäßigkeit des § 29 II, I Nr. 3 VersG.

3. Verfassungsmäßigkeit der Anwendung im Einzelfall
Fraglich ist jedoch, ob § 29 II, I Nr. 3 VersG vorliegend verfassungskonform angewendet wurde. Die Auslegung und Anwendung dieser Bußgeldvorschrift ist grundsätzlich Sache der Strafgerichte. Allerdings haben die staatlichen Organe und damit auch die Strafgerichte die grundrechtsbeschränkenden Gesetze stets im Lichte der Bedeutung von Art. 8 I GG auszulegen und sich bei Maßnahmen auf das zu beschränken, was zum Schutz anderer Rechtsgüter notwendig ist.[8]

---

6 BVerfG, Beschl. v. 26.6.2002, Az.: 1 BvR 670/91, Rn. 68 = BVerfGE 105, 279 – Osho.
7 BVerfG, Beschl. v. 26.6.2002, Az.: 1 BvR 670/91, Rn. 70 ff. = BVerfGE 105, 279 – Osho.
8 BVerfG, Beschl. v. 26.6.2014, Az.: 1 BvR 2135/09, Rn. 13.

Sué González Hauck

> **! Klausurtaktik**
>
> Das BVerfG ist keine Superrevisionsinstanz und prüft daher nicht, ob das einfache Recht korrekt angewendet wurde. Der Aufbau der Rechtfertigungsprüfung bei einer Urteilsverfassungsbeschwerde ist nicht immer ganz einfach, da der eigentliche Eingriff, das Urteil, nicht vollständig auf seine Rechtmäßigkeit überprüft wird. Stattdessen ist abstrakt zu prüfen, ob entweder das Urteil auf einer verfassungswidrigen Grundlage beruht oder ein an sich verfassungsgemäßes Gesetz in grundrechtswidriger Weise ausgelegt wurde. Bei der Frage, ob bei der Auslegung des Gesetzes die Bedeutung der Grundrechte verkannt wurden, ist nicht nur zu prüfen, ob das Grundrecht, auf das sich die Beschwerdeführer:in beruft, ausreichend berücksichtigt wurde. Vielmehr kann auch der Schutz anderer Rechtsgüter mit Verfassungsrang die dem Urteil zugrunde liegende Gesetzesauslegung rechtfertigen.

a) Auslegung der Bußgeldvorschrift im Lichte des Art. 8 I GG

Zu prüfen ist zunächst, ob das Amtsgericht vorliegend bei der Auslegung der Rechtsgrundlage die Bedeutung des Art. 8 I GG ausreichend beachtet hat. Das ist dann der Fall, wenn es von einer zu engen Auslegung des Schutzbereichs ausgegangen ist.

Das Amtsgericht ging davon aus, dass die Verwendung von Lautsprechern dann nicht mehr von Art. 8 I GG geschützt sei, wenn diese allein oder hauptsächlich anderen Zwecken als der Meinungskundgabe zu versammlungsbezogenen Themen diene. Dabei verkannte das Amtsgericht, erstens, dass der Schutzgehalt des Art. 8 I GG jedenfalls grundsätzlich auch Äußerungen zu anderen versammlungsbezogenen Fragen erlaubt. Zweitens übersah das Amtsgericht, dass die Lautersprecherdurchsagen der B einen konkreten Bezug zu der Botschaft ihres Transparents und damit insgesamt zu dem mit der Versammlung verfolgten Zweck der öffentlichen Meinungskundgabe aufwiesen.

Das Amtsgericht hat daher vorliegend die Bedeutung des Art. 8 I GG bei der Auslegung des § 29 II, I Nr. 3 VersG nicht ausreichend beachtet.

b) Auslegung im Lichte möglicher kollidierender Grundrechte

Weiterhin ist zu prüfen, ob es im konkreten Fall notwendig war, ein Bußgeld zu verhängen, um andere Rechtsgüter zu schützen. Wenn andere zu schützende Rechtsgüter mit Verfassungsrang beeinträchtigt sind, so ist ein Ausgleich zwischen diesen Rechtsgütern auf der einen Seite und der Versammlungsfreiheit der B auf der anderen Seite zu schaffen. Es wäre somit denkbar, dass die Auslegung des § 29 II, I Nr. 3 VersG durch das Amtsgericht, die zu der Verhängung des Bußgeldes führte, zum Schutz anderer Rechtsgüter gerechtfertigt ist.

Als zu schützende Rechtsgüter kommen die Versammlungsfreiheit anderer Versammlungsteilnehmer:innen und das allgemeine Persönlichkeitsrecht aus

Art. 2 I i.V.m. 1 I GG möglicherweise angesprochener Polizeibeamt:innen in Betracht.

Die Lautsprecherdurchsagen der B waren erkennbar nicht geeignet, mehr als allenfalls unerhebliche Unruhe innerhalb der Versammlung zu stiften. Der bloße Aufruf „Zivile Bullen raus aus der Parade – und zwar sofort!" mag bei lebensnaher Betrachtung kurzfristige Irritationen von Versammlungsteilnehmer:innen hervorrufen, war aber ersichtlich nicht zur Störung des ordnungsgemäßen Verlaufs der Versammlung geeignet. Die Versammlungsfreiheit anderer Versammlungsteilnehmer:innen war somit nicht beeinträchtigt.

Auch wurden Zivilpolizist:innen nicht konkret und in denunzierender Weise benannt, sodass auch keine Beeinträchtigung in ihrem allgemeinen Persönlichkeitsrecht gegeben ist.

Insgesamt lag keine Beeinträchtigung anderer Rechtsgüter vor, die die Verurteilung der B zu einem Bußgeld rechtfertigen könnte.

c) Ergebnis zur Anwendung der Rechtsgrundlage im Einzelfall

§ 29 II, I Nr. 3 VersG wurde nicht verfassungskonform angewendet.

4. Ergebnis zur Rechtfertigung

Der Eingriff war nicht gerechtfertigt. B ist in ihrem Grundrecht aus Art. 8 I GG verletzt.

IV. Ergebnis zur Begründetheit

Die Verfassungsbeschwerde der B ist begründet.

C. Gesamtergebnis

Die Verfassungsbeschwerde der B ist zulässig und begründet und hat damit Aussicht auf Erfolg.

Zusammenfassung: Die wichtigsten Punkte
- Im Rahmen des persönlichen Schutzbereichs kommt es bei der Anwendung von Deutschengrundrechten auf EU-Ausländer:innen darauf an, das Zusammenspiel zwischen Verfassungs- und Europarecht richtig darzustellen und das europarechtlich gebotene Ergebnis methodisch vertretbar zu begründen.

Sué González Hauck

- Bei dem sachlichen Schutzbereich ist zu unterscheiden zwischen der Bestimmung des Schutzbereichs anhand des Versammlungsbegriffs einerseits und der Reichweite der im Zusammenhang mit der Versammlung geschützten Verhaltensweisen andererseits.
- Paraden im Rahmen des Christopher Street Day sind zu unterscheiden von Loveparades und ähnlichen Veranstaltungen, die als bloße Massenpartys gelten.
- Bei einer Urteilsverfassungsbeschwerde ist zu prüfen, ob die Instanzgerichte bei der Anwendung des einfachen Rechts die Grundrechte verkannt haben. Stehen sich mehrere grundrechtlich geschützte Positionen gegenüber, ist ein Ausgleich im Wege der praktischen Konkordanz zu schaffen.

Weiterführende Studienliteratur
- Christoph Trurnit, Grundfälle zum Versammlungsrecht, Jura 2014, S. 486–496

Sué González Hauck

Fall 7

Behandelte Themen: Zulässigkeit der Verfassungsbeschwerde, Prüfung eines Freiheitsgrundrechtes, mittelbare Drittwirkung der Grundrechte, allgemeines Persönlichkeitsrecht, Recht am eigenen Bild, Privatsphäre, Clickbaiting, Sphärentheorie, Pressefreiheit

Schwierigkeitsgrad: Grundstudium; 2 Stunden Bearbeitungszeit

Sachverhalt

G ist ein in Deutschland sehr bekannter Fernsehmoderator einer beliebten Quizsendung. Er hat mehrfach öffentlich erklärt, für Werbung von Dritten nicht zur Verfügung zu stehen.

M bietet eine periodisch erscheinende, gedruckte Programmzeitschrift an und unterhält zudem eine Internetseite sowie ein Facebook-Profil. Auf diesem Profil postete sie am 25.1.2021, ohne Einwilligung des G, folgende Meldung:

> +++ GERADE VERMELDET +++ Einer dieser TV-Moderatoren muss sich wegen KREBS-ERKRANKUNG zurückziehen. Wir wünschen, dass es ihm bald wieder gut geht.

Der Post enthielt vier Bilder prominenter Fernsehmoderatoren, darunter ein Bild des G. Die verwendeten Fotos zeigen die Oberkörper der in Anzug und Krawatte gekleideten Abgebildeten vor einem weißen Hintergrund. G hatte der Verwendung seines Bildes nicht zugestimmt. Beim Anklicken des Posts wurden die lesenden Personen auf das Internetangebot der M weitergeleitet, wo wahrheitsgemäß über die tatsächliche Erkrankung eines der drei anderen Fernsehmoderatoren berichtet wurde. Informationen über den G fanden sich dort nicht. Durch den Einsatz solchen „Clickbaitings" versuchte die M, Werbeeinnahmen zu generieren. Das Foto ist für zwei bis drei Stunden auf dem Profil der M sichtbar gewesen und von über 6.000 Personen angeklickt worden.

Der G hält dieses Vorgehen für verfassungswidrig. Er ist der Meinung, dass schon die Verknüpfung seines Bildes mit einer solchen Überschrift seine Grundrechte verletze. Das Bild könne außerdem nicht zur öffentlichen Meinungsbildung beitragen.

Die M beruft sich auf die Notwendigkeit, Werbeeinnahmen für die redaktionelle Arbeit zu generieren. Mit jedem Klick auf den Artikel steigt der Wert der Werbeanzeigen auf der Seite der M. Ohne die Einnahmen durch Werbung könne die M ihre journalistischen Inhalte nicht anbieten. Außerdem handele es sich bei der Bildcrfolge um ein Quiz, das elnen eigenen journalistischen Beitrag darstelle. Im verlinkten Artikel auf der Webseite der M ergebe sich konkludent, dass der G gerade nicht erkrankt sei, was einen zusätzlichen journalistischen Beitrag begründe.

G versucht zivilgerichtlich gegen das Handeln der M vorzugehen und für das Handeln Schadensersatz aus § 823 II BGB in Verbindung mit §§ 22, 23 KUG einzuklagen, bleibt aber bis zur letzten Instanz vor dem BGH erfolglos. Hieraufhin erhebt der G form- und fristgerecht Verfassungsbeschwerde zum Bundesverfassungsgericht.

Hinweis:
Von der Verfassungsmäßigkeit der § 823 BGB, §§ 22, 23 KUG ist auszugehen.

Fallfrage

Hat die Verfassungsbeschwerde Aussicht auf Erfolg?

Hinweis:
Andere zivilgerichtliche Anspruchsgrundlagen sind für diese Falllösung ohne Belang.

§ 823 BGB
(1) Wer vorsätzlich oder fahrlässig das Leben, den Körper, die Gesundheit, die Freiheit, das Eigentum oder ein sonstiges Recht eines anderen widerrechtlich verletzt, ist dem anderen zum Ersatz des daraus entstehenden Schadens verpflichtet.
(2) Die gleiche Verpflichtung trifft denjenigen, welcher gegen ein den Schutz eines anderen bezweckendes Gesetz verstößt. Ist nach dem Inhalt des Gesetzes ein Verstoß gegen dieses auch ohne Verschulden möglich, so tritt die Ersatzpflicht nur im Falle des Verschuldens ein.

§ 22 KUG
Bildnisse dürfen nur mit Einwilligung des Abgebildeten verbreitet oder öffentlich zur Schau gestellt werden. Die Einwilligung gilt im Zweifel als erteilt, wenn der Abgebildete dafür, daß er sich abbilden ließ, eine Entlohnung erhielt. Nach dem Tode des Abgebildeten bedarf es bis zum Ablaufe von 10 Jahren der Einwilligung der Angehörigen des Abgebildeten. Angehörige im Sinne dieses Gesetzes sind der überlebende Ehegatte oder Lebenspartner und die Kinder des Abgebildeten und, wenn weder ein Ehegatte oder Lebenspartner noch Kinder vorhanden sind, die Eltern des Abgebildeten.

Maximilian Petras

§ 23 KUG

(1) Ohne die nach § 22 erforderliche Einwilligung dürfen verbreitet und zur Schau gestellt werden:

1. *Bildnisse aus dem Bereiche der Zeitgeschichte;*
2. *Bilder, auf denen die Personen nur als Beiwerk neben einer Landschaft oder sonstigen Örtlichkeit erscheinen;*
3. *Bilder von Versammlungen, Aufzügen und ähnlichen Vorgängen, an denen die dargestellten Personen teilgenommen haben;*
4. *Bildnisse, die nicht auf Bestellung angefertigt sind, sofern die Verbreitung oder Schaustellung einem höheren Interesse der Kunst dient.*

(2) Die Befugnis erstreckt sich jedoch nicht auf eine Verbreitung und Schaustellung, durch die ein berechtigtes Interesse des Abgebildeten oder, falls dieser verstorben ist, seiner Angehörigen verletzt wird.

Lösung

Die Verfassungsbeschwerde hat Aussicht auf Erfolg, sofern sie zulässig und soweit sie begründet ist.

A. Zulässigkeit

Die Verfassungsbeschwerde ist zulässig, wenn sie die Voraussetzungen des Art. 93 I Nr. 4a GG und der §§ 90 ff. BVerfGG erfüllt.

I. Zuständigkeit des BVerfG

Das BVerfG ist gemäß Art. 93 I Nr. 4a GG, §§ 13 Nr. 8a, 90 ff. BVerfGG für die Entscheidung über Verfassungsbeschwerden zuständig.

II. Beschwerdefähigkeit

Gem. Art. 93 I Nr. 4a GG, § 90 I BVerfGG ist „jedermann", also jeder, der Träger von Grundrechten oder grundrechtsgleichen Rechten sein kann, beschwerdefähig. Indem G als natürliche Person Grundrechtsträger ist, ist er „jedermann" und somit beschwerdefähig.

III. Prozessfähigkeit

G ist ebenfalls prozessfähig, hat also die Fähigkeit, Prozesshandlungen selbst oder durch einen selbst bestellten Vertreter vornehmen zu können.

! Klausurtaktik

Punkt II und III können hier in der gebotenen Kürze behandelt werden. Eine Zusammenfassung unter einem Punkt der Prüfung ist ebenfalls möglich, um ein wenig Zeit zu sparen.

IV. Beschwerdegegenstand

Beschwerdegegenstand einer Verfassungsbeschwerde ist gemäß Art. 93 I Nr. 4a GG, § 90 I BVerfGG jeder „Akt öffentlicher Gewalt". Dies kann sowohl ein Handeln oder Unterlassen der Exekutive, der Judikative als auch der Legislative sein, vgl. Art. 1 III GG. Hier richtet sich G gegen das letztinstanzliche Urteil, das einen Akt der Judikative darstellt. Ein Akt der öffentlichen Gewalt liegt demnach vor.

Maximilian Petras

V. Beschwerdebefugnis

G müsste <u>beschwerdebefugt</u> sein. Gemäß Art. 93 I Nr. 4a GG, § 90 I BVerfGG ist die Behauptung einer Grundrechtsverletzung erforderlich. Diesem Erfordernis ist dann genügt, wenn die Möglichkeit einer Grundrechtsverletzung besteht, da die beschwerdeführende Person selbst, gegenwärtig und unmittelbar betroffen ist.

1. Möglichkeit der Grundrechtsverletzung

Der Vortrag der beschwerdeführenden Person muss die Möglichkeit einer Grundrechtsverletzung oder der Verletzung eines grundrechtsgleichen Rechtes ergeben, das heißt eine solche darf nicht von vornherein ausgeschlossen sein. Hier kommt eine Verletzung des allgemeinen Persönlichkeitsrechts bei der Auslegung der §§ 22, 23 KUG in Betracht.

Klausurtaktik !

Im Folgenden muss auf die sogenannte „mittelbare Drittwirkung" eingegangen werden, da hier nicht das Verhältnis Staat-Bürger:in vorliegt, sondern eine Beziehung zwischen Privaten (G und M) einschlägig ist. Hintergründe und weitere Tipps sind <u>im entsprechenden Lehrbuchkapitel</u> zu finden.[1] Eine etwas anders strukturierte Version des Aufbaus eines Falles zur mittelbaren Drittwirkung wird <u>im Fall 5 zur Meinungsfreiheit</u> umgesetzt.[2]

Da es sich bei der angegriffenen Maßnahme um ein zivilgerichtliches Urteil handelt, das die Rechtslage zwischen zwei Privaten betrifft, ist fraglich, ob eine Grundrechtsverletzung überhaupt möglich ist.

Als Teil der Staatsgewalt sind zwar auch die Zivilgerichte gemäß Art. 1 III GG unmittelbar an die Grundrechte gebunden, ihre Urteile beschränken sich aber auf die Feststellung der zwischen den privaten Beteiligten bestehenden Rechtslage. Da nach überwiegender Auffassung **zwischen Privaten keine unmittelbare Grundrechtsgeltung** anzunehmen ist (Umkehrschluss aus Art. 9 III 2 GG), sondern die Grundrechte Abwehrrechte des:der Bürgers:in gegen den Staat bilden, könnte demnach in einem solchen Konflikt zwischen Privaten bereits grundsätzlich die Möglichkeit einer Grundrechtsverletzung zu verneinen sein.

Anerkannt ist jedoch, dass die Grundrechte zwischen Privaten eine sogenannte **mittelbare Drittwirkung** entfalten. Da die Grundrechte nicht nur Ab-

---

[1] Siehe zur mittelbaren Drittwirkung Wienfort, § 9, im OpenRewi Grundrechte Lehrbuch.
[2] Siehe zur mittelbaren Drittwirkung auch Valentiner, Fall 5, im OpenRewi Grundrechte Fallbuch.

Maximilian Petras

wehrrechte des:der Bürger:in gegen den Staat sind, sondern auch eine objektive Wertordnung aufstellen, sind die Zivilgerichte verpflichtet, auch die Vorschriften des Privatrechts, insbesondere die Generalklauseln und unbestimmte Rechtsbegriffe, im Lichte der Grundrechte auszulegen und anzuwenden. In einer Konstellation wie dieser ergibt sich die mittelbare Drittwirkung weiterhin aus der grundrechtlichen Schutzpflichtdimension, da G hier die Handlung der M zu erdulden hatte, weil ihm das Gericht keinen Schadensersatz zuerkannte.

❗ Klausurtaktik

Bei dem zugrundeliegenden Zivilrechtsverhältnis handelt es sich um eine „außervertragliche" Konstellation, weil G und M gerade keinen Vertrag geschlossen haben. M hat gehandelt, G hat hierauf reagiert. Eine vertragliche Konstellation würde vorliegen, wenn die beiden einen Lizenzvertrag abgeschlossen hätten, der M erlaubt, mit den Bildern von G Werbung zu betreiben. Auch in einem Vertragsverhältnis lässt sich die mittelbare Drittwirkung der Abwehr- oder Schutzpflichtdimension zuordnen.[3]

Vorliegend wäre eine Grundrechtsverletzung zumindest dann möglich, wenn die Gerichte diese „Ausstrahlungswirkung der Grundrechte", in Form der Schutzpflicht des allgemeinen Persönlichkeitsrechts, auf das Privatrecht verkannt hätten. Dies ist hier nicht von vornherein ausgeschlossen.

2. Selbstbetroffenheit (eigene Beschwer)

Für eine eigene Beschwer muss die beschwerdeführende Person geltend machen, selbst in ihren Grundrechten verletzt zu sein. Die Abbildungen betrafen die Person des G. Somit liegt eine eigene Beschwer des G vor.

3. Unmittelbare Betroffenheit

Eine unmittelbare Betroffenheit liegt wegen der umstandslosen Wirkung der Bildveröffentlichung auf G ebenfalls vor.

4. Gegenwärtige Betroffenheit

Ebenfalls müsste der G gegenwärtig betroffen sein.[4]

---

3 Siehe zur Einordnung Wienfort, § 9 A II., im OpenRewi Grundrechte Lehrbuch.
4 Siehe zur gegenwärtigen Betroffenheit Linke, § 10 A. 2., im OpenRewi Grundrechte Lehrbuch.

Maximilian Petras

Dies ist grundsätzlich nicht der Fall, wenn die Beeinträchtigung in der Vergangenheit liegt. Allerdings liegt die Betroffenheit dennoch vor, wenn von der in der Vergangenheit stattgefundenen Maßnahme immer noch beeinträchtigende Wirkungen ausgehen oder wenn eine Wiederholung möglich ist.

Vorliegend ist der Beitrag von G zwar nicht mehr auf der Facebookseite der M zu sehen, allerdings sind über 6.000 Personen mit der Information konfrontiert worden, dass G Krebs haben könnte. Dieses Gerücht besteht fort.

Darüber hinaus ist G vor den zivilgerichtlichen Instanzen unterlegen. Ein Anspruch auf Schadensersatz wegen der Handlungen der M wurde G nicht zuerkannt. Solange der G keinen Schadensersatzanspruch zugesprochen bekommen hat, besteht die Gefahr der Wiederholung des Clickbaitings.

Demnach ist der G hier auch durch das Urteil gegenwärtig betroffen.

Klausurtaktik

Die Prüfung der Gegenwärtigkeit sollte hier zwar kurz problematisiert werden, daran darf die Klausur jedoch nicht scheitern. Das BVerfG ist grundsätzlich großzügig mit diesem Maßstab.

VI. Rechtswegerschöpfung und Subsidiarität

Die Verfassungsbeschwerde kann gemäß § 90 II 1 BVerfGG erst nach Erschöpfung des Rechtsweges erhoben werden, soweit ein Rechtsweg zulässig ist. Hier hat G den Rechtsweg erfolglos bestritten. Anderweitige Möglichkeiten, das Urteil anzugreifen bestehen nicht, womit auch der Grundsatz der Subsidiarität gewahrt worden ist.

VII. Frist und Form des Antrags

Die beschwerdeführende Person müsste mit ihrem Antrag die Form- und Fristvorschriften wahren. Die Verfassungsbeschwerde müsste gemäß § 23 I 1 BVerfGG schriftlich beim BVerfG eingereicht werden. Der Antrag müsste des Weiteren eine ausreichende Begründung gemäß §§ 23 I 2, 92 BVerfGG aufweisen. Außerdem müsste die Verfassungsbeschwerde gemäß § 93 I 1 BVerfGG fristgerecht erhoben worden sein. G hat alle Formvorschriften erfüllt.

VIII. Ergebnis zur Zulässigkeit

Die Verfassungsbeschwerde des G ist zulässig.

Maximilian Petras

B. Begründetheit

Die Verfassungsbeschwerde ist begründet, wenn G durch das Urteil in seinen Grundrechten oder grundrechtsgleichen Rechten verletzt ist, Art. 93 I Nr. 4a GG. In Betracht kommt hier eine Verletzung des allgemeinen Persönlichkeitsrechts aus Art. 2 I in Verbindung mit Art. 1 I GG. Bei Freiheitsrechten ist eine Grundrechtsverletzung dann gegeben, wenn ein Eingriff in den Schutzbereich vorliegt, der verfassungsrechtlich nicht gerechtfertigt ist.

! **Klausurtaktik**

Achtet bei der Prüfung immer auf saubere Obersätze. Gerade bei der Verfassungsbeschwerde ist dieser Obersatz besonders wichtig. In diesem Fall weicht der Obersatz trotz mittelbarer Drittwirkung nicht von normalen Konstellationen ab.

Das BVerfG ist **keine Superrevisionsinstanz**. Es prüft nicht die Auslegung einfachen Rechts, sondern allein die Verletzung spezifischen Verfassungsrechts. Relevant werden könnte hierbei eine Verletzung von Verfahrensgrundrechten, die Anwendung eines verfassungswidrigen Gesetzes, die fehlende Berücksichtigung einzelner Grundrechte oder eine Missachtung der Reichweite oder der Bedeutung der Grundrechte bei der Auslegung und Anwendung des einfachen Rechts durch die Fachgerichte. Die Bedeutung eines Grundrechts wurde verkannt, wenn die Auslegung der Zivilgerichte Fehler erkennen lässt, die auf einer grundsätzlich unrichtigen Anschauung von der Bedeutung des betroffenen Grundrechts beruhen und auch in ihrer materiellen Bedeutung für den konkreten Rechtsfall von einigem Gewicht sind, insbesondere weil darunter die Abwägung der beiderseitigen Rechtspositionen im Rahmen der privatrechtlichen Regelung leidet.

Bei der Auslegung der „berechtigten Interessen" des G gemäß §§ 22, 23 KUG könnte die Bedeutung dessen allgemeinen Persönlichkeitsrechts verkannt worden sein, indem ihm der Schutz seiner Interessen versagt worden ist.

! **Klausurtaktik**

Ihr solltet im Folgenden also gerade nicht §§ 22, 23 KUG prüfen, sondern lediglich die einschlägigen Grundrechte anhand der hier einschlägigen unbestimmten Rechtsbegriffe zur Entfaltung bringen.

Maximilian Petras

I. Verletzung des allgemeinen Persönlichkeitsrechts

In Betracht kommt hier eine Verletzung des allgemeinen Persönlichkeitsrechts aus Art. 2 I in Verbindung mit Art. 1 I GG.

1. Schutzbereich

Zunächst müsste der sachliche und persönliche Schutzbereich eröffnet sein.

Als besondere Ausprägung der allgemeinen Handlungsfreiheit wird das allgemeine Persönlichkeitsrecht aus Art. 2 I in Verbindung mit Art. 1 I GG abgeleitet. Es wird durch verschiedene Fallgruppen ausgestaltet und konkretisiert. Eine Fallgruppe ist das Recht auf Selbstdarstellung.[5] Hierdurch wird ein gewisser Einfluss auf die Darstellung der eigenen Person in der Öffentlichkeit garantiert. Dazu gehört ebenfalls ein Offenbarungsschutz, welche höchstpersönlichen Lebenssachverhalte mit der Öffentlichkeit geteilt werden. Spezieller ist im Recht auf Selbstdarstellung auch das **Recht am eigenen Bild** enthalten, wonach das Verfügungsrecht des Einzelnen über öffentliche bildliche Darstellungen der eigenen Person gewährleistet ist. Die M veröffentlichte Porträtfotos des G ohne dessen Einwilligung. Das Recht des G am eigenen Bild ist daher berührt.

Darüber hinaus gewährleistet das allgemeine Persönlichkeitsrecht die Möglichkeit, bestimmte Aspekte des privaten Lebens durch Rückzug und Vertraulichkeit (**Privatsphäre**) zu schützen, um dort die eigene Individualität zu entwickeln. Hierbei werden verschiedene Sphären mit unterschiedlichem Schutzgehalt differenziert.[6] Unterschieden werden Intimsphäre, Privatsphäre und Sozialsphäre. Die Intimsphäre ist durch einen besonders starken Bezug zur Menschenwürde ausgezeichnet und deshalb absolut geschützt. Hierunter fallen Bereiche der totalen Zurückgezogenheit, wie zum Beispiel die private Sexualität. Demgegenüber umfasst die Privatsphäre zum Beispiel Bereiche der Zurückgezogenheit gegenüber der Öffentlichkeit, wie ein nicht-öffentliches Treffen mit Bekannten. Staatliche Eingriffe in die Privatsphäre können unter strengen Anforderungen an die Verhältnismäßigkeit gerechtfertigt werden. Sofern eine Tätigkeit nicht in die Privatsphäre fällt, wird sie der Sozialsphäre zugerechnet. Eingriffe in die Sozialsphäre können unter weniger strengen Anforderungen gerechtfertigt werden. Hierbei sind die Abgrenzungen zwischen den Sphären nicht trennscharf. Letztendlich muss im Einzelfall differenziert werden, wie die Näheverhältnisse der beteiligten Personen und der Sozialbezug der Situation einzuordnen sind.

---

5 Zu dieser und allen weiteren Fallgruppen vgl. Valentiner, § 18.2, im OpenRewi Grundrechte Lehrbuch.

6 Vgl. zu den unterschiedlichen Sphären Valentiner, § 18.2 A.I.1., im OpenRewi Grundrechte Lehrbuch.

Gerade in Bezug auf Prominente, die regelmäßig in der Öffentlichkeit stehen, wird der Schutz nicht räumlich sondern thematisch entwickelt.[7] Das steht im Einklang mit der Ausstrahlungswirkung des Art. 8 EMRK, welcher ebenfalls das Privat- und Familienleben schützt. Von der Privatsphäre umfasst sind solche Angelegenheiten, deren Informationsinhalte typischerweise als privat eingestuft werden.[8] Dazu gehören gerade auch Krankheiten.[9] Eine mögliche Krebserkrankung von G ist keine Information, die das öffentliche Wirken des G unmittelbar betrifft. Stattdessen muss sie als höchstpersönlich eingestuft werden. Demnach ist durch die Falschinformation die Privatsphäre des G betroffen.

ⓘ Weiterführendes Wissen

Art. 8 ist Teil der Europäischen Menschenrechtskonvention (EMRK). Das ist ein völkerrechtlicher Vertrag, den das Bundesverfassungsgericht zur Auslegung der Grundrechte des Grundgesetzes heranzieht.[10]

Als natürliche Person ist G Träger des allgemeinen Persönlichkeitsrechts, sodass auch der persönliche Schutzbereich eröffnet ist.

Sowohl der sachliche als auch der persönliche Schutzbereich ist eröffnet.

2. Eingriff

Weiterhin muss geprüft werden, ob ein Eingriff in das allgemeine Persönlichkeitsrecht des G vorliegt.[11]

Nach dem klassischen Eingriffsbegriff ist ein Eingriff jede staatliche Maßnahme, die eine in den Schutzbereich fallende Tätigkeit final, unmittelbar, rechtsförmig und imperativ beeinträchtigt. Hier könnte ein Eingriff darin gesehen werden, dass dem G durch die Zivilgerichte kein Schadensersatz zugesprochen worden ist. Allerdings stellt dies ein Unterlassen staatlicher Tätigkeit dar. Zumindest bei dem Merkmal der Unmittelbarkeit wäre ein Eingriff nach dem klassischen Verständnis problematisch.

Nach dem modernen Eingriffsbegriff ist ein Eingriff schon dann gegeben, wenn die Grundrechtsträger:in durch eine dem Staat zurechenbare Handlung in ihrer Grundrechtsausübung beeinträchtigt wird. Eine Beeinträchtigung kann

---

7 EGMR, Urt. v. 24.6.2004, Az.: 59320/00, Rn. 61 ff. – Caroline von Hannover/Deutschland
8 BVerfG, Urt. v. 15.12.1999, Az.: 1 BvR 653/96, Rn. 85 = BVerfGE 101, 361 – Caroline von Monaco.
9 BVerfG, Beschl. v. 8.3.1972, Az.: 2 BvR 28/71, Rn. 53.
10 Hierzu im Detail Brade/Ramson, § 15, im OpenRewi Grundrechte Lehrbuch.
11 Vgl. zum Eingriff Ruschemeier, § 5 C., im OpenRewi Grundrechte Lehrbuch.

auch in einem Unterlassen liegen, sofern eine Handlungspflicht besteht und die Folgen des Unterlassens vorhersehbar waren.[12] Die Handlungspflicht ergibt sich hier in der Beeinträchtigung des allgemeinen Persönlichkeitsrechts des G. Dass die Ablehnung von Schadensersatz die Beeinträchtigung negiert, war als Folge ebenfalls vorhersehbar. Ein Eingriff in das allgemeine Persönlichkeitsrecht liegt demnach vor.

Klausurtaktik

An dieser Stelle zeigen sich die ersten handfesten Probleme der mittelbaren Drittwirkung. G möchte Geld (Schadensersatz) von einem anderen privaten Beteiligten und das Gericht versagt ihm diesen Anspruch. Das erinnert nur noch entfernt an die klassische abwehrrechtliche Grundrechtskonstellation, in der ein staatliches Organ den Schutzbereich eines Grundrechts beschränkt/beeinträchtigt. Wenn dennoch der klassische Aufbau Schutzbereich-Eingriff-Rechtfertigung gewählt wird, muss unbedingt auf diese Besonderheiten eingegangen werden. Andere Aufbauvarianten sind ebenfalls vertretbar.[13]

---

3. Verfassungsrechtliche Rechtfertigung

Ein Grundrechtseingriff ist gerechtfertigt, wenn er eine verfassungsmäßige Konkretisierung der Einschränkungsmöglichkeiten des Grundrechts darstellt.

a) Einschränkbarkeit des Grundrechts

Für das allgemeine Persönlichkeitsrecht gilt die Schrankentrias des Art. 2 I GG. Der Begriff der verfassungsmäßigen Ordnung wird im weiten Sinne verstanden. Er umfasst alle formell und materiell verfassungsmäßigen Rechtssätze, also die gesamte verfassungsmäßige Rechtsordnung. Dies entspricht einem einfachen Gesetzesvorbehalt. Der Schranke der Rechte anderer sowie der des Sittengesetzes kommt daneben keine eigenständige Bedeutung zu. Art. 2 I in Verbindung mit 1 I GG ist demnach durch oder aufgrund eines Gesetzes einschränkbar. Das Urteil wird auf § 823 II BGB in Verbindung mit §§ 22, 23 KUG gestützt. Das KUG stellt als Parlamentsgesetz eine zulässige Schranke des allgemeinen Persönlichkeitsrechts dar.

---

12 Augsberg/Viellechner, JuS 2008, 406 (408); Augsberg/Petras, JuS 2022, 97.
13 Siehe zum Aufbau Wienfort, § 9 C. II., im OpenRewi Grundrechte Lehrbuch.

Maximilian Petras

b) Grenzen der Einschränkbarkeit

Das Urteil stellt aber nur dann eine verfassungsmäßige Konkretisierung der Einschränkungsmöglichkeiten des allgemeinen Persönlichkeitsrechts dar, wenn sowohl die dem Urteil zugrunde liegenden Normen als auch deren Anwendung in Form des Urteils verfassungsgemäß sind.

Die §§ 823 BGB, 22, 23 KUG sind sowohl formell als auch materiell verfassungsgemäß.

! **Klausurtaktik**

Das war im Bearbeitungsvermerk vorgegeben.

Bei der Anwendung dieser Normen durch das Gericht liegt eine Verletzung spezifischen Verfassungsrechts insbesondere dann vor, wenn bei der Auslegung und Anwendung einfachen Rechts der Einfluss der Grundrechte grundlegend verkannt wurde.

Fraglich ist, ob die Fachgerichte bei der Anwendung der §§ 22, 23 KUG eine Auslegung des unbestimmten Rechtsbegriffs „berechtigtes Interesse" gewählt haben, welche die Reichweite des allgemeinen Persönlichkeitsrechts richtig eingeschätzt hat. Gemäß § 23 KUG dürfen Bilder von Personen der Zeitgeschichte auch ohne Einwilligung veröffentlicht werden, wenn nicht ein berechtigtes Interesse entgegensteht. G steht als Person des öffentlichen Lebens unabhängig von einem konkreten Anlass im Blickpunkt der Öffentlichkeit und ist daher eine Person der Zeitgeschichte.

Insofern gilt es, das „berechtigte Interesse" des G an einer Unterbindung der Veröffentlichung, hier verankert im allgemeinen Persönlichkeitsrecht, sowie das in § 23 KUG zum Ausdruck kommende Informationsinteresse der Allgemeinheit und die Pressefreiheit der M aus Art. 19 III, 5 I 2 GG gegeneinander abzuwägen. Die hier gegenläufigen Interessen sind im Rahmen der **praktischen Konkordanz** zu einem angemessenen Ausgleich zu bringen.

Das allgemeine Persönlichkeitsrecht entwickelt insbesondere wegen seiner Bezüge zur Menschenwürde eine hohe Schutzwirkung. Im konkreten Fall ist das Persönlichkeitsrecht in dessen Ausformung als **Recht auf Selbstdarstellung** sowie **Schutz der Privatsphäre** betroffen. Hier wurde der G mit der schweren Krankheit Krebs in Verbindung gebracht, die weitreichende Folgen für die eigene Lebensgestaltung hat. Schon deswegen, aber auch weil diese Krankheit bei G tatsächlich nicht vorlag, ist durch die Verknüpfung von Überschrift und Bild im Facebook-Beitrag die Privatsphäre des G betroffen. Ebenfalls hat G keine Einwilligung zur Veröffentlichung seines Bildes erteilt, sodass noch spezieller das **Recht am eigenen Bild** betroffen ist.

Maximilian Petras

Hinsichtlich des konkreten Bildes ist die Beeinträchtigung allerdings nicht besonders gewichtig, da es sich um ein nicht unvorteilhaftes Foto aus dem Bereich seiner beruflichen Tätigkeit und somit um ein Foto aus der Sozialsphäre handelt.

Klausurtaktik   !

Wenn hier kein Porträtfoto benutzt worden wäre, sondern ein Bild aus dem privaten Bereich oder sogar unter Abbildung mit den Kindern der prominenten Person, wäre die Betroffenheit um einiges gewichtiger. Da nur ein Porträtfoto benutzt worden ist, war die Verknüpfung mit der Krebserkrankung entscheidend.

Auf der anderen Seite steht das Grundrecht der **Pressefreiheit aus Art 5 I 2 GG**. <u>Presse</u> umfasst alle zur Verbreitung an die Allgemeinheit bestimmten Druckerzeugnisse.[14] Unproblematisch umfasst sind hiervon periodisch erscheinende Printpublikationen.

Klausurtaktik   !

Ob auch reine Online-Publikationen von der Pressefreiheit erfasst sind oder ggf. unter die Rundfunkfreiheit fallen, ist <u>stark umstritten</u>. Hier handelte es sich allerdings nicht um ein reines Online-Angebot, sondern um ein Print-Magazin, das die eigenen Inhalte durch eine Veröffentlichung auf der Facebook-Seite unterstützt.

Bei der M handelt es sich schon wegen der ebenfalls regelmäßig erscheinenden gedruckten Zeitschrift um Presse. Hinsichtlich der konkreten Inhalte ist das Presseorgan <u>frei</u> in der Gestaltung. Auch die Veröffentlichung von Bildberichten über gesellschaftlich hochgestellte Persönlichkeiten kann grundsätzlich der Meinungsbildung dienen. Selbst das reine Mittel des Erzielens von **Aufmerksamkeit**, z. B. durch Schlagzeilen auf der Titelseite von Publikationen, ist von der Pressefreiheit aus Art. 5 I 2 GG gedeckt. Indem die Fotos mehrere Prominenten mit einer sensiblen Frage wie einer Krebserkrankung verknüpft werden, reicht das Interesse der Lesenden an nur einem der auf den Fotos Abgebildeten aus, um mindestens Aufmerksamkeit zu wecken. Der Beitrag wird in solch einer Form gestaltet, dass ein entstandenes Informationsbedürfnis der Lesenden erst durch den Klick auf den Link voll befriedigt werden kann. Hierbei geht es darum, möglichst viele Seitenaufrufe zu generieren und dadurch die Werbeeinnahmen der M zu steigern.

---

14 Siehe zu den Medienfreiheiten Knuth, § 20.2 B., im OpenRewi Grundrechte Lehrbuch.

Maximilian Petras

Für eine Zeitschrift, die sich hauptsächlich über Werbeeinnahmen finanziert, ist diese Einkommensquelle essentiell. Das Generieren von Aufmerksamkeit zur Erzielung von Einnahmen ist hier von der Pressefreiheit aus Art. 5 I 2 GG mitumfasst.[15]

❗ Klausurtaktik

Bis hierhin wurde abstrakt beschrieben, welches Gewicht die betroffenen Grundrechte zugesprochen bekommen. Danach müsst ihr euch entscheiden, welches der beiden schwerer wiegt.

Allerdings muss sich an den grundsätzlich weiten Schutz der Pressefreiheit ein **nennenswerter journalistischer Beitrag** anschließen, der im Bezug zur ursprünglichen Verlinkung des Facebook-Posts steht. Mit der verlinkten Veröffentlichung ist jedoch keinerlei Informationswert mit Blick auf den G verbunden.[16] Er kommt in dem Artikel des Magazins gar nicht vor. Eine inzidente Berichterstattung über die Nicht-Erkrankung des Klägers wäre annehmbar, findet sich so aber nicht in dem verlinkten Artikel wieder. Ebenfalls weist der G keinen Bezug zu dem tatsächlich an Krebs erkrankten Moderatoren auf, im Gegenteil wäre sein Bild beliebig mit dem Bild eines anderen nicht an Krebs erkrankten Menschen austauschbar.[17]

Darüber hinaus könnte die Bildfolge als redaktionell aufgearbeitetes „Rätsel" aufgefasst werden und so einen journalistischen Mehrwert darstellen. Allerdings würde ein solches Rätsel voraussetzen, dass die Lesenden über gezieltes Nachdenken zu einer Lösung kommen können. Hier ist lediglich ein Raten möglich. Nicht zuletzt wird die Bildfolge durch das Magazin selbst auch nicht als Rätsel präsentiert.[18]

Über das reine Bild hinaus hat die Nachricht auf der Profilseite keinen Informationswert und kann hier keinen greifbaren Beitrag zur öffentlichen Meinungsbildung leisten.[19] Da eine Krebserkrankung bei G nicht vorlag und dies der M bekannt war, ist die Präsentation des Bildes am Rande der Falschmeldung, was den Schutz aus Art. 5 I 2 GG zusätzlich vermindert.

Selbst wenn man der M unterstellen würde, ein nennenswertes Informationsinteresse der Öffentlichkeit zu befriedigen, stünde auf der anderen Seite eine erhebliche Beeinträchtigung des allgemeinen Persönlichkeitsrechts des G. Wer-

---

15 BGH, Urt. v. 21.1.2021, Az.: I ZR 120/19, Rn. 38.
16 BGH, Urt. v. 21.1.2021, Az.: I ZR 120/19, Rn. 56.
17 OLG Köln, Urt. v. 28.5.2019, Az.: 15 U 160/18, Rn. 41.
18 OLG Köln, Urt. v. 28.5.2019, Az.: 15 U 160/18, Rn. 42.
19 OLG Köln, Urt. v. 28.5.2019, Az.: 15 U 160/18, Rn. 40.

beeinnahmen reichen nicht aus, um eine prominente Person in einer sensiblen Angelegenheit an den Rande einer Falschmeldung zu rücken.

Indem der BGH bei der Auslegung der „berechtigten Interessen" aus § 23 KUG das Gewicht des allgemeinen Persönlichkeitsrechts grundlegend verkannt hat, ist das letztinstanzliche Urteil nicht verfassungsgemäß.

Das Urteil stellt keine verfassungsmäßige Konkretisierung der Einschränkungsmöglichkeiten des allgemeinen Persönlichkeitsrechts dar.

4. Zwischenergebnis

Der Eingriff kann nicht gerechtfertigt werden. Somit liegt eine Verletzung des allgemeinen Persönlichkeitsrechts aus Art. 2 I in Verbindung mit Art. 1 I GG vor.

II. Zwischenergebnis

Die Verfassungsbeschwerde ist begründet.

C. Ergebnis

Die Verfassungsbeschwerde ist zulässig und begründet und hat daher Aussicht auf Erfolg.

Zusammenfassung: Die wichtigsten Punkte
- In grundrechtlichen Klausuren mit mittelbarer Drittwirkung darf nicht das zugrundeliegende Zivilrecht selbst ausgelegt werden.
- Berichterstattung über Krankheiten ist der Privatsphäre zuzuordnen.
- Die Methode des Clickbaiting zur reinen Generierung von Aufmerksamkeit kann das allgemeine Persönlichkeitsrecht verletzen.

Weiterführende Studienliteratur
- dem Sachverhalt liegen folgende Urteile zugrunde: OLG Köln, Urt. v. 28.5.2019, Az.: 15 U 160/18 sowie BGH, Urt. v. 21.1.2021, Az.: I ZR 120/19
- Dana-Sophia Valentiner, in: Hahn/Petras/Valentiner/Wienfort (Hrsg.), Grundrechte. Klausur- und Examenswissen, § 18.2 Recht auf freie Entfaltung der Persönlichkeit – Art. 2 I i.V.m. Art. 1 I GG

Maximilian Petras

Fall 8

Notwendiges Vorwissen: Eigentumsgarantie, allgemeiner Gleichheitssatz, konkrete Normenkontrolle

Behandelte Themen: Mietpreisbremse, Art. 14 GG, Art. 3 I GG, konkrete Normenkontrolle

Schwierigkeitsgrad: Examen; 5 Stunden Bearbeitungszeit

Sachverhalt

Aufgrund der seit Jahren stark ansteigenden Mieten in prosperierenden Städten schaffte der Gesetzgeber im Jahr 2015 mit einer formell rechtmäßigen Änderung des Mietrechts einen Katalog von Vorschriften zur Regulierung der Miethöhe bei Mietbeginn im nicht preisgebundenen Wohnraum (sogenannte „Mietpreisbremse"). Mit der Regulierung der Miethöhe wollte der Gesetzgeber den stark ansteigenden, teilweise in erheblichem Maß über der ortsüblichen Vergleichsmiete liegenden Mieten bei der Wiedervermietung von Bestandswohnungen begegnen. Durch die Dämpfung des Mietanstiegs sollte der dauerhaften Verdrängung von wirtschaftlich weniger leistungsfähigen Bevölkerungsgruppen aus stark nachgefragten Wohnquartieren entgegengewirkt werden. Insbesondere Familien mit Kindern sollte in größerem Umfang ermöglicht werden, auch innerhalb ihres angestammten „Quartieres" und nicht nur in bisher weniger von Mietanstiegen betroffene Randlagen umzuziehen. Wohnungen sollten bezahlbar bleiben und Anreize für Verdrängungsmaßnahmen verringert werden. Zugleich sollte durch die Orientierung am Mietspiegel die Wirtschaftlichkeit der Vermietung sichergestellt werden.
  Das BGB wird um folgende zentrale Neuregelung ergänzt:

§ 556d Zulässige Miete bei Mietbeginn; Verordnungsermächtigung
(1) Wird ein Mietvertrag über Wohnraum abgeschlossen, der in einem durch Rechtsverordnung nach Absatz 2 bestimmten Gebiet mit einem angespannten Wohnungsmarkt liegt, so darf die Miete zu Beginn des Mietverhältnisses die ortsübliche Vergleichsmiete (§ 558 Absatz 2) höchstens um 10 Prozent übersteigen.
(2) Die Landesregierungen werden ermächtigt, Gebiete mit angespannten Wohnungsmärkten durch Rechtsverordnung für die Dauer von höchstens 5 Jahren zu bestimmen. Gebiete mit angespannten Wohnungsmärkten liegen vor, wenn die ausreichende Versorgung der Bevölkerung mit Mietwohnungen in einer Gemeinde oder einem Teil der Gemeinde zu angemessenen Bedingungen besonders gefährdet ist. Dies kann insbesondere dann der Fall sein, wenn

1. *die Mieten deutlich stärker steigen als im bundesweiten Durchschnitt,*
2. *die durchschnittliche Mietbelastung der Haushalte den bundesweiten Durch-schnitt deutlich übersteigt,*
3. *die Wohnbevölkerung wächst, ohne dass durch Neubautätigkeit insoweit erfor-derlicher Wohnraum geschaffen wird, oder*
4. *geringer Leerstand bei großer Nachfrage besteht.*

Eine Rechtsverordnung nach Satz 1 muss spätestens am 31. Dezember 2020 in Kraft treten. Sie muss begründet werden. Aus der Begründung muss sich ergeben, auf Grund welcher Tatsachen ein Gebiet mit einem angespannten Wohnungsmarkt im Einzelfall vorliegt. Ferner muss sich aus der Begründung ergeben, welche Maßnah-men die Landesregierung in dem nach Satz 1 durch die Rechtsverordnung jeweils be-stimmten Gebiet und Zeitraum ergreifen wird, um Abhilfe zu schaffen.

§ 558 Mieterhöhung bis zur ortsüblichen Vergleichsmiete
(1) [...]
(2) Die ortsübliche Vergleichsmiete wird gebildet aus den üblichen Entgelten, die in der Gemeinde oder einer vergleichbaren Gemeinde für Wohnraum vergleichbarer Art, Größe, Ausstattung, Beschaffenheit und Lage einschließlich der energetischen Ausstattung und Beschaffenheit in den letzten sechs Jahren vereinbart oder, von Er-höhungen nach § 560 abgesehen, geändert worden sind. Ausgenommen ist Wohn-raum, bei dem die Miethöhe durch Gesetz oder im Zusammenhang mit einer Förder-zusage festgelegt worden ist.
(3–6) [...]

Diese Regelungen werden zudem um Ausnahmevorschriften ergänzt: So können Vermieter:innen weiterhin eine Miete in Höhe der Miete, die der vorherige Mieter zuletzt schuldete (Vormiete) vereinbaren, auch wenn diese die nach § 556d I BGB festgelegte Miete übersteigt. Auch gilt die Mietpreisbremse nicht für kürzlich um-fassend modernisierte und erstmals genutzte Wohnungen. Sanktionen für Ver-mieter:innen, die diese Regelungen missachten, sind nicht vorgesehen.

Für die Stadt Berlin erließ der Senat von Berlin eine Rechtsverordnung nach § 556d II BGB, welche das gesamte Stadtgebiet von Berlin für die Dauer von fünf Jahren zu einem angespannten Wohnungsmarkt im Sinne des § 556d I BGB er-klärt.

Frau Nguyen (N) zieht im Sommer 2016 in das Berliner Stadtgebiet, um eine Stelle als Elektrikerin anzutreten. Ihr Mietvertrag sieht eine weit über der höchst-zulässigen Miete gemäß § 556d I BGB liegende Miete vor. Sie wendet sich darauf-hin an das Amtsgericht und beantragt die Feststellung, dass sie nur eine dem § 556d I BGB entsprechende Miete zahlen müsse. Das Amtsgericht gibt der Klage statt, da die bei Mietbeginn vereinbarte Miete die höchstzulässige Miete übersteigt.

Daraufhin legt die Eigentümerin und Vermieterin Frau Bakis (B) die – zulässige – Berufung beim LG Berlin ein. Sie ist der Meinung, dass die Vorschrift des § 556d I BGB nicht sinnvoll in den aus ihrer Sicht funktionierenden Mietmarkt eingreife. Sie fühle sich durch die Regelung regelrecht enteignet. Dagegen schütze sie doch aber das Grundgesetz. Sie möchte selbst über die Nutzung ihres Eigentums bestimmen und würde Ihre Wohnung gerne für eine von ihr festgelegte Miete an zahlungskräftige Mieter:innen vermieten. Überhaupt würden sich ja noch viel mehr potentielle Mieter:innen als bisher bei ihr melden, wenn sie ihre Wohnung auch noch günstiger anbieten würde. Sie wolle gar nicht mit so vielen Menschen über die Wohnung kommunizieren. Auch wenn sie unter diesen Umständen neue Mieter:innen wählen würde, würden trotzdem zahlungskräftige Mieter:innen besonders profitieren und bekämen dann mit hoher Wahrscheinlichkeit die von ihnen gewünschte Wohnung zum gedeckelten Preis. Es könne doch nicht gewollt sein, dass sie sich unter diesen Umständen mit noch mehr potentiellen Mieter:innen herumschlagen müsse. Zudem sei die Gentrifizierung Berlins doch gar nicht so schlecht. Sie brächte viele Vorteile für die Stadt. Neue, wohlhabende Bewohner:innen brächten neue Lebendigkeit und Attraktivität und die Stadtviertel würden so renovierter, sauberer und insgesamt schöner und lebenswerter werden. Auf diese Weise würden sich Problemviertel zu attraktiven Wohngegenden wandeln. Zudem findet sie, der Staat könne weniger zahlungskräftige Mieter auch anders unterstützen. Er könne beispielsweise ein Wohngeld zahlen, um ein Verbleiben im angestammten Wohnquartier zu ermöglichen.

Die Richter:innen des LG Berlin haben zudem aus einem weiteren von ihnen zu entscheidenden Verfahren Kenntnis davon erhalten, dass Vermieter:innen in Mecklenburg-Vorpommern eine deutlich niedrigere Beeinträchtigung durch die „Mietpreisbremse" trifft. Dies liegt vor allem an dem niedrigeren Mietenspiegel bei gleichzeitig nur geringfügig ansteigenden Mieten. Zugleich trägt der Vermieter Herr Azizi (A) in dem anderen Verfahren vor, dass er nur dieses eine Mietshaus habe, damit seinen Lebensunterhalt bestreite und sich nicht mit großen und mächtigen „Miethaien" gleichsetzen lassen wolle, die dieses Geschäft gewerblich betrieben.

Das LG Berlin hält die Vorschrift des § 556d I BGB für verfassungswidrig und berät nun über die weiteren Schritte. Es entscheidet, sich an das BVerfG zu wenden.

Fallfrage

Ist das vor dem BVerfG durchgeführte Verfahren zulässig und begründet?

Katharina Goldberg

Lösung

Fraglich ist, ob die Vorlage an das BVerfG zulässig und begründet ist.

A. Zulässigkeit

Zu prüfen ist, ob die Vorlage zulässig ist.

ℹ Weiterführendes Wissen

Das LG Berlin muss, wenn es von der Verfassungswidrigkeit eines Gesetzes überzeugt ist, auf dessen Gültigkeit es für die Entscheidung ankommt, das Verfahren aussetzen und, wenn es sich um die Verletzung des Grundgesetzes handelt, die Entscheidung des BVerfG einholen (siehe Art. 100 I 1 Alt. 2 GG, sogenannte „konkrete Normenkontrolle").[1]

I. Vorlageberechtigung

Das LG Berlin müsste vorlageberechtigt sein. Vorlageberechtigt sind gemäß Art. 100 I 1 GG Gerichte. Dies sind gemäß Art. 92 GG unter anderem die Gerichte der Länder. Das LG Berlin ist ein solches Gericht und damit vorlageberechtigt.

II. Vorlagegegenstand

Fraglich ist, ob es sich bei § 556d BGB um einen tauglichen Vorlagegegenstand handelt. Gemäß Art. 100 I 1 GG sind Gesetze ein tauglicher Vorlagegegenstand. Diese müssen <u>förmlich und nachkonstitutionell</u> sein.

ℹ Weiterführendes Wissen

Nachkonstitutionelle Gesetze sind solche, die nach dem Inkrafttreten des Grundgesetzes erlassen wurden beziehungsweise vorkonstitutionell erlassene Gesetze, deren Geltung der Gesetzgeber nach inkrafttreten des Grundgesetzes in seinen Willen aufgenommen hat. Gesetze müssen nachkonstitutionell sein, weil das vorlegende Gericht nur in diesem Fall die Autorität des Parlaments in Frage stellt.[2]

---

1 Siehe zur konkreten Normenkontrolle Chiofalo, § 21, im OpenRewi Lehrbuch Staatsorganisationsrecht.

2 Vgl. Morgenthaler, in: BeckOK GG, 47. Ed. 15.5.2021, § 100 Rn. 12.

Katharina Goldberg

Beides trifft auf § 556d BGB zu. Somit handelt es sich hierbei um einen tauglichen Vorlagegegenstand.

III. Überzeugung des vorlegenden Gerichts von der Verfassungswidrigkeit

Zudem müsste das vorlegende Gericht von der Verfassungswidrigkeit des Gesetzes überzeugt sein. Zweifel an der Verfassungswidrigkeit eines Gesetzes reichen hierfür nicht aus. Laut Sachverhalt ist das LG Berlin von der Verfassungswidrigkeit des § 556d BGB überzeugt.

IV. Entscheidungserheblichkeit

Zudem muss die Entscheidungserheblichkeit gegeben sein. Bei Verfassungsmäßigkeit des § 556d BGB ist die vereinbarte Miete (teilweise) unwirksam, ist § 556d BGB verfassungswidrig, ist die vereinbarte Miete hingegen wirksam. Bei Gültigkeit der Norm müsste also eine andere Entscheidung ergehen, als wenn die Norm ungültig ist: Bei Verfassungsmäßigkeit des § 556d BGB hätte die Berufung Erfolg, bei Verfassungswidrigkeit nicht. Von dieser Einordnung hängt der Ausgang des Verfahrens ab. Damit ist die zu klärende Frage entscheidungserheblich.

V. Form und Begründung

Die Form der Vorlage richtet sich nach §§ 80 II, 23 I BVerfGG. Sie ist schriftlich einzureichen und zu begründen (§ 23 I 1, 2 Hs. 1 BVerfGG). Sie muss angeben, inwiefern von der Gültigkeit der Rechtsvorschrift die Entscheidung des Gerichts abhängig ist und mit welcher übergeordneten Rechtsnorm sie unvereinbar ist (§ 23 II BVerfGG). Mangels Angaben im Sachverhalt ist von der Einhaltung dieser Anforderungen auszugehen.

VI. Zwischenergebnis

Die Vorlage des LG Berlin ist zulässig.

B. Begründetheit

Die Vorlage ist begründet, wenn das vorgelegte Bundesgesetz gegen das GG verstößt (Art. 100 I 1 Alt. 2 GG). § 556d BGB könnte gegen Art. 14 GG, Art. 2 I GG, Art. 3 I GG oder gegen das Bestimmtheitsgebot verstoßen.

Katharina Goldberg

I. Art. 14 I GG

Fraglich ist, ob § 556d BGB gegen Art. 14 I GG verstößt. Ein Verstoß gegen Art. 14 I GG liegt vor, wenn der Schutzbereich des Art. 14 I GG eröffnet ist, durch das Gesetz in diesen eingegriffen wird und dieser Eingriff nicht gerechtfertigt werden kann.

1. Eröffnung des Schutzbereichs
a) Persönlicher Schutzbereich

Der persönliche Schutzbereich müsste eröffnet sein. Bei Art. 14 I GG handelt es sich um ein sogenanntes Jedermann-Grundrecht. Der Schutzbereich umfasst natürliche Personen umfänglich. Da hier jedoch die Norm selbst überprüft werden soll kommt es auf eine konkrete Person, die unter den Schutzbereich fallen muss, nicht an, vielmehr reicht es aus, dass generell Personen unter den Schutzbereich fallen können.

b) Sachlicher Schutzbereich

Auch müsste der sachliche Schutzbereich des Art. 14 I GG eröffnet sein. Art. 14 I GG schützt alle privaten vermögenswerten Rechte. Dies beinhaltet auch das zivilrechtliche Sacheigentum (vgl. § 903 BGB), dessen Besitz und die Möglichkeit, dieses zu nutzen. Zur Nutzung gehört unter anderem auch die Ertragsziehung aus der vertraglichen Überlassung des Eigentums an andere beispielsweise zur Bestreitung der finanziellen Grundlage für die eigene Lebensführung. Hierzu zählt auch die Vermietung von Eigentum von Vermieter:innen. Eben diese Befugnis wird durch § 556d BGB tangiert.

2. Eingriff

Fraglich ist, ob durch § 556d I BGB ein Eingriff in den Schutzbereich des Art. 14 I GG vorliegt. Eingriff ist jede staatliche, zurechenbare Grundrechtsverkürzung. Art. 14 I GG kennt zwei Formen der Beschränkung, die Inhalts- und Schrankenbestimmungen und die Enteignung. Die **Inhalts- und Schrankenbestimmungen** im Sinne des Art. 14 I 2 GG verkürzen eine bereits bestehende oder noch entstehende Eigentumsposition durch abstrakt-generelle Festlegungen von Rechten und Pflichten des Eigentümers. Die **Enteignung** im Sinne des Art. 14 III GG ist die finale, konkret-individuelle Entziehung des Eigentums für öffentliche Zwecke. § 556d I BGB regelt für Wohnraummietverträge, die in einem angespannten Wohnungsmarkt liegen, welche Höhe der Mietzins maximal im Vergleich zur ortsüblichen Miete betragen darf. Dadurch wurde eine abstrakte und generelle Regelung für eine Vielzahl von betroffenen Eigentümern geschaffen. Diese verkürzt die bereits bestehenden Eigentumspositionen, indem in die Verfügungsmöglichkeit über das Eigentum eingegriffen wird. Die Festlegung der Mietpreishöhe dient insbesondere auch nicht der Entziehung einer Eigentumsposition für öffentlich-rechtliche Zwecke. Zwar fühlt sich die Vermieterin hier enteignet, ihr wird jedoch kein Eigentum final entzogen und damit werden keine öffentlichen Zwecke erfüllt. Somit handelt es sich bei § 556d I BGB um einen Eingriff in Form einer Inhalts- und Schrankenbestimmung im Sinne des Art. 14 I 2 GG.

3. Rechtfertigung

Es ist fraglich, ob dieser Eingriff verfassungsrechtlich gerechtfertigt werden kann. Dafür muss eine verfassungsrechtliche Eingriffsermächtigung vorliegen und das Gesetz formell und materiell verfassungsgemäß sein.

a) Verfassungsrechtliche Eingriffsermächtigung

Nach Art. 14 I 2 GG werden Inhalt und Schranken des Eigentums durch Gesetz bestimmt. Hierbei handelt es sich um eine mit einem einfachen Gesetzesvorbehalt vergleichbare Eingriffsermächtigung.[3] Es handelt sich bei § 556d BGB insbesondere auch um ein Parlamentsgesetz im Sinne des Art. 20 III GG. Trotz des Wortlauts „Gesetze" kann der Gesetzgeber nicht nur selbst Inhalts- und Schrankenbestimmungen erlassen, er kann vielmehr auch die Verwaltung im konkreten Fall ermächtigen. Das von Art. 14 I 2 GG geforderte Gesetz liegt demnach vor.

b) Formelle Verfassungsmäßigkeit des § 556d BGB

Laut Sachverhalt ist § 556d BGB formell verfassungsgemäß.

c) Materielle Verfassungsmäßigkeit des § 556d BGB

Fraglich ist, ob die Regelung auch materiell verfassungsgemäß ist. Dafür müsste der § 556 I BGB insbesondere den Grundsatz der Verhältnismäßigkeit wahren. Nach dem Verhältnismäßigkeitsprinzip muss der Eingriff einen legitimen Zweck verfolgen, er muss zur Erreichung dieses Zwecks geeignet und erforderlich sein und Eingriffszweck und Eingriffsintensität müssen in einem angemessenen Verhältnis stehen (Verhältnismäßigkeit im engeren Sinne).

---

3 Siehe zum Eingriff in Art. 14 GG Eisentraut, § 21.1, im OpenRewi Grundrechte Lehrbuch.

Katharina Goldberg

---

i **Weiterführendes Wissen**

Dabei ist der Verhältnismäßigkeitsgrundsatz des Art. 14 II GG von besonderer Struktur. Zunächst ist Art. 14 I GG ein ausgestaltungsbedürftiges Grundrecht. Damit bestehen grundsätzlich Spielräume des Gesetzgebers. Bei dieser Ausgestaltung muss er sowohl die Eigentumsfreiheit schützen, als auch die Sozialbindung des Eigentums nicht unverhältnismäßig vernachlässigen. Zudem ist er verpflichtet, die Interessen der Beteiligten in einen gerechten Ausgleich und ein ausgewogenes Verhältnis zu bringen. Dabei muss der Gesetzgeber die Eigenart und Bedeutung des vermögenswerten Gutes oder Rechtes beachten, gegebenenfalls einen finanziellen Ausgleich schaffen und den Eingriff durch Härteklauseln und Übergangsregelungen abfedern.

---

aa) legitimer Zweck

Mit der Festlegung der maximalen Mietpreissteigerung bei Wiedervermietung verfolgt der Gesetzgeber den Zweck, der Verdrängung weniger leistungsfähiger Bevölkerungsgruppen aus stark nachgefragten Wohnquartieren entgegenzuwirken.[4] Dieser Zweck lässt sich aus dem Sozialstaatsprinzip ableiten, nach welchem der Staat für besonders schutzbedürftige Gruppen Regelungen schaffen kann, die diese schützen. Zudem besteht ein gesellschaftspolitisches Interesse an einer Durchmischung von Wohnquartieren. An einem solchen Schutz und einer Regelung hierfür besteht daher ein öffentliches Interesse. Damit ist der hier aufgeführte Zweck legitim.

bb) Geeignetheit

Die Regelung müsste geeignet sein. Eine Regelung ist geeignet, wenn sie die Erreichung des verfolgten Zwecks fördert, also die Möglichkeit der Zweckerreichung erhöhen kann. Zwar kann es bei einem regulierten Mietmarkt dazu kommen, dass sich auf eine einzelne Wohnung mehr Interessenten (nämlich einkommensstarke und einkommensschwächere) melden und somit die Konkurrenz bei der Wohnungssuche steigt, sodass sich die Chancen weniger leistungsfähiger Bevölkerungsgruppen auf Wohnraum in stark nachgefragten Wohnquartieren nicht erhöhen. Trotzdem kann mit einer solchen Regulierung ein genereller Zugang zum Wohnungsmarkt geschaffen werden, indem Preisspitzen abgeschnitten werden. Es entsteht insgesamt eine Bremswirkung für die Entwicklung der Mietpreishöhe, insbesondere wenn bereits regulierte Mieten in den Mietpreisspiegel einfließen. Es ist möglich, dass dadurch einkommensschwächere Bevölkerungsschichten bei einem Umzug nicht gezwungen sind, aus ihrer angestammten Umgebung fort-

---

4 BVerfG, Beschl. v. 18.7.2019, Az.: 1 BvL 1/18, 1 BvL 4/18, 1 BvR 1595/18, Rn. 60.

Katharina Goldberg

zuziehen. Somit fördert die Regelung den legitimen Zweck und ist damit insgesamt geeignet.[5]

cc) Erforderlichkeit

Die Regelung müsste zudem erforderlich sein. Erforderlich ist eine Maßnahme, wenn kein gleich wirksames, die Grundrechte weniger beeinträchtigendes Mittel zur Zweckerreichung zur Verfügung steht. Der Gesetzgeber muss sich innerhalb seines Beurteilungs- und Prognosespielraumes bewegt haben. Eine die Eigentumsposition der Vermieterin weniger beeinträchtigendes Mittel wäre z. B. die Verbesserung der finanziellen Lage der Wohnungssuchenden beispielsweise durch die Zahlung eines Wohngeldes. Es steht jedoch im Prognose- und Beurteilungsspielraum des Gesetzgebers, zwischen diesen Optionen zu wählen und es ist nicht erkennbar, dass dieses Mittel kurzfristig vergleichbar wirksam wäre.[6] Auch die Förderung des sozialen Wohnungsbaus wäre ein milderes, weniger in die Rechte der Eigentümer:innen eingreifendes Mittel, aber ebenfalls kurzfristig nicht vergleichbar wirksam. Die Regelung ist daher auch erforderlich.

dd) Verhältnismäßigkeit im engeren Sinne

Die Regelung müsste auch verhältnismäßig im engeren Sinne (angemessen) sein. Die Regelung ist verhältnismäßig im engeren Sinne, wenn sie die Grenze der Zumutbarkeit wahrt. Es ist hier zwischen der Intensität des Eingriffs einerseits und dem Gewicht der ihn rechtfertigenden Gründe andererseits abzuwägen. Die betroffenen Eigentümer:innen dürfen nicht übermäßig belastet werden, der Gesetzgeber muss den betroffenen Interessen der Beteiligen soweit wie möglich Geltung verschaffen.[7]

Im Rahmen einer Abwägung ist zu berücksichtigen, dass Art. 14 I GG dem:der Grundrechtsträger:in einen **Freiraum** im vermögensrechtlichen Bereich erhalten und dem:der Einzelnen damit die Entfaltung und eigenverantwortliche Gestaltung seines:ihres Lebens ermöglichen soll. Geschützt ist so auch die Freiheit, aus der vertraglichen Überlassung des Eigentums zur Nutzung durch andere den Ertrag zu ziehen, der zur finanziellen Grundlage für die eigene Lebensgestaltung beiträgt. Soweit das Eigentum die persönliche Freiheit des Einzelnen im vermögensrechtlichen Bereich sichert, genießt es einen besonders ausgeprägten Schutz.

---

5 BVerfG, Beschl. v. 18.7.2019, Az.: 1 BvL 1/18, 1 BvL 4/18, 1 BvR 1595/18, Rn. 62 ff.
6 BVerfG, Beschl. v. 18.7.2019, Az.: 1 BvL 1/18, 1 BvL 4/18, 1 BvR 1595/18, Rn. 67.
7 Siehe hierzu BVerfG, Beschl. v. 18.7.2019, Az.: 1 BvL 1/18, 1 BvL 4/18, 1 BvR 1595/18, Rn. 73 ff.

Katharina Goldberg

Auf der anderen Seite geht die Befugnis des Gesetzgebers zur Ausgestaltung des Eigentums durch Inhalts- und Schrankenbestimmungen umso weiter, je mehr das Eigentumsobjekt **in einem sozialen Bezug** und in einer sozialen Funktion steht. Das trifft auf die Erhebung von Mieten in besonderem Maße zu. Eine Wohnung hat für den:die Einzelne:n und dessen:deren Familie eine hohe Bedeutung. Der Verhinderung von Verdrängung einkommensschwächeren Bewohner:innen aus angestammten Quartieren kommt als Gemeinwohlbelang ebenfalls erhebliches Gewicht zu. Bei der Abwägung der betroffenen Belange, insbesondere des Eigentums für die Sicherung der Freiheit des:der Einzelnen im persönlichen Bereich (als Vermieter:in) einerseits und des Eigentums in seinem sozialen Bezug sowie seiner sozialen Funktion (als Mieter:in) andererseits, verfügt der Gesetzgeber über einen weiten Gestaltungsspielraum, da sich hier zwei grundrechtlich geschützte Positionen gegenüberstehen. Dieser wird durch die wirtschaftlichen und gesellschaftlichen Verhältnisse geprägt. Insbesondere kann der Gesetzgeber die jeweiligen Verhältnisse und Umstände auf dem Wohnungsmarkt berücksichtigen und dabei den unterschiedlich zu gewichtenden Interessen bei einer Miethöhenregulierung im Bereich von Bestandsmieten einerseits und Wiedervermietungsmieten andererseits Rechnung tragen. Dies hat der Gesetzgeber hier getan, die Orientierung am Mietspiegel ist dazu geeignet, die Wirtschaftlichkeit der Wohnungsvermietung auch zusätzlich sicherzustellen.

Auch werden die Auswirkungen der Mieterhöhungen dadurch **abgemildert**, dass § 556d I BGB einen zehnprozentigen Aufschlag auf die ortsübliche Vergleichsmiete zulässt. Die Regelung ist zudem auf eine Dauer von fünf Jahren begrenzt. Die Grenzen des im Rahmen des Art. 14 II GG bestehenden Gestaltungsspielraums überschreitet die in § 556d I BGB gefundene Regelung vor diesem Hintergrund nicht. Der Gesetzgeber hat die schutzwürdigen Interessen der Eigentümer:innen und die Belange des Gemeinwohls in einen gerechten Ausgleich und in ein ausgewogenes Verhältnis gebracht. Die Regelung ist somit verhältnismäßig im engeren Sinne.

4. Zwischenergebnis

Ein Verstoß gegen Art. 14 I GG liegt in der Regelung des § 556d BGB nicht vor.

II. Art. 2 I GG

Fraglich ist, ob die Regelung des § 556d BGB gegen Art. 2 I GG verstößt.

Der Schutzbereich des Art. 2 I GG umfasst die Vertragsfreiheit und damit auch die Freiheit der Vertragsparteien, im Rahmen einer vertraglichen Vereinbarung die Gegenleistung nach ihren Vorstellungen auszuhandeln. Ebenso schützt Art. 2

I GG die Wohnungssuchenden, die sich durch ihre Bereitschaft, eine hohe Miete zu zahlen, Vorteile auf dem Wohnungsmarkt verschaffen wollen. Da sich § 556d BGB jedoch, wie bereits bei Art. 14 I GG festgestellt, innerhalb der Schranken der verfassungsmäßigen Rechtsordnung hält, liegt hier kein Verstoß gegen Art. 2 I GG vor.

III. Art. 3 I GG

Es könnte zudem ein Verstoß gegen Art. 3 I GG vorliegen.

1. Verfassungsrechtlich relevante (Un-)Gleichbehandlung

Art. 3 I GG gebietet, alle Menschen vor dem Gesetz gleich zu behandeln. Hieraus folgt das Gebot, wesentlich Gleiches gleich und wesentlich Ungleiches ungleich zu behandeln. Der Gesetzgeber ist auch bei der inhaltlichen Festlegung von Eigentümerbefugnissen an den Gleichheitssatz gebunden.[8]

Fraglich ist, ob durch § 556d BGB eine derartige Ungleichbehandlung von Gleichem vorliegt. Durch das Abstellen auf regional abweichende ortsübliche Vergleichsmieten könnte eine Ungleichbehandlung vorliegen. Da der Mietenspiegel in Mecklenburg-Vorpommern niedriger ist als in Berlin und in Mecklenburg-Vorpommern zugleich die Mieten nur geringfügig angestiegen sind, ist hier die finanzielle Beeinträchtigung der Vermieter:innen geringer, wenn eine „Mietpreisbremse" eingesetzt wird. Damit liegt eine Ungleichbehandlung aufgrund des Abstellens auf die regional abweichende ortsübliche Vergleichsmiete vor.

Zudem könnte eine Gleichbehandlung von Ungleichem vorliegen. § 556d BGB unterscheidet nicht zwischen gewerblichen Vermieter:innen und privaten Vermieter:innen, die mit den Mieteinnahmen ihren Lebensunterhalt bestreiten. Damit gilt eine Regelung in gleicher Art und Weise für zwei unterschiedliche Adressat:innengruppen. Somit liegt eine verfassungsrechtliche Gleichbehandlung von Ungleichem vor.

2. Rechtfertigung

Fraglich ist, ob die (Un-)Gleichbehandlungen gerechtfertigt werden können. Art. 3 I GG verwehrt dem Gesetzgeber nicht jede Differenzierung. Differenzierun-

---

8 Siehe zum Gleichbehandlungsgrundsatz des Art. 3 GG Macoun, § 19.1, im OpenRewi Grundrechte Lehrbuch.

Katharina Goldberg

gen bedürfen jedoch der Rechtfertigung durch Sachgründe, die dem Ziel und dem Ausmaß der Ungleichbehandlung angemessen sind. Es wird dafür ein stufenloser, am Grundsatz der Verhältnismäßigkeit orientierter verfassungsrechtlicher Prüfungsmaßstab zugrunde gelegt, dessen Inhalt und Grenzen sich nicht abstrakt, sondern nur nach den jeweils betroffenen unterschiedlichen Sach- und Regelungsbereichen bestimmen lassen. Der Maßstab für eine Prüfung liegt dabei zwischen einer **gelockerten Willkürprüfung** und **strengen Verhältnismäßigkeitsanforderungen.** Eine strengere Bindung des Gesetzgebers kann sich aus den jeweils betroffenen Freiheitsgrundrechten ergeben. Dabei verschärfen sich die verfassungsrechtlichen Anforderungen, je weniger der Merkmale, an die die gesetzliche Differenzierung anknüpft, für den/die Einzelne:n verfügbar sind oder je mehr sie sich denen des Art. 3 III GG annähern.[9] Da sich die regional abweichende ortsübliche Vergleichsmiete und die daraus folgenden Unterschiede bei der zulässigen Miethöhe auf die Eigentumsgarantie der Vermieter:innen auswirken und auch die Freiheit, die Miethöhe im Rahmen einer vertraglichen Vereinbarung auszuhandeln betroffen ist, ist hier eine strenge Verhältnismäßigkeitsprüfung vorzunehmen.[10]

a) Verhältnismäßigkeit des Abstellens auf regional abweichende ortsübliche Vergleichsmieten

Fraglich ist, ob das Abstellen auf regional abweichende ortsübliche Vergleichsmieten verhältnismäßig ist.

aa) Legitimer Zweck

Zunächst müsste die Ungleichbehandlung einen **legitimen Zweck** verfolgen. Das Abstellen auf die ortsübliche Vergleichsmiete hat den Zweck, die Marktbezogenheit der regulierten Miethöhe und damit die Wirtschaftlichkeit der Vermietung sicherzustellen. Dies geschieht, um die auf unterschiedlichen Wohnungsmärkten herrschenden Bedingungen abzubilden.[11] Dieser Zweck ist auch legitim.

---

9 BVerfG, Beschl. v. 18.7.2019, Az.: 1 BvL 1/18, 1 BvL 4/18, 1 BvR 1595/18, Rn. 94.
10 BVerfG, Beschl. v. 18.7.2019, Az.: 1 BvL 1/18, 1 BvL 4/18, 1 BvR 1595/18, Rn. 95.
11 BVerfG, Beschl. v. 18.7.2019, Az.: 1 BvL 1/18, 1 BvL 4/18, 1 BvR 1595/18, Rn. 96.

bb) Geeignetheit

Auch müsste die Regelung **geeignet** sein, einen hinreichenden Bezug zur regional unterschiedlichen Marktmiete herzustellen und damit auch die Wirtschaftlichkeit der Vermietung sicher zu stellen. Geeignetheit setzt voraus, dass sie das angestrebte legitime Ziel zumindest fördert. § 556d I BGB verweist auf den § 558 II BGB. Nach diesem wird die ortsübliche Vergleichsmiete anhand der für vergleichbaren Wohnraum in den letzten vier Jahren vereinbarten Miete ermittelt. Dadurch, dass sich die Regelung auf die jeweils regional bestehenden Vergleichsmieten bezieht, wird eine direkte Verbindung zum regionalen Mietmarkt hergestellt.

Das durch den Gesetzgeber angestrebte Ziel, die auf unterschiedlichen Wohnungsmärkten herrschenden Bedingungen abzubilden, wird damit gefördert.

cc) Erforderlichkeit

Zudem müsste die Regelung **erforderlich** sein. Erforderlichkeit liegt vor, wenn eine Regelung bei gleicher Wirksamkeit das mildeste Mittel darstellt. Ein milderes Mittel könnte es darstellen, die höchstzulässige Miete an der wirtschaftlichen Leistungsfähigkeit der Mieter:innen und Wohnungssuchenden zu orientieren. Jedoch fließt die wirtschaftliche Leistungsfähigkeit auch über die ortsübliche Vergleichsmiete jedenfalls mittelbar in die höchstzulässige Miete ein. Damit ist das Abstellen auf die wirtschaftliche Leistungsfähigkeit kein milderes Mittel, die Erforderlichkeit ist gegeben.

dd) Angemessenheit

Auch müsste die Regelung **angemessen** sein. Bei der Prüfung der Angemessenheit kommt es auf die Zweck-Mittel-Relation an. Vermieter:innen können die Lage der zu vermietenden Wohnung nicht beeinflussen. Dies gebietet jedoch nicht, eine bundesweit einheitliche Miethöhe zu ermöglichen. Die Wirtschaftlichkeit der Vermietung hängt ebenfalls von den auf den regionalen Märkten vorherrschenden Bedingungen ab. Eine bundeseinheitliche Mietobergrenze würde nicht an die wirtschaftliche Leistungsfähigkeit der einzelnen Mieter anknüpfen und könnte damit auch nicht der Verdrängung einkommensschwächerer Mieter aus ihren angestammten Wohnquartieren entgegenwirken. Zwar können mit einer an der ortsüblichen Vergleichsmiete orientierten Mietobergrenze im Einzelfall wirtschaftliche Nachteile für Vermieter:innen einhergehen. Eine regional ermittelte Vergleichsmiete bildet jedoch die Preisentwicklung von Wohnraum in dem vorangegangenen vierjährigen Ermittlungszeitraum ab (vgl. § 558 II BGB). Daraus ergibt sich, dass für vergleichbare Wohnungen entsprechend niedrige Mietabschlüsse zu verzeichnen gewesen sind. Eine die ortsübliche Vergleichsmiete übersteigende

Katharina Goldberg

Miete würde daher zu einem Mietanstieg führen, den die Miethöhenregulierung im Interesse von Wohnungssuchenden und Bestandsmietern gerade verhindern möchte[12]. Damit ist das Abstellen auf die örtliche Vergleichsmiete zur Erreichung des angestrebten Zwecks auch angemessen.

ee) Zwischenergebnis
Damit ist das Abstellen auf regional abweichende ortsübliche Vergleichsmieten verhältnismäßig.

b) Verhältnismäßigkeit der Gleichbehandlung von privaten und gewerblichen Vermieter:innen
Fraglich ist außerdem, ob die Gleichbehandlung von privaten und gewerblichen Vermietern verhältnismäßig ist.

Der **legitime Zweck** der Regelung ist die Miethöhenregulierung. Die gewählte Maßnahme ist **geeignet** und **erforderlich**, um die Verdrängung einkommensschwächerer Bevölkerungsgruppen aus nachgefragten Stadtvierteln wirksam zu verhindern und Wohnungssuchenden aus diesen Bevölkerungsgruppen dort weiterhin die Anmietung von Wohnungen zu ermöglichen. Mit der gewählten Maßnahme kommt es zu einer Dämpfung der Mieten unterschiedslos und ungeachtet der wirtschaftlichen Bedeutung der Mieteinnahmen für die Vermieter:innen. Die Maßnahme ist aus **angemessen**. Durch die gewählte Maßnahme werden private Vermieter:innen nicht unangemessen belastet. § 556d BGB sichert dem:der Vermieter:in eine am örtlichen Markt orientierte Miete, die die Wirtschaftlichkeit der Wohnung regelmäßig sicherstellt. Zugleich droht wegen der zeitlichen Befristung der Miethöhenregulierung keine unzumutbare Beeinträchtigung solcher privaten Vermieter, die ihren Lebensunterhalt durch Vermietung erwirtschaften.[13]

c) Ergebnis Rechtfertigung
Beide (Un-)Gleichbehandlungen können gerechtfertigt werden.

3. Zwischenergebnis
Es liegt kein Verstoß gegen Art. 3 I GG vor.

---

12 BVerfG, Beschl. v. 18.7.2019, Az.: 1 BvL 1/18, 1 BvL 4/18, 1 BvR 1595/18, Rn. 99.
13 BVerfG, Beschl. v. 18.7.2019, Az.: 1 BvL 1/18, 1 BvL 4/18, 1 BvR 1595/18, Rn. 101.

C. Ergebnis

Die Vorlage des LG Berlin ist zulässig, aber unbegründet.

Weiterführendes Wissen

Der hier zu Grunde liegende Entscheidung zur Mietpreisbremse folgte eine weitere Entscheidung des BVerfG zum sogenannten „Berliner Mietendeckel"[14]. Das Berliner Abgeordnetenhaus hatte ein Gesetz erlassen, nachdem Mieten in Berlin insgesamt gedeckelt wurden. Hierzu entschied das BVerfG, dass das Berliner Abgeordnetenhaus außerhalb seiner Gesetzgebungskompetenzen gehandelt hatte und das Gesetz zum „Berliner Mietendeckel" daher formell rechtswidrig war. Regelungen zur Miethöhe fallen in die konkurrierende Gesetzgebungszuständigkeit des Bundes gem. § 74 I 1 GG, von der der Bundesgesetzgeber mit den §§ 556–561 BGB abschließend Gebrauch gemacht hat.

Zusammenfassung: Die wichtigsten Punkte
- Ein Eingriff in das Eigentum von Vermieter:innen kann aufgrund des Schutzes von sozialen Belangen der Mieter:innen gerechtfertigt sein.
- Der Gesetzgeber hat bei der Ausgestaltung von Inhalts- und Schrankenbestimmungen im Sinne des Art. 14 GG einen weiten Gestaltungsspielraum.
- Bei der Prüfung der Rechtfertigung im Rahmen des Art. 3 I GG muss zunächst der Maßstab für die Überprüfung einer Ungleichbehandlung festgelegt werden, bevor die eigentliche Rechtfertigungsprüfung durchgeführt werden kann.

Weiterführende Studienliteratur
- Dieser Fall beruht auf BVerfG, Beschluss vom 18. Juli 2019, Az.: 1 BvL 1/18
- Hans-Jürgen Papier/Christoph Krönke, Grundkurs Öffentliches Recht 2 – Grundrechte, 4. Auflage Heidelberg 2020, S. 112–124

Dieses Kapitel darf gerne kommentiert, verändert und beliebig genutzt werden. Jeder Link in der PDF-Version des Textes führt zur Überarbeitungsmöglichkeit bei der Plattform Wikibooks. Eine konkrete Anleitung zur Mitarbeit & Weiternutzung findet sich auf unserer Homepage | ebenfalls über den abgebildeten QR-Code mit der Smartphone-Kamera erreichbar.

---

14 BVerfG, Beschl. v. 25.3.2021, Az.: 2 BvF 1/20.

Katharina Goldberg

Fall 9

Notwendiges Vorwissen: Zulässigkeit der Verfassungsbeschwerde, Prüfung eines Freiheitsgrundrechts, Religionsfreiheit

Behandelte Themen: Glaubensfreiheit (Art. 4 I, II GG), Staatliche Neutralitätspflicht, Wiedereinsetzung in den vorigen Stand, einstweiliger Rechtsschutz vor dem BVerfG

Schwierigkeitsgrad: Examen; 5 Stunden Bearbeitungszeit

Sachverhalt

Die gläubige Muslima G möchte nach Abschluss ihres rechtswissenschaftlichen Studiums an der Universität Bayreuth im Januar 2021 unmittelbar mit dem Rechtsreferendariat im Oberlandesgerichtsbezirk Bamberg beginnen. Sie bewirbt sich hierzu form- und fristgemäß beim Präsidenten des Oberlandesgerichts (OLG) Bamberg für den Einstellungstermin 1.4.2021. Schon während ihrer Vorbereitungen auf die Erste Juristische Prüfung hatte G erfahren, dass das Tragen eines religiösen Kopftuchs in Gerichtssälen in Bayern für Richter:innen und Staatsanwält:innen untersagt ist. Nach Auffassung der G ist dies inakzeptabel, da das Tragen eines Nikab[1] in der Öffentlichkeit – und damit auch im Gerichtssaal – für sie Ausdruck ihres Glaubens ist und doch nicht staatlicherseits einfach verboten werden könne. Schließlich habe sich der Staat aus Glaubensfragen grundsätzlich komplett heraus zu halten.

G ist sich jedoch nicht sicher, ob ein derartiges Verbot auch für sie im Rahmen ihres Rechtsreferendariats gilt. Als sie die Bewerbungsunterlagen und Vordrucke vor dem Absenden ihrer Bewerbung an das OLG Bamberg durchlas, fand sie hierzu keine Aussage. Als G mittels Einstellungsbescheid des Oberlandesgerichtspräsidenten vom 3.3.2021 die Zulassung zum Rechtsreferendariat im OLG-Bezirk Bamberg erteilt wurde, stieß sie jedoch in dem mit „Auflagen" überschriebenen Teil des Bescheids auf einen Passus, der wie folgt lautet: „Auf Art. 57 AGGVG i.V.m. Art. 11 Abs. 2 BayRiStAG wird hingewiesen: Bei der Wahrnehmung von Amtshandlungen mit Außenkontakt (zum Beispiel Wahrnehmung des staatsanwaltschaftlichen Sitzungsdienstes, Vernehmung von Zeugen und Sachverständi-

---

[1] Ein Nikab (oder auch Niqab) ist ein Kopftuch in Form eines Schleiers, der das ganze Gesicht bis auf die Augen verdeckt, vgl. Duden/Nikab. Dieser ist vor allem auf der arabischen Halbinsel verbreitet, Wikipedia/Niqab/Verbreitung.

gen in der Zivilstation) dürfen keine sichtbaren religiös oder weltanschaulich geprägten Symbole oder Kleidungsstücke (zum Beispiel Kopftücher) getragen werden, die Zweifel an der Unabhängigkeit, Neutralität oder ausschließlichen Bindung an Recht und Gesetz hervorrufen können."

Nach Rücksprache mit dem Präsidenten des OLG Bamberg könne hierfür
auch keine Ausnahme zugunsten der G zugelassen werden, da hiervon eine negative Vorbildwirkung ausginge und „das Gesetz klar formuliert" sei. Der Staat sei in
religiösen und weltanschaulichen Fragen zu absoluter Neutralität verpflichtet,
um ein geordnetes gesellschaftliches Zusammenleben sämtlicher Religionen ermöglichen zu können. Zudem würde die Funktionsfähigkeit der Rechtspflege
beeinträchtigt. Die erkennbare Distanzierung der einzelnen Richter:innen von
individuellen religiösen, weltanschaulichen und politischen Überzeugungen bei
Ausübung des Amtes stärke nämlich das Vertrauen in die Justiz insgesamt und
die öffentliche Kundgabe von Religiosität sei im Gegensatz hierzu geeignet, das
Gesamtbild der Justiz – das gerade durch eine besondere persönliche Zurücknahme der zur Entscheidung berufenen Amtsträger:innen geprägt sei – zu beeinträchtigen. Überdies müssten auch Dritte, vor allem Angeklagte in einem Strafprozess, davor geschützt werden, mit fremden religiösen Anschauungen gegen
ihren Willen konfrontiert zu werden.

G möchte sich dies nicht gefallen lassen und ist von den Ausführungen des
OLG-Präsidenten nicht überzeugt. Der Sitzungsdienst der Staatsanwaltschaft und
die Wahrnehmung richterlicher Tätigkeit stellen für sie die spannendsten Tätigkeiten des gesamten Referendariats dar. Zwar besteht kein Anspruch auf Übernahme und Durchführung dieser Tätigkeiten. Es ist jedoch verbreitete Praxis und
im Falle des Sitzungsdienstes der Staatsanwaltschaft sogar vorgeschriebener Bestandteil der praktischen Stationsausbildung, dass Rechtsreferendar:innen Amtshandlungen mit Außenkontakt vornehmen. Diese Aufgaben könne sie zur Wahrung ihres Glaubens beziehungsweise ihres Verständnisses vom Islam jedoch
nur wahrnehmen, sofern sie hierbei ein Kopftuch tragen könne. Sie geht daher
gerichtlich im einstweiligen Rechtsschutz gegen die „Auflage" in ihrem Einstellungsbescheid vor, da sie unbedingt die Sitzungsvertretung wahrnehmen will
und hierzu eine Aufhebung der Auflage innerhalb der ersten acht Monate des Referendariats (Zivil- und Strafstation) erforderlich ist.

Die Bemühungen der G bleiben jedoch ohne Erfolg, da sowohl das Verwaltungsgericht Bayreuth als auch der Bayerische Verwaltungsgerichtshof (BayVGH)
ihren Antrag auf einstweiligen Rechtsschutz ablehnen. Der ablehnende Beschluss
des Bayerischen Verwaltungsgerichtshofs wird der G am 31.3.2021 zugestellt. Sie
beschließt, gegen die Entscheidung des BayVGH Verfassungsbeschwerde zum
BVerfG zu erheben, wird jedoch, bevor sie sich darum kümmern konnte, am
1.4.2021 ohne Verschulden in einen Verkehrsunfall verwickelt und muss bis zum

20.4.2021 im Krankenhaus behandelt werden. Gleichzeitig wird sie bis einschließlich 7.5.2021 krankgeschrieben. Als G am 21.4.2021 nach Hause zurückkehrt, widmet sie sich zunächst ihrer Genesung und vergisst ihre Absicht, Verfassungsbeschwerde einzulegen. Als die G am Morgen des 4.5.2021 an ihren am 10.5.2021 anstehenden (für sie ersten) Arbeitstag im Referendariat und die hierfür auszuwählende Kleidung denkt, erinnert sie sich, dass sie noch Verfassungsbeschwerde erheben muss, um das Referendariat „vollwertig" auch mit Sitzungsvertretungen ausüben zu dürfen. Schließlich wurde die ihr erteilte „Auflage" bislang gerichtlich nicht aufgehoben. Das Hauptsacheverfahren ist zwar weiter anhängig, jedoch geht G zutreffend davon aus, dass vor Ablauf der zweiten Station (Strafstation) als letzte Station, in der Sitzungsvertretungen durch Rechtsreferendare stattfinden, insoweit nicht mit einer Entscheidung zu rechnen ist. G befürchtet indes, die Frist für die Erhebung der Verfassungsbeschwerde verpasst zu haben und will dies nun zumindest so schnell wie möglich nachholen, vielleicht zeige sich das Gericht ja kulant angesichts ihres Verkehrsunfalls. Da sie im Rahmen des Studiums mitbekommen hat, dass für eine Verfassungsbeschwerde gewisse Begründungsanforderungen gelten, beschäftigt sie sich den gesamten Tag bis in den späten Abend hinein mit der Beschwerdeschrift. Am Morgen des 5.5.2021 übermittelt sie schließlich die von ihr unterschriebene, hinreichend begründete, Beschwerdeschrift vom Faxgerät ihrer Eltern aus an das BVerfG. Der Eingang beim Gericht erfolgt noch am selben Tag.

G schildert in der Beschwerdeschrift zunächst die Umstände um ihren Verkehrsunfall und behauptet, infolgedessen zur rechtzeitigen Erhebung der Verfassungsbeschwerde außerstande gewesen zu sein. Sie hoffe jedoch auf eine kulante Handhabung. Inhaltlich macht sie geltend, die Entscheidung des BayVGH verkenne die Bedeutung ihrer Glaubensfreiheit und verstoße damit gegen das Grundgesetz. Es könne keinen Unterschied machen, ob sie als Zuschauerin im Gerichtssaal ein Kopftuch trage oder als Vertreterin der Staatsanwaltschaft beziehungsweise des Gerichts. Beides sei private Grundrechtsausübung und staatlicherseits hinzunehmen. Zudem sei zusätzlich ihre Berufsfreiheit verletzt, da ihr ohne Wahrnehmung der Sitzungsvertretung ein bedeutsamer Teil ihrer Ausbildung zur Volljuristin verwehrt würde. G weist zudem auf die besondere Dringlichkeit ihres Anliegens hin und darauf, dass ihr deswegen ein Abwarten der Hauptsacheentscheidungen in der Verwaltungsgerichtsbarkeit unzumutbar sei. Zutreffend geht sie insoweit davon aus, dass eine Entscheidung des BVerfG nicht mehr rechtzeitig vor Ablauf der Zivil- und Strafstation ergehen würde. Angesichts dessen beantragt sie zusätzlich eine einstweilige Anordnung des BVerfG dahingehend, dass die Auflage in ihrem Einstellungsbescheid für sie nicht gelte. Schließlich entstünde für sie ein irreversibler Schaden, wenn sie die Möglichkeit der Sitzungsvertretung verpassen würde. Dies müsse rechtzeitig unterbunden werden.

Rudi Lang

Fallfrage

Hat die Verfassungsbeschwerde der G vor dem BVerfG Aussicht auf Erfolg? Auf alle aufgeworfenen Rechtsfragen ist – gegebenenfalls hilfsgutachterlich – einzugehen.

Art. 11 BayRiStAG

(2) ¹Richter und Richterinnen dürfen in Verhandlungen sowie bei allen Amtshandlungen mit Außenkontakt keine sichtbaren religiös oder weltanschaulich geprägten Symbole oder Kleidungsstücke tragen, die Zweifel an ihrer Unabhängigkeit, Neutralität oder ausschließlichen Bindung an Recht und Gesetz hervorrufen können. ²Satz 1 gilt für Staatsanwälte und Staatsanwältinnen sowie Landesanwälte und Landesanwältinnen entsprechend.

Art. 57 AGGVG

Nimmt ein Rechtspfleger oder ein Rechtsreferendar ihm übertragene richterliche oder staatsanwaltschaftliche Aufgaben wahr, gilt Art. 11 des Bayerischen Richter- und Staatsanwaltsgesetzes entsprechend.

Abwandlung

Hat der Antrag der G auf Erlass einer einstweiligen Anordnung vor dem BVerfG Aussicht auf Erfolg?

Rudi Lang

Lösung

Die Verfassungsbeschwerde der G gegen die Entscheidung des Bayerischen Verwaltungsgerichtshofs (BayVGH) hat – vorbehaltlich des Annahmeverfahrens gemäß §§ 93a ff. BVerfGG – Erfolg, soweit sie zulässig und begründet ist.

A. Zulässigkeit

I. Zuständigkeit
Gemäß Art. 93 I Nr. 4a GG, § 13 Nr. 8a BVerfGG ist das BVerfG für die Entscheidung über Verfassungsbeschwerden – und damit auch jene der G – zuständig.

II. Beschwerdefähigkeit[2] und Prozessfähigkeit[3]
Beschwerdefähig ist gemäß Art. 93 I Nr. 4a GG, § 90 I BVerfGG jede:r Grundrechtsträger:in oder Träger:in von grundrechtsgleichen Rechten („jedermann"). Die G als natürliche Person ist grundsätzlich Trägerin von Grundrechten und damit beschwerdefähig. Mangels gegenteiliger Angaben ist sie auch prozessfähig.

III. Beschwerdegegenstand
Beschwerdegegenstand ist gemäß Art. 93 I Nr. 4a GG, § 90 I BVerfGG jeder Akt öffentlicher Gewalt. Hierzu zählen insbesondere gerichtliche Entscheidungen als Akte der Judikative, womit in der Entscheidung des BayVGH ein tauglicher Beschwerdegegenstand vorliegt.

! **Klausurtaktik**

Wichtig ist es hier, nicht durcheinander zu kommen. Zwar geht die grundrechtsbeeinträchtigende Wirkung für die G letztlich von der „Auflage" im Einstellungsbescheid vom 3.3.2021 aus. Gleichwohl wendet sie sich hier gegen die bestätigende Gerichtsentscheidung des BayVGH, sodass (nur) diese Beschwerdegegenstand ist. Die ursprünglich belastende Behördenentscheidung (hier die Auflage) kann jedoch von der:dem Beschwerdeführer:in ebenfalls in die Verfas-

---

2 Alternativ kann der Begriff „Beteiligtenfähigkeit" oder „Beschwerdeberechtigung" gewählt werden.
3 Alternativ „Verfahrensfähigkeit".

sungsbeschwerde mit einbezogen werden (sogenannter doppelter Streitgegenstand).[4] Mangels Auswirkungen auf die weitere Prüfung ist hierauf jedoch nicht näher einzugehen.

IV. Beschwerdebefugnis

G müsste auch beschwerdebefugt sein. Dies setzt voraus, dass sie durch die Entscheidung des BayVGH möglicherweise in ihren Grundrechten verletzt wird sowie selbst, unmittelbar und gegenwärtig betroffen ist.

1. Möglichkeit einer Grundrechtsverletzung

Es erscheint nicht von vornherein bei jeder Betrachtungsweise ausgeschlossen, dass die G durch die gerichtliche Aufrechterhaltung der „Auflage" mit dem Verbot des Tragens eines Kopftuches als Ausdruck des religiösen Bekenntnisses bei Amtshandlungen mit Außenkontakt in ihrer Religions-/Glaubensfreiheit aus Art. 4 I, II GG und/oder ihrer Berufsfreiheit aus Art. 12 I GG verletzt wird.

2. Eigene, unmittelbare und gegenwärtige Beschwer

Die Gerichtsentscheidung des BayVGH wurde der G als Inhaltsadressatin persönlich zugestellt und führt mithin zu einer eigenen Beschwer.

Mangels weiterer erforderlicher Vollzugsakte ist die G auch unmittelbar beschwert. An der gegenwärtigen Beschwer könnte vor dem Hintergrund gezweifelt werden, dass die G noch gar nicht mit Amtshandlungen mit Außenkontakt betraut wurde. Dies steht der Gegenwärtigkeit jedoch nicht entgegen, da die G sich nun bereits in der Zivilstation befindet und eine Sitzungsvertretung unter diesen Umständen gerade zum jetzigen Zeitpunkt für sie nicht möglich ist beziehungsweise schon keine Übertragung entsprechender Aufgaben an sie erfolgt. Wegen der gerichtlichen Entscheidung kann sie daher in der gerade stattfindenden Zivilstation ohne Einhaltung der Auflage keine Amtshandlungen mit Außenkontakt vornehmen und ist gegenwärtig betroffen.

V. Rechtswegerschöpfung und Subsidiarität
1. Rechtswegerschöpfung

G müsste gemäß § 90 II 1 BVerfGG den Rechtsweg erschöpft haben. Problematisch erscheint hier, dass das Hauptsacheverfahren noch anhängig ist und dementspre-

---

4 Fleury, Verfassungsprozessrecht, 10. Aufl. 2015, Rn. 298.

chend der Hauptsacherechtsweg nicht erschöpft ist. Gleichwohl sind Hauptsache und einstweiliger Rechtsschutz zwei selbstständige Verfahrensarten. Damit ist mit der letztinstanzlichen Entscheidung im einstweiligen Rechtsschutz, hier: mit der Entscheidung des BayVGH, der Rechtsweg im Sinne des § 90 II 1 BVerfGG erschöpft.[5]

2. Subsidiarität

Der ungeschriebene Grundsatz der Subsidiarität könnte hier jedoch der Zulässigkeit der Verfassungsbeschwerde entgegenstehen.[6] Demnach muss der:die Beschwerdeführer:in sämtliche Möglichkeiten – auch außerhalb des Rechtswegs im engeren Sinne – wahrnehmen, um dem behaupteten Grundrechtsverstoß abzuhelfen. Bezogen auf den einstweiligen Rechtsschutz ist auch die Erschöpfung des Rechtswegs in der Hauptsache als eine derartige Möglichkeit zu betrachten. Dies jedoch nur, wenn in der Hauptsache nach der Art des gerügten Grundrechtsverstoßes die Gelegenheit besteht, der verfassungsrechtlichen Beschwer abzuhelfen[7] und sich die Beschwer nicht spezifisch auf die Art und Weise des einstweiligen Rechtsschutzes selbst bezieht – etwa bei behaupteter Verletzung von Art. 19 IV GG[8]. Hier wendet sich G nicht spezifisch gegen die Art und Weise der Ablehnung einstweiligen Rechtsschutzes, sondern inhaltlich gegen die „Auflage" im Einstellungsbescheid vom 3.3.2021. Der verfassungsrechtlichen Beschwer der G kann jedoch im Hauptsacheverfahren in der hiesigen Konstellation nicht mehr abgeholfen werden. Sobald in der Hauptsache eine Entscheidung getroffen wird, hat sich die „Auflage" wegen Zeitablaufs (Ablauf der Zivil- und Strafstation) ohnehin erledigt und die von der G behauptete Grundrechtsverletzung ist irreversibel eingetreten.

ℹ Weiterführendes Wissen

Alternativ könnte auch analog § 90 II 2 Alt. 2 BVerfGG eine Ausnahme vom Erfordernis der Subsidiarität angenommen werden.

---

5 BVerfG, Beschl. v. 5.5.1987, Az.: 1 BvR 1113/85, Rn. 21.
6 Siehe zur Subsidiarität der Verfassungsbeschwerde Linke, § 10 A.VI.2., im OpenRewi Grundrechte Lehrbuch.
7 BVerfG, Beschl. v. 14.9.2015, Az.: 1 BvR 857/15, Rn. 13.
8 BVerfG, Beschl. v. 8.9.2014, Az.: 1 BvR 23/14, Rn. 21 ff.

Rudi Lang

VI. Form

Gemäß §§ 23 I 1, 2 Hs. 1, 92 BVerfGG ist die Verfassungsbeschwerde schriftlich einzureichen und mit einer Begründung zu versehen. Von einer ordnungsgemäßen Begründung ist hier ausweislich des Sachverhalts auszugehen. Fraglich ist jedoch, ob die Übermittlung der Beschwerdeschrift mittels Fax dem Schriftlichkeitsgebot des § 23 I 1 BVerfGG gerecht wird. „Schriftlich" im Sinne des § 23 I 1 BVerfGG ist weiter zu verstehen als § 126 I BGB, da Formvorschriften im Prozessrecht nicht zum Selbstzweck erhoben werden dürfen. Das Schriftformerfordernis soll die Identität des:der Beschwerdeführer:in und dessen:deren Willen zur Erhebung der Verfassungsbeschwerde sicherstellen.[9] Bei der Übermittlung einer eigenhändig unterschriebenen Erklärung mittels Telefax sind diese Anforderungen gewahrt, da die Identität des:der Absender:in angesichts dessen:deren Unterschrift zweifelsfrei bestimmt werden kann und auch der Wille zu prozessualem Handeln klar hervortritt. Darauf, dass G das Faxgerät ihrer Eltern verwendet hat, kommt es insoweit nicht an. Denn die hinreichende Identifikation der G erfolgt hier über den Inhalt der Beschwerdeschrift und nicht über die Zuordnung zu einem bestimmten Faxgerät.

§ 23 I 1 BVerfGG ist somit gewahrt und die Verfassungsbeschwerde wurde formgerecht erhoben.

VII. Frist

1. Fristwahrung

Die Verfassungsbeschwerde müsste zudem fristgerecht erhoben worden sein. Gemäß § 93 I 1 BVerfGG ist die Verfassungsbeschwerde binnen eines Monats zu erheben. Die Frist beginnt gemäß § 93 I 2 BVerfGG bei Verfassungsbeschwerden gegen Gerichtsentscheidungen[10] mit der Zustellung der vollständigen Entscheidung. Diese erfolgte hier am 31.3.2021. Mangels besonderer Regelungen im BVerfGG bestimmt sich die Fristberechnung gemäß § 186 BGB nach §§ 187 ff. BGB. Mithin begann die Frist für die Erhebung der Verfassungsbeschwerde gemäß § 187 I BGB am 1.4.2021 um 0:00 Uhr zu laufen und endete gemäß § 188 II Alt. 1, III BGB am 30.4.2021 um 24:00 Uhr. Die von der G am 5.5.2021 erhobene Verfassungsbeschwerde war somit grundsätzlich verfristet.

---

9 Vgl. zur Parallelproblematik bei § 81 I 1 VwGO Baade, § 1 Die Eröffnung der gutachterlichen Prüfung, in: Eisentraut (Hrsg.), Verwaltungsrecht in der Klausur, 2020, Rn. 55.
10 Der gängige Begriff „Urteilsverfassungsbeschwerde" wäre hier unpräzise, da der BayVGH im einstweiligen Rechtsschutz durch Beschluss und nicht durch Urteil entscheidet, vgl. § 150 VwGO.

2. Wiedereinsetzung in den vorigen Stand

> **! Klausurtaktik**
>
> Angesichts der ausführlichen Schilderungen im Sachverhalt liegt im Erkennen der Wiedereinsetzung in den vorigen Stand und deren Bearbeitung ein Schwerpunkt der Klausur.

Der G könnte jedoch gemäß § 93 II 1 BVerfGG Wiedereinsetzung in den vorigen Stand zu gewähren sein. Dies setzt die Zulässigkeit und Begründetheit des Wiedereinsetzungsantrags voraus.[11]

a) Zulässigkeit
aa) Antrag

Die Wiedereinsetzung in den vorigen Stand ist grundsätzlich als Antragsverfahren ausgestaltet, vgl. § 93 II 1 BVerfGG. Ein solcher expliziter Antrag ist hier jedoch nicht ersichtlich. Die Wiedereinsetzung kann aber auch konkludent beantragt werden, etwa durch die Berufung auf unverschuldete Umstände in der Beschwerdeschrift. Hier hat die G in ihrer Beschwerdeschrift auf die Umstände um den Verkehrsunfall und ihre in der Folge bestehende Unfähigkeit zur rechtzeitigen Erhebung der Verfassungsbeschwerde hingewiesen und für eine kulante Handhabung plädiert. Mithin hat sie zum Ausdruck gebracht trotz etwaiger Fristversäumung die Verfassungsbeschwerde weiter führen zu wollen und damit konkludent Wiedereinsetzung in den vorigen Stand beantragt.

> **i Weiterführendes Wissen**
>
> In Betracht kommt hier auch eine Wiedereinsetzung von Amts wegen, § 93 II 4 Hs. 2 BVerfGG. Fraglich erscheint, wie sich die Möglichkeit der konkludenten Antragstellung durch Berufung auf unverschuldete Umstände in der Beschwerdeschrift und § 93 II 4 Hs. 2 BVerfGG zueinander verhalten. Man könnte durchaus der Auffassung sein, § 93 II 4 Hs. 2 BVerfGG als *lex specialis* für die Fälle zu betrachten, in denen die Verfassungsbeschwerde verspätet erhoben wird. Damit verbliebe einer konkludenten Antragstellung nur noch Raum, wenn der Antrag auf Wiedereinsetzung getrennt von der nachgeholten Rechtshandlung gestellt wird. Im Ergebnis wirken sich diese „Feinheiten" jedoch nicht aus.

---

11 Zum Prüfungsaufbau im Einzelnen siehe Bühler/Lang, JA 2021, 497 (498 ff.).

Rudi Lang

bb) Statthaftigkeit

Statthaft ist der Antrag auf Wiedereinsetzung in den vorigen Stand gemäß § 93 II 1, I 1 BVerfGG bei Versäumung der Monatsfrist zur Erhebung und Begründung der Verfassungsbeschwerde („diese Frist"). Gerade der Versäumung dieser Frist soll der Antrag auf Wiedereinsetzung „abhelfen", so dass dieser hier statthaft ist.

Weiterführendes Wissen   [ℹ]

Im Gegensatz zu sämtlichen anderen Prozessordnungen führt der enge Wortlaut des § 93 II 1 BVerfGG („diese Frist") dazu, dass eine Wiedereinsetzung in die Wiedereinsetzungsfrist (vgl. § 93 II 2 BVerfGG) im Rahmen des Bundesverfassungsprozessrechts nicht möglich ist.[12]

---

cc) Nachholung der Rechtshandlung

Durch die Einreichung ihrer Beschwerdeschrift am 5.5.2021 hat G gemäß § 93 II 4 Hs. 1 BVerfGG die versäumte Rechtshandlung (Erhebung und Begründung der Verfassungsbeschwerde) nachgeholt.

dd) Form

Im Verfassungsprozessrecht fehlt es an einer § 236 I ZPO vergleichbaren Regelung zur Form des Wiedereinsetzungsantrags. Jedoch ist der Wiedereinsetzungsantrag als verfahrenseinleitender Antrag im Sinne des § 23 I 1 BVerfGG anzusehen und bedarf daher der Schriftform.[13] Diese ist hier durch die konkludente schriftliche Beantragung der Wiedereinsetzung im Rahmen der Beschwerdeerhebung durch G gewahrt.

ee) Frist

Der Antrag auf Wiedereinsetzung ist gemäß § 93 II 2 BVerfGG binnen zwei Wochen nach Wegfall des Hindernisses zu stellen. Das Hindernis bestand hier im Krankenhausaufenthalt der G. Mit Rückkehr der G in ihr Zuhause am 21.4.2021 ist dieses Hindernis weggefallen. Gemäß §§ 187 I, 188 II Alt. 1 BGB begann die Frist somit am 22.4.2021 um 0:00 Uhr zu laufen und endete mit Ablauf des 5.5.2021. Mit (konkludenter) Antragstellung in Form der Erhebung der Verfassungsbeschwerde am 5.5.2021 hat G diese Frist gewahrt.

---

12 Vgl. BVerfG, Beschl. v. 25.9.2006, Az.: 1 BvR 2182/2006 = BVerfGK 9, 242; Bühler/Lang, JA 2021, 497 (499 f.).
13 Hömig, in: Schmidt-Bleibtreu/Klein/Bethge, BVerfGG, 61. EL Juli 2021, § 93 Rn. 62.

Die Ausschlussfrist des § 93 II 5 BVerfGG von einem Jahr ist ersichtlich noch nicht abgelaufen.

b) Begründetheit

Der Antrag auf Wiedereinsetzung in den vorigen Stand ist begründet, wenn G ohne Verschulden daran gehindert war, die Frist für die Erhebung der Verfassungsbeschwerde zu wahren.

Hier wurde die G ohne Verschulden in einen Verkehrsunfall verwickelt und musste sich infolgedessen bis einschließlich des 20.4.2021 im Krankenhaus aufhalten. Im Rahmen des Krankenhausaufenthalts war es der G bei lebensnaher Betrachtung weder zumutbar noch möglich, Verfassungsbeschwerde zu erheben.

Damit ist der Wiedereinsetzungsantrag der G auch begründet.

c) Zwischenergebnis

Der G ist[14] Wiedereinsetzung in den vorigen Stand hinsichtlich der versäumten Frist in § 93 I 1 BVerfGG zu gewähren, sodass ihre Verfassungsbeschwerde als nicht verfristet anzusehen ist.

VII. Zwischenergebnis

Die von G erhobene Verfassungsbeschwerde ist zulässig.

B. Begründetheit

Die Verfassungsbeschwerde der G ist begründet, soweit sie durch die letztinstanzliche Entscheidung des BayVGH tatsächlich in ihren Grundrechten verletzt ist.

I. Prüfungsmaßstab

Der Prüfungsmaßstab des BVerfG ist bei Verfassungsbeschwerden gegen Gerichtsentscheidungen insoweit begrenzt, als dass das BVerfG nicht als „Superrevi-

---

14 Die zwingende Gewährung der Wiedereinsetzung gilt trotz des missverständlichen Wortlauts von § 93 II 4 Hs. 2 BVerfGG („kann") auch in den Fällen der Wiedereinsetzung von Amts wegen, da das „kann" in § 93 II 4 Hs. 2 BVerfGG nur als Kompetenz-Kann und nicht als Ermessens-Kann zu verstehen ist, vgl. B. Grünewald, in: BeckOK-BVerfGG, 12. Ed. 1.12.2021, § 93 Rn. 75.

sionsinstanz" fungiert.[15] Es prüft nicht die richtige Anwendung des einfachen (Fach-)Rechts, sondern nur die Verletzung spezifischen Verfassungsrechts durch die jeweils angegriffene Gerichtsentscheidung. Entscheidend ist, ob der BayVGH hier ein Grundrecht übersehen, eine verfassungswidrige Rechtsgrundlage herangezogen oder die Bedeutung und Tragweite der Grundrechte verkannt hat.

Klausurtaktik

Bei Verfassungsbeschwerden gegen Gerichtsentscheidungen ist stets der begrenzte Prüfungsmaßstab des BVerfG darzustellen, auch wenn sich dies auf die nachfolgende Grundrechtsprüfung letztlich nicht auswirkt. Dem BVerfG wird zwar mitunter vorgeworfen, diese eigenen Maßstäbe nicht einzuhalten und sich tiefgreifend in die Fachgerichtsbarkeit einzumischen,[16] aber in einer Klausur haben Ausführungen hierzu zu unterbleiben.

Weiterführendes Wissen

Das BVerfG ist bei seiner Begründetheitsprüfung nicht an den Vortrag des:der Beschwerdeführer: in gebunden. Vielmehr kann es auch Grundrechte (und sonstiges Verfassungsrecht) prüfen, die gar nicht geltend gemacht wurden.[17] Damit wäre Art. 4 I, II GG hier auch zu prüfen gewesen, wenn sich G nur auf die Berufsfreiheit (Art. 12 I GG) berufen hätte.

II. Verletzung von Art. 4 I, II GG

Art. 4 I, II GG wurde hier durch die Entscheidung des BayVGH verletzt, wenn in dessen Schutzbereich eingegriffen wurde und dieser Eingriff verfassungsrechtlich nicht gerechtfertigt ist.

1. Schutzbereich
a) Sachlicher Schutzbereich

Auf den ersten Blick beinhalten Art. 4 I und II GG zahlreiche eigenständige Grundrechtsgewährleistungen (Glaube, Gewissen, religiöses und weltanschauliches Bekenntnis, Religionsausübung). Gleichwohl wird überwiegend davon ausgegangen, dass Art. 4 I und II GG einen einheitlichen (sachlichen) Schutzbereich der Glaubensfreiheit bilden. Schließlich können die einzelnen Gewährleistungen im Detail nicht sinnvoll voneinander getrennt werden. Geschützt wird die innere

---

15 Siehe zum eingeschränkten Prüfungsmaßstab des BVerfG Linke, § 10 B.III., im OpenRewi Grundrechte Lehrbuch.
16 Reichenbach, NStZ 2018, 170.
17 BVerfG, Beschl. v. 11.4.2018, Az.: 1 BvR 3080/09, Rn. 2 = BVerfGE 148, 2677; Walter, in: Dürig/ Herzog/Scholz, GG, 95. EL Juli 2021, Art. 93 Rn. 401.

Freiheit, einen Glauben zu haben oder nicht zu haben (forum internum), sowie die äußere Freiheit, den Glauben zu bekunden, zu verbreiten und <u>glaubensgeleitet zu leben</u> (forum externum).[18] Abzustellen ist dabei im Einzelfall auf das Selbstverständnis des:der jeweiligen Grundrechtsträger:in, sofern dieses nicht offensichtlich in keiner Weise plausibel ist.

❗ Klausurtaktik

Angesichts der offensichtlichen Anerkennung des Islams als Glaube beziehungsweise Religion erscheint eine – mitunter schwer fassbare – Definition des Merkmals des Glaubens beziehungsweise der Religion hier entbehrlich.

Nach dem Selbstverständnis der G und ihrem Verständnis des Islams ist es ihr verwehrt, in der Öffentlichkeit – und damit auch bei Amtshandlungen mit Außenkontakt – ohne Kopftuch aufzutreten. Beeinträchtigt ist damit jedenfalls ihr Wunsch, glaubensgeleitet zu leben. Zwar werden auch innerhalb des Islams unterschiedliche Auffassungen zum Bedeckungsgebot vertreten, maßgeblich ist hier jedoch das individuelle Glaubensverständnis der G, das angesichts der Verbreitung einer strengeren Auslegung des Islams (Kopftuchgebot in Form eines Nikab) jedenfalls nicht offensichtlich unplausibel ist.[19]

Der sachliche Schutzbereich ist somit eröffnet.

b) Persönlicher Schutzbereich

Art. 4 I, II GG schützt „jedermann" und damit grundsätzlich alle Grundrechtsträger:innen wie auch die G. Die Eingliederung der G in den staatlichen Aufgabenbereich durch das öffentlich-rechtliche Ausbildungsverhältnis in Form des Rechtsreferendariats steht ihrer Grundrechtsberechtigung dabei nicht entgegen.[20] Eine Ablehnung der staatlichen Grundrechtsbindung im Binnenverhältnis zu seinen Beamt:innen und Angestellten ist in Art. 1 III GG nicht angelegt und auch sonst nicht zu rechtfertigen.

---

18 Siehe zum sachlichen Schutzbereich von Art. 4 I und II GG Gerbig, § 22.1 A.I.1., im OpenRewi Grundrechte Lehrbuch.

19 So auch <u>BVerfG, Beschl. v. 14.1.2020, Az.: 2 BvR 1333/17, Rn. 80</u> = BVerfGE 153, 1.

20 <u>BVerfG, Beschl. v. 14.1.2020, Az.: 1 BvR 1333/17, Rn. 79</u>; siehe zur Grundrechtsberechtigung von Personen, die den Staat repräsentierende Aufgaben ausüben Gerbig, § 22.1 A.I.2 im OpenRewi Grundrechte Lehrbuch.

Rudi Lang

2. Eingriff

In das Grundrecht der Glaubensfreiheit müsste eingegriffen worden sein. Dies setzt nach dem <u>klassischen Eingriffsbegriff</u> ein finales, unmittelbares, rechtlich regelndes und mit Befehl und Zwang durchsetzbares staatliches Handeln voraus.

Hier wird durch die Entscheidung des BayVGH im einstweilen Rechtsschutz das staatlich angeordnete Verbot des Tragens religiös geprägter Symbole oder Kleidungsstücke aufrechterhalten. Damit teilt die Gerichtsentscheidung den Charakter als unmittelbarer, finaler und imperativer Eingriff in die Glaubensfreiheit der G.

3. Rechtfertigung

Der Eingriff in die Glaubensfreiheit der G könnte jedoch gerechtfertigt sein, wenn Art. 4 I, II GG einschränkbar, die beschränkende Rechtsgrundlage verfassungsgemäß und auch die Anwendung der Rechtsgrundlage im Einzelfall verfassungsgemäß ist.

a) Einschränkbarkeit

Art. 4 I, II GG enthält keinen geschriebenen Gesetzesvorbehalt und kann damit *prima facie* nicht eingeschränkt werden.[21]

Es wird jedoch mitunter dafür plädiert, Art. 140 GG in Verbindung mit Art. 136 I WRV oder die Schrankenregelungen anderer Grundrechte (Art. 2 I GG, Art. 5 II GG) (sogenannte Schrankenleihe) heranzuziehen. Dem ist jedoch entgegenzuhalten, dass nach der Systematik der Grundrechte – im Gegensatz etwa zur Charta der Grundrechte der Europäischen Union (vgl. Art. 52 I 1 GRCh) – deren etwaige Schranken bereits im jeweiligen Artikel selbst mitgenannt werden (Prinzip der Schrankenspezialität). Die Heraushebung von Art. 2 I GG und Art. 5 II GG als allgemeine Schrankenregelungen auch für andere Grundrechte – wie hier Art. 4 I, II GG – würde dieser gesetzgeberisch intendierten Zuordnung zuwiderlaufen und ist demnach abzulehnen.

Mithin wird die Glaubensfreiheit in Art. 4 I, II GG **vorbehaltlos** gewährleistet. Vorbehaltlos bedeutet jedoch nicht „schrankenlos".[22] Eine Rechtfertigung von Eingriffen durch kollidierendes Verfassungsrecht bleibt möglich. Dem steht auch nicht der Wortlaut von Art. 4 I GG („unverletzlich") entgegen. Denn es besteht

---

21 Siehe zu vorbehaltlos gewährleisteten Grundrechten allgemein Milas, § 6 C.II.3., im OpenRewi Grundrechte Lehrbuch.
22 Unglückliche Wortwahl daher bei <u>BVerfG, Beschl. v. 14.1.2020, Az.: 1 BvR 1333/17, Rn. 110</u> = BVerfGE 153, 1.

bereits begrifflich ein gradueller Unterschied zu – nach allgemeiner Auffassung nicht legitimierbaren – Eingriffen in die Menschenwürde (Art. 1 I 1 GG) („unantastbar"). Im Übrigen zeigt ein systematischer Vergleich mit anderen Grundrechtsgewährleistungen (Art. 13 I GG, Art. 2 II 2 GG), dass der Ausdruck „unverletzlich" nicht zu einer fehlenden Beschränkbarkeit führt (vgl. nur Art. 2 II 3 GG).

Auch in diesen Fällen der Rechtfertigung durch kollidierendes Verfassungsrecht muss jedoch eine hinreichend bestimmte gesetzliche Grundlage bestehen, um dem verfassungsrechtlichen Grundsatz des Vorbehalts des Gesetzes (Art. 20 III GG) Rechnung zu tragen.

b) Verfassungsmäßigkeit der Rechtsgrundlage

Rechtsgrundlage des Eingriffs in die Glaubensfreiheit der G ist hier Art. 57 AGGVG (in Verbindung mit Art. 11 II BayRiStAG) als formelles (Landes-)Gesetz.

Fraglich ist jedoch, ob die Norm ihrerseits verfassungsgemäß ist. Denn nur eine verfassungsmäßige Rechtsgrundlage vermag es, Grundrechte wirksam einzuschränken.

aa) Formelle Verfassungsmäßigkeit

Mangels gegenteiliger Angaben besteht an der formellen Verfassungsmäßigkeit kein Zweifel.

---

i Examenswissen

Eine Verletzung des Zitiergebots (Art. 19 I 2 GG) wurde hier schon nicht gerügt und ein Eingehen hierauf kann bei fehlenden Hinweisen im Sachverhalt im Rahmen fremder Normenkomplexe (AGGVG, BayRiStAG) nicht erwartet werden. Ohnehin ist das Zitiergebot nach herrschender Meinung auf vorbehaltlos gewährleistete Grundrechte nicht anwendbar.[23]

---

bb) Materielle Verfassungsmäßigkeit

Art. 57 AGGVG in Verbindung mit Art. 11 II BayRiStAG könnte jedoch materiell verfassungswidrig sein. Dies könnte hier insbesondere aus einer Verletzung der Glaubensfreiheit gemäß Art. 4 I, II GG resultieren.

Fraglich ist, ob der Eingriff in Art. 4 I, II GG gerechtfertigt, also insbesondere verhältnismäßig ist. Dies ist dann der Fall, wenn mit kollidierendem Verfassungsrecht ein legitimes Ziel verfolgt wird, und Art. 57 AGGVG in Verbindung mit Art. 11

---

23 Siehe nur BVerfG, Beschl. v. 27.11.1990, Az.: 1 BvR 407/87, Rn. 84.

II BayRiStAG geeignet, erforderlich und angemessen ist, dieses Ziel zu erreichen. Im Ergebnis ist somit eine Abwägung mit den widerstreitenden Verfassungsgütern vorzunehmen, die im Sinne der praktischen Konkordanz alle Verfassungsgüter einem schonenden Ausgleich zuführt, ohne eine der Rechtspositionen zu bevorzugen oder maximal zu behaupten.[24]

(1) Gebot weltanschaulich-religiöser Neutralität

Eine etwaige staatliche Neutralitätspflicht in Glaubensfragen lässt sich dem Text des Grundgesetzes nicht unmittelbar entnehmen. Gleichwohl ergibt sich aus einer Gesamtschau von Art. 4 I, Art. 3 III 1, Art. 33 III GG sowie Art. 136 I, IV, Art. 137 I WRV in Verbindung mit Art. 140 GG, dass der Staat als Bezugspunkt **aller** Bürger:innen zu weltanschaulich-religiöser Neutralität verpflichtet ist. Denn wenn der Staat in den genannten Bestimmungen des Grundgesetzes für sich beansprucht, ein Nebeneinander aller Glaubensrichtungen gewährleisten zu wollen, kann er sich nicht einseitig selbst zugunsten einer bestimmten Glaubensrichtung positionieren. Ihm ist es mithin untersagt, sich ausdrücklich oder konkludent mit einer bestimmten Glaubensrichtung oder Weltanschauung zu identifizieren (sogenanntes Identifikationsverbot).[25]

Neutralität bedeutet aber – entgegen der Auffassung der G – nicht eine generelle Distanzierung des Staates von den Kirchen und die Lossagung von jeglicher Religiosität. Es findet keine Verbannung der Religionen aus dem öffentlichen Raum statt, vielmehr finden diese hierin ihren Platz, wie auch schon das Grundgesetz selbst (zum Beispiel in Art. 4 I, II, Art. 7 III 1 GG) zum Ausdruck bringt.[26] Der Staat ist durch Art. 4 I, II GG gar dazu verpflichtet, die aktive Betätigung der Glaubensüberzeugung zu sichern (sogenannte fördernde Neutralität).[27] Die Grenze bildet jedoch stets das Identifikationsverbot.

---

24 Vgl. BVerfG, Beschl. v. 16.5.1995, Az.: 1 BvR 1087/91, Rn. 51 = BVerfGE 93, 1.
25 Zum Ganzen BVerfG, Beschl. v. 14.1.2020, Az.: 2 BvR 1333/17, Rn. 87 f. = BVerfGE 153, 1.
26 Friedrich, NVwZ 2018, 1007 (1009).
27 BVerfG, Beschl. v. 14.1.2020, Az.: 2 BvR 1333/17, Rn. 88 = BVerfGE 153, 1.

---

i **Weiterführendes Wissen**

Im Einzelnen ist hier vieles streitig, wobei die Details in einer Klausurbearbeitung nicht erwartet werden können. Einzig das Identifikationsverbot kann als allgemein konsentiert und auch für eine verfassungsrechtliche Prüfung operationabel angesehen werden.[28] Die Herstellung von Normbezug ist zwar grundsätzlich wünschenswert, es kann jedoch nicht erwartet werden, dass sämtliche der hier zur Herleitung herangezogenen Normen des Grundgesetzes erkannt und genannt werden. Für eine gute Klausurbearbeitung genügt die Herleitung allein aus Art. 4 I, Art. 3 III 1 GG.

Art. 57 AGGVG in Verbindung mit Art. 11 II BayRiStAG könnte als Ausdruck des Identifikationsverbots die Glaubensfreiheit der Betroffenen Rechtsreferendar:innen in verfassungsrechtlich legitimer Weise beschränken. Entscheidend ist zunächst, ob in der von Art. 57 AGGVG in Verbindung mit Art. 11 II BayRiStAG erfassten Situation überhaupt ein „staatliches" Handeln vorliegt, denn nur ein solches vermag das Gebot weltanschaulich-religiöser Neutralität zu aktivieren. Derartiges staatliches Handeln ist im Einzelfall von rein privater Grundrechtsausübung der jeweiligen Amtsträger:innen zu unterscheiden.[29]

(Heute) unstreitig ist, dass die Eingliederung in den Staatsapparat den jeweils handelnden Amtsträger:innen nicht die Grundrechtsberechtigung nimmt. Damit scheidet die Zuordnung eines Verhaltens eines:einer Amtsträger:in zur individuellen Grundrechtssphäre (und nicht zur staatlichen Sphäre) nicht per se aus. Dies gilt grundsätzlich auch bei äußerlichem Auftreten als Amtsträger:in gegenüber Dritten. So hat das BVerfG beispielsweise in den Fällen des Tragens von Kopftüchern durch Lehrkräfte an staatlichen Schulen einen Verstoß gegen das Identifikationsverbot verneint.[30] Dem liegt die Erwägung zugrunde, dass der Staat sich nicht jede bei Gelegenheit der Amtsausübung vorgenommene Glaubensbetätigung als eigene Positionierung zurechnen lassen muss.[31] Ansonsten würde die Grundrechtssubjektivität der Einzelnen für den Staat handelnden Personen wegen der Verpflichtung zu weltanschaulich-religiöser Neutralität konterkariert. Im Ergebnis könnte der Staat nämlich keine Amtswalter:innen mehr einstellen, die ihre religiöse Überzeugung offen nach außen tragen, ohne einen Neutralitätsverstoß befürchten zu müssen.

Fraglich ist somit, ob sich das Tragen religiöser Symbole und Kleidungsstücke im Rahmen des Rechtsreferendariats bei Wahrnehmung von Amtshandlungen mit Außenkontakt – vergleichbar dem Tragen eines Kopftuchs als Lehrkraft

---

28 So auch Friedrich, NVwZ 2018, 1007 (1010).
29 Brosius-Gersdorf/Gersdorf, NVwZ 2020, 428 (428 f.).
30 BVerfG, Beschl. v. 27.1.2015, Az.: 1 BvR 471/10 und 1 BvR 1181/10, Rn. 112 = BVerfGE 138, 296.
31 BVerfG, Beschl. v. 14.1.2020, Az.: 2 BvR 1333/17, Rn. 89 = BVerfGE 153, 1.

in der Schule – als rein private Grundrechtsausübung oder als staatliche Identifikation mit dem Islam darstellen würde. Gegen die Annahme einer Identifikationswirkung spricht, dass das Tragen religiöser Symbole oder Kleidungsstücke durch Rechtsreferendar:innen gerade nicht auf eine staatliche Anordnung zurückzuführen ist, sondern auf einer autonomen Entscheidung der Grundrechtsträger:innen beruht.[32] Dem ist jedoch entgegenzuhalten, dass der Situation vor Gericht ein besonderes äußeres Gepräge eigen ist. Für eine:n objektive:n Betrachter:in liegt das äußere Auftreten der staatlichen Funktionsträger:innen bei Amtshandlungen mit Außenkontakt im Verantwortungsbereich des Staates, ohne, dass es auf tatsächliche interne Anordnungen ankäme. Der Staat nimmt schon durch die Verpflichtung zum Tragen einer Amtstracht maßgeblich und erkennbar Einfluss auf das äußere Erscheinungsbild seiner Vertretungspersonen, sodass das Erscheinungsbild der staatlichen Funktionsträger:innen inklusive etwaiger religiöser Symbole oder Kleidungsstücke dem Auftreten des Staates selbst gleichkommt. Insoweit unterscheidet sich auch die formalisierte Situation vor Gericht vom pädagogischen Bereich, der in der staatlichen Schule von vornherein auf Offenheit und Pluralität angelegt ist.[33]

Das Handeln der Rechtsreferendar:innen ist damit wegen der Besonderheiten der justiziellen Tätigkeit als Handeln des Staates anzusehen, so dass das Gebot religiös-weltanschaulicher Neutralität insoweit berührt und als Rechtfertigungsgrund für die Beschränkung der Glaubensfreiheit dem Grunde nach einschlägig ist, so dass Art. 57 AGGVG in Verbindung mit Art. 11 II BayRiStAG ein legitimes verfassungsimmanentes Ziel verfolgt.

Klausurtaktik   ❗

Eine andere Auffassung ist hier ebenso gut vertretbar. Etwa kann auf eine bloße Berührung des Mäßigungsgebots aus Art. 33 V GG – das im Ergebnis nicht zu einer Rechtfertigung führt – abgestellt werden.[34] Die Tiefe der hier dargestellten Argumentation kann in einer Klausursituation nicht erwartet werden.

---

(2) Funktionsfähigkeit der Rechtspflege

Auch die vom OLG-Präsidenten ins Feld geführte Funktionsfähigkeit der Rechtspflege findet sich als Belang nicht unmittelbar im Text des Grundgesetzes. Das BVerfG zählt sie zu den Grundbedingungen des Rechtsstaats und weist auf de-

---

32 Brosius-Gersdorf/Gersdorf, NVwZ 2020, 428 (429).
33 Zum Ganzen <u>BVerfG, Beschl. v. 14.1.2020, Az.: 2 BvR 1333/17, Rn. 90</u> = BVerfGE 153, 1.
34 So Brosius-Gersdorf/Gersdorf, NVwZ 2020, 428 (432); Hecker, NVwZ 2020, 423 (424).

ren feste Verankerung im Wertesystem des Grundgesetzes (Art. 19 IV, Art. 20 III, Art. 92 GG) hin.[35] Dem ist zuzustimmen, da ohne eine funktionierende Justiz – der ja auch eine grundrechtsschützende Funktion zukommt – sämtliche andere Verfassungspositionen nicht hinreichend durchsetzbar wären.

Fraglich ist, ob sich dem Belang der Funktionsfähigkeit der Rechtspflege auch Vorgaben für das äußerliche Erscheinungsbild für den Staat handelnder Personen entnehmen lassen. Klar ist, dass die Funktionsfähigkeit der Rechtspflege untrennbar mit deren Objektivität verknüpft ist. Nur eine unabhängige, objektive Justiz schafft hinreichendes Vertrauen des:der Einzelnen in die Funktionalität des Gesamtsystems. Die erkennbare Distanzierung der einzelnen Richter:innen von individuellen religiösen, weltanschaulichen und politischen Überzeugungen bei Ausübung des Amtes stärkt insoweit dieses Vertrauen in die Objektivität der Justiz insgesamt. Die öffentliche Kundgabe von Religiosität ist im Gegensatz hierzu geeignet, das Gesamtbild der Justiz – das gerade durch eine besondere persönliche Zurücknahme der zur Entscheidung berufenen Amtsträger:innen geprägt ist – zu beeinträchtigen.[36]

Damit ist auch der Belang der Funktionsfähigkeit der Rechtspflege als kollidierendes Verfassungsrecht berührt.

(3) Negative Glaubensfreiheit Dritter

Hier könnte die Beschränkung der Glaubensfreiheit durch Art. 57 AGGVG in Verbindung mit Art. 11 II BayRiStAG auch wegen der negativen Glaubensfreiheit derjenigen Personen gerechtfertigt sein, die sich den religiöse Symbole oder Kleidungsstücke tragenden Richter:innen und Staatsanwält:innen in einer etwaigen Verhandlung gegenüber sehen. Die Glaubensfreiheit nach Art. 4 I, II GG schützt nämlich nicht nur die aktive Glaubensbetätigung, sondern auch die Freiheit, fremden Glaubensbetätigungen eines nicht geteilten Glaubens fernzubleiben.[37] In einer – der Vorstellung des Grundgesetzes entsprechenden – offenen Gesellschaft, die einen Raum für unterschiedliche Glaubensüberzeugungen schafft, besteht aber kein Recht des Einzelnen, von fremden Glaubensbekundungen gänzlich verschont zu bleiben.[38] Ansonsten würde die Glaubensfreiheit aller anderen Grundrechtsträger:innen entwertet.

Etwas anderes gilt jedoch in Situationen, in denen staatlicherseits eine unausweichliche Situation geschaffen wird, in der Dritte den Glaubensbekundun-

---

35 BVerfG, Beschl. v. 14.1.2020, Az.: 2 BvR 1333/17, Rn. 91 = BVerfGE 153, 1.
36 BVerfG, Beschl. v. 14.1.2020, Az.: 2 BvR 1333/17, Rn. 91 f. = BVerfGE 153, 1.
37 BVerfG, Beschl. v. 16.5.1995, Az.: 1 BvR 1087/91, Rn. 34 = BVerfGE 93, 1.
38 BVerfG, Beschl. v. 14.1.2020, Az.: 2 BvR 1333/17, Rn. 94 = BVerfGE 153, 1.

gen anderer ausgesetzt sind. Hierin besteht durch die ungewollte und nicht durch den Einzelnen zu verhindernde Konfrontation mit fremden Glaubensbekundungen eine Belastung, die einer grundrechtlich relevanten Beeinträchtigung gleichkommt.[39] Genau eine solche Situation hat Art. 57 AGGVG in Verbindung mit Art. 11 II BayRiStAG im Blick. Sofern sich ein:e Betroffene:r etwa in einer gerichtlichen Verhandlung oder sonstigen Auseinandersetzung mit der Justiz den jeweiligen Amtsträger:innen gegenüber sieht, kann er:sie sich der Situation nicht durch ein Ausweichen entziehen (im Strafprozess ist der:die Angeklagte gar zur Anwesenheit während der gesamten mündlichen Verhandlung verpflichtet, vgl. § 231 I 1 StPO).

Damit ist auch die negative Glaubensfreiheit von Dritten als kollidierendes Verfassungsrecht zur Rechtfertigung der Beschränkung der Glaubensfreiheit etwaiger Rechtsreferendar:innen heranzuziehen.

Klausurtaktik !

Eine andere Auffassung ist gleichermaßen vertretbar. Hier könnte insbesondere angeführt werden, dass sich das BVerfG in der Vergangenheit auch in der unausweichlichen Situation von Schüler:innen staatlicher Schulen (Stichwort Schulpflicht) gegenüber kopftuchtragenden Lehrkräften gegen eine Beeinträchtigung der negativen Glaubensfreiheit ausgesprochen hat.[40] Sofern die „Unausweichlichkeit" der Situation mithin tragend für die Beeinträchtigung der negativen Glaubensfreiheit sein soll, erscheint es nicht unmittelbar einleuchtend, zwischen der unausweichlichen Situation vor Gericht und der unausweichlichen Situation in der Schule (Schulpflicht) zu unterscheiden.[41] Wie bereits zuvor gilt auch hier, dass das grundsätzliche Erkennen des Belangs der negativen Glaubensfreiheit Dritter und dessen argumentative Bewältigung – in Grundzügen – für eine gute Klausurbearbeitung genügt ohne die hier dargestellte Argumentationstiefe zu erreichen. Schließlich handelt es sich bei den gegensätzlichen Verfassungspositionen insgesamt um sehr „unscharfe" und keineswegs unstrittige Kriterien.

---

(4) Abwägung der widerstreitenden Rechtspositionen im Sinne praktischer Konkordanz

Die Beschränkung der Glaubensfreiheit wiegt auf Seiten der Rechtsreferendar:innen durchaus schwer. Durch Art. 57 AGGVG in Verbindung mit Art 11 II BayRiStAG werden insbesondere auch Kopftücher erfasst. Diese werden von den jeweiligen Gläubigen zur Befolgung einer als verbindlich empfundenen Pflicht getragen, für die es im Christentum und auch in den meisten anderen Glau-

---

39 BVerfG, Beschl. v. 14.1.2020, Az.: 2 BvR 1333/71, Rn. 95 = BVerfGE 153, 1.
40 BVerfG, Beschl. v. 27.1.2015, Az.: 1 BvR 471/10, 1 BvR 1181/10, Rn. 104 f. = BVerfGE 138, 296.
41 Zum Ganzen Brosius-Gersdorf/Gersdorf, NVwZ 2020, 428 (431).

bensrichtungen kein Äquivalent gibt. Mithin stünden muslimische Rechtsreferendarinnen insoweit schlechter als Staatsbedienstete, deren Glauben keine besondere Kleidung vorschreibt oder solche, die gar keinen religiösen Geboten folgen (Atheist:innen). Zudem besteht abseits des Referendariats kein anderer Weg für Jurist:innen, das Zweite Staatsexamen anzustreben, so dass Betroffene der Belastungswirkung auch nicht ausweichen können.[42]

Andererseits stellt vor allem das Gebot religiös-weltanschaulicher Neutralität des Staates ein Verfassungsgut von immenser Bedeutung dar. Die Trennung von Staat und Religion und die daraus folgende Verpflichtung zu religiös-weltanschaulicher Neutralität sind fundamentale Staatsstrukturprinzipien. Denn der Staat kann ohne durch ihn selbst „vorgelebte" Neutralität ein friedliches und geordnetes Zusammenleben verschiedener Glaubensrichtungen nicht gewährleisten und damit wesentliche durch das Grundgesetz vorgegebene Ziele nicht erreichen. Es erscheint daher gerechtfertigt, dem Neutralitätsgebot prinzipiellen Vorrang gegenüber anderen Verfassungsgütern – wie hier der Glaubensfreiheit – einzuräumen.[43] Schon aus diesem Grund muss die Glaubensfreiheit der Rechtsreferendar:innen hier zurücktreten.

Im Übrigen wird die mit Art. 57 AGGVG in Verbindung mit Art. 11 II BayRiStAG verbundene Belastung dadurch abgeschwächt, dass sie nur auf einzelne wenige Tätigkeiten während des Referendariats (zum Beispiel Sitzungsvertretung der Staatsanwaltschaft) beschränkt ist und auch nur temporär wirkt (vor allem für die ersten beiden Ausbildungsstationen in Form der Straf- und Zivilstation).[44] In den restlichen – den großen Teil der Referendarausbildung ausmachenden – Ausbildungsabschnitten beziehungsweise praktischen Tätigkeiten darf der Glaubensbekundung ohne Einschränkungen nachgegangen werden.

Somit überwiegen hier die kollidierenden Verfassungsgüter gegenüber der individuellen Glaubensfreiheit und ein Verstoß von Art. 57 AGGVG in Verbindung mit Art. 11 II BayRiStAG gegen Art. 4 I, II GG liegt nicht vor.

ℹ️ Weiterführendes Wissen

Angesichts des teilweise offen formulierten Art. 11 II BayRiStAG („Zweifel an ihrer Unabhängigkeit, Neutralität oder ausschließlichen Bindung an Recht und Gesetz hervorrufen **können**") könnte bei gegenteiligem Abwägungsergebnis (insbesondere bei Ablehnung der Betroffenheit der Neutralitätspflicht) auf eine mögliche verfassungskonforme Auslegung eingegangen werden.

---

42 Zum Ganzen BVerfG, Beschl. v. 14.1.2020, Az.: 2 BvR 1333/17, Rn. 103 = BVerfGE 153, 1.
43 Zum Ganzen überzeugend Brosius-Gersdorf/Gersdorf, NVwZ 2020, 428 (432).
44 BVerfG, Beschl. v. 14.1.2020, Az.: 2 BvR 1333/17, Rn. 104 f. = BVerfGE 153, 1.

Rudi Lang

cc) Zwischenergebnis

Art. 57 AGGVG in Verbindung mit Art. 11 II BayRiStAG sind verfassungsgemäß.

c) Verfassungsmäßigkeit des Einzelakts

Der OLG-Präsident hat durch die „Auflage" letztlich nur die von Art. 57 AGGVG in Verbindung mit Art. 11 II BayRiStAG vorgezeichnete Abwägung nachvollzogen und diese damit nicht verfassungswidrig angewendet. Auch im konkreten Einzelfall der G wiegt das Neutralitätsgebot des Staates – das der Zulassung von Kopftüchern als religiöse Kleidungsstücke bei Amtshandlungen mit Außenkontakt entgegensteht – schwerer als ihre Glaubensfreiheit. Dies gilt unabhängig davon, dass sie persönlich ein besonderes Interesse an den für sie ohne Kopftuch nicht möglichen Tätigkeiten hegt.

4. Zwischenergebnis

Die G ist durch die Entscheidung des BayVGH nicht in ihrer Glaubensfreiheit aus Art. 4 I, II GG verletzt, da der insoweit vorliegende Eingriff verfassungsrechtlich gerechtfertigt ist.

III. Verletzung von Art. 12 I GG

Zwar ist neben Art. 4 I, II GG wegen des Kontextes der Referendarausbildung auch Art. 12 I GG in Form der Ausbildungsfreiheit beeinträchtigt. Art. 12 I GG kommt jedoch in hiesigem Kontext kein weitergehender Schutz zu als dem vorbehaltlos gewährleisteten Art. 4 I, II GG, so dass wegen der entgegenstehenden gewichtigen Belange der Neutralitätspflicht, der Funktionsfähigkeit der Rechtspflege und der negativen Glaubensfreiheit Dritter eine Verletzung von Art. 12 I GG ausscheidet.

Klausurtaktik !

Art. 12 I GG kann bereits bei der materiellen Verfassungsmäßigkeit von Art. 57 AGGVG in Verbindung mit Art. 11 II BayRiStAG angesprochen werden. Aus Gründen der Übersichtlichkeit wurde hier jedoch darauf verzichtet.

Weiterführendes Wissen i

Im Falle der direkten Anwendung von Art. 11 II BayRiStAG, also einem Kopftuchverbot für Richter: innen und Staatsanwält:innen, das faktisch einem Berufsverbot gleichkommt, liegt eine eigenständige Bedeutung von Art. 12 I GG hingegen durchaus nahe.

Rudi Lang

IV. Verletzung von Art. 2 I in Verbindung mit Art. 1 I GG

Auch der Eingriff in das allgemeine Persönlichkeitsrecht der G durch die gerichtliche Aufrechterhaltung des Verbots des Tragens religiös geprägter Symbole oder Kleidungsstücke ist hier entsprechend den obigen Ausführungen gerechtfertigt.

V. Verletzung von Art. 3 III 1 GG

In Betracht kommt zudem eine Verletzung von Art. 3 III 1 GG hinsichtlich der Merkmale des Geschlechts (Art. 3 III 1 Var. 1, Art. 3 II 1 GG) und des Glaubens (Art. 3 III 1 Var. 6 GG). Denn letztlich betrifft das Verbot des Tragens religiöser Kleidung und Symbole vorwiegend muslimische Frauen, was eine zumindest mittelbare Diskriminierung nahelegt.[45] Aus Art. 3 III 1 GG folgt aber im hiesigen Fall kein weitergehender Schutz als aus Art. 4 I, II GG, so dass eine etwaige Ungleichbehandlung jedenfalls aus den bereits dargestellten Gründen nach der hier vertretenen Lösung gerechtfertigt wäre.[46]

V. Zwischenergebnis

G ist nicht in ihren Grundrechten verletzt und die Verfassungsbeschwerde ist folglich unbegründet.

C. Gesamtergebnis

Die Verfassungsbeschwerde der G gegen die Entscheidung des BayVGH ist zwar zulässig, aber unbegründet und hat damit keinen Erfolg.

---

45 Siehe zum Verbot mittelbarer Diskriminierungen González Hauck, § 19.3. A.III., im OpenRewi Grundrechte Lehrbuch.
46 Vgl. BVerfG, Beschl. v. 14.1.2020, Az.: 2 BvR 1333/17, Rn. 113 = BVerfGE 153, 1.

Abwandlung

Der Antrag der G auf Erlass einer <u>einstweiligen Anordnung</u> (§ 32 BVerfGG) hat Erfolg, soweit er zulässig und begründet ist.

Klausurtaktik

Einzelheiten zum für eine Klausursituation eher untypischen einstweiligen Rechtsschutz vor dem BVerfG werden nicht erwartet. Es genügt, die am (dürftigen) Wortlaut von § 32 I BVerfGG orientierte Prüfung von Zulässigkeits- und Begründetheitsvoraussetzungen, wobei stets der Bezug zur Hauptsache (Stichwort: Akzessorietät des Eilrechtsschutzes) im Auge behalten werden sollte.

A. Zulässigkeit

I. Zuständigkeit

Zuständig für den Erlass einstweiliger Anordnungen ist gemäß § 32 I BVerfGG das BVerfG. Über den Wortlaut von § 32 I BVerfGG hinaus ist wegen des akzessorischen Charakters des einstweiligen Rechtsschutzes gegenüber der Hauptsache zudem zu fordern, dass das BVerfG auch für die korrespondierende anhängige oder zumindest zu erwartende Hauptsache zuständig ist. Hier ist das BVerfG auch für die anhängige Verfassungsbeschwerde zuständig.

Weiterführendes Wissen

In den praktisch meisten Fällen wird insoweit eine Kammerentscheidung innerhalb eines Senats des BVerfG (und keine Senatsentscheidung) ergehen.

II. Statthaftigkeit

Voraussetzung für den Erlass einer einstweiligen Anordnung ist gemäß § 32 I BVerfGG ein „Streitfall". Ein solcher setzt voraus, dass in der Hauptsache ein Verfahren anhängig oder zu erwarten ist. Hier ist die Verfassungsbeschwerde der G in der Hauptsache bereits anhängig, so dass ein „Streitfall" im Sinne des § 32 I BVerfGG vorliegt und der Antrag auf einstweilige Anordnung statthaft ist.

III. Antragsberechtigung

Antragsberechtigt für eine einstweilige Anordnung sind die Beteiligten des (potenziellen) Hauptsacheverfahrens. Als Beschwerdeführerin in der Hauptsache ist die G somit antragsberechtigt.

Rudi Lang

IV. Antragsbefugnis

G müsste auch antragsbefugt sein. Hierfür müsste es nach den vorgebrachten tatsächlichen Umständen zumindest als möglich erscheinen, dass ihr oder der Allgemeinheit ein schwerer Nachteil droht.[47] Es erscheint hier nicht von vornherein ausgeschlossen, dass die G irreversibel in ihrer Glaubensfreiheit und Berufsfreiheit aus Art. 4 I, II, Art. 12 I GG verletzt wird, indem sie für die gesamte Dauer der Zivil- und Strafstation von allen Amtshandlungen mit Außenkontakt ausgeschlossen wird. Eine solche Grundrechtsverletzung ist als ein der G drohender schwerer Nachteil anzusehen. Daher ist die G im Verfahren nach § 32 I BVerfGG antragsbefugt.

V. Form und Frist

Für den Antrag im einstweiligen Rechtsschutz gelten die Formanforderungen der Hauptsache entsprechend, sodass dieser schriftlich und begründet einzureichen ist (§ 23 I 1, 2 Hs. 1 BVerfGG). Mit der hinreichend begründeten, eigenhändig unterschriebenen und mittels Fax an das BVerfG übermittelten Beschwerdeschrift – inklusive des darin enthaltenen Antrags auf einstweiligen Rechtsschutz – sind diese Anforderungen gewahrt.

Eine Frist für die Beantragung einstweiligen Rechtsschutzes sieht § 32 I BVerfGG nicht vor. Auch eine unter Umständen beachtliche Verfristung der Hauptsache liegt hier nicht vor.

ℹ Weiterführendes Wissen

Wie im Verwaltungsprozessrecht führt die offensichtliche Unzulässigkeit der Hauptsache wegen Verfristung dazu, dass einem Antrag im einstweiligen Rechtsschutz das Rechtsschutzbedürfnis fehlt.

VI. Rechtsschutzbedürfnis

Das Rechtsschutzbedürfnis ist grundsätzlich durch die Erfüllung der übrigen Zulässigkeitsvoraussetzungen indiziert. Es entfällt indes, wenn das BVerfG rechtzeitig über die Hauptsache entscheiden würde, so dass kein Bedürfnis für ein Eilverfahren nach § 32 I BVerfGG bestünde. Dies ist hier jedoch gerade nicht der Fall.

---

47 Bäcker, JuS 2013, 119 (121).

Rudi Lang

VII. Zwischenergebnis

Der Antrag der G auf Erlass einer einstweiligen Anordnung ist zulässig.

Klausurtaktik   ❗

Die Prüfung der Zulässigkeitsvoraussetzungen kann hier wegen der weitgehenden Parallelität zur Hauptsache entsprechend knapp erfolgen.

B. Begründetheit

Die Begründetheit eines Antrags auf Erlass einer einstweiligen Anordnung gemäß § 32 BVerfGG folgt einer **Zwei-Stufen-Prüfung**. Ist die Hauptsache offensichtlich unzulässig oder unbegründet, ist der Antrag auf Erlass einer einstweiligen Anordnung bereits unbegründet. Ist die Hauptsache hingegen offensichtlich zulässig und begründet, ist der Antrag nach § 32 BVerfGG begründet. Ist der Ausgang der Hauptsache offen, bemisst sich die Begründetheit des Eilantrags nach einer folgenorientierten Interessenabwägung.[48]

Entscheidend ist somit primär der Ausgang des Hauptsacheverfahrens und sekundär eine Interessenabwägung.

Klausurtaktik   ❗

Dieser „gestufte" Prüfungsmaßstab im Rahmen der Begründetheit einer einstweiligen Anordnung nach § 32 I BVerfGG sollte bekannt sein, ist dem Normtext des BVerfGG aber nicht zu entnehmen. Weil dieser Maßstab jedoch letztlich demjenigen des aus dem Verwaltungsprozessrecht bekannten § 80 V VwGO-Antrags gleicht, fallen Aufbaufehler an dieser Stelle negativ ins Gewicht.

I. Erfolgsaussichten der Hauptsache

Wie oben bereits dargelegt wurde, ist die Hauptsache zwar zulässig, aber unbegründet. Dies als „offensichtlich" zu bezeichnen würde jedoch den argumentativen Aufwand hinsichtlich der Existenz und des Gewichts kollidierender Verfassungsgüter und die Schwierigkeit der Einordnung in die bisherige „Kopftuch-

---

48 BVerfG, Beschl. v. 27.6.2017, Az.: 1333/17, Rn. 31.

Rechtsprechung" des BVerfG verkennen. Die Erfolgsaussichten sind somit offen und bedürfen der Klärung in einem Hauptsacheverfahren.[49]

❗ Klausurtaktik

Es ist im Rahmen einer Klausurbearbeitung naturgemäß schwierig und im Grundsatz auch nicht zu empfehlen, ein Ergebnis als „offensichtlich" zu bezeichnen. Sofern diese Festlegung jedoch – wie hier – gerade der Maßstab der Prüfung ist, sollte auch mit diesem schwer konturierbaren Begriff gearbeitet werden. Im Ergebnis ist hier auch eine andere Auffassung (zum Beispiel offensichtliche Unbegründetheit der Hauptsache und deshalb Begründetheit der einstweiligen Anordnung gemäß § 32 I BVerfGG) vertretbar. Die „Offensichtlichkeit" sollte jedoch in diesem Fall – zumindest kurz – begründet werden.

II. Interessenabwägung

1. Maßstab

Im Rahmen der Folgenabwägung – die mangels offensichtlichen Ausgangs des Hauptsacheverfahrens vorzunehmen ist – sind zwei Situationen zu vergleichen und abzuwägen: einerseits, dass die Verfassungsbeschwerde der G Erfolg hat, die einstweilige Anordnung aber nicht erfolgt; andererseits, dass die Verfassungsbeschwerde der G keinen Erfolg hat, die einstweilige Anordnung aber erfolgt. Entscheidend für die Folgenabwägung ist, welche der beiden Konstellationen größeren Schaden anrichten würde. Insoweit löst sich die Folgenabwägung nach § 32 BVerfGG von einer Prüfung des Rechts, maßgeblich sind allein die (voraussichtlichen) Entscheidungswirkungen.[50]

Wegen der weittragenden Konsequenzen einer einstweiligen Anordnung in einem verfassungsgerichtlichen Verfahren ist hierbei ein strenger Maßstab für den Erlass einer einstweiligen Anordnung anzulegen.[51] Die Nachteile des Nichterlasses der einstweiligen Anordnungen müssen diejenigen des Erlasses deutlich überwiegen, nur dann ist die Anordnung „dringend geboten" im Sinne des § 32 I BVerfGG.[52]

---

49 So auch <u>BVerfG, Beschl. v. 27.6.2017, Az.: 2 BvR 1333/17, Rn. 34</u> zum im Wesentlichen gleich gelagerten Fall zum Kopftuchverbot für Rechtsreferendarinnen in Hessen.
50 <u>BVerfG, Urt. v. 14.5.1996, Az.: 2 BvR 1516/93, Rn. 161</u> = BVerfGE 94, 166.
51 Graßhof, in: Schmidt-Bleibtreu/Klein/Bethge, BVerfGG, 61. EL Juli 2021, § 32 Rn. 55; Wenglarczyk, JuS 2021, 1024 (1028).
52 Bäcker, JuS 2013, 119 (123).

2. Nachteile des Ausbleibens der einstweiligen Anordnung trotz Erfolg in der Hauptsache

Wenn die einstweilige Anordnung hier unterbleibt, die G aber in der Hauptsache obsiegt, tritt für sie eine irreversible Grundrechtsverletzung ein, da sie bis zur Hauptsacheentscheidung im Rechtsreferendariat keine Amtshandlungen mit Außenkontakt vornehmen darf und die hierfür prädestinierte Zivil- und Strafstation bereits absolviert ist. Die Intensität dieser Beeinträchtigung wird jedoch dadurch relativiert, dass die Grundrechtsbeeinträchtigung zeitlich und örtlich begrenzt ist. Die G ist nur von der Repräsentation der Justiz oder des Staates im Rahmen der Ausbildung ausgeschlossen, soweit sie das Kopftuch tragen möchte. Die sonstigen Ausbildungsinhalte bleiben unberührt.[53] Die G wird überdies nicht gezwungen, das Kopftuch abzunehmen, vielmehr kann sie den Verhandlungen mit Kopftuch im Zuschauer:innenbereich des Gerichtssaals folgen und auch alle sonstigen dienstlichen Tätigkeiten ohne Außenkontakt wahrnehmen; es besteht schon kein Anspruch auf selbstständige Übernahme und Durchführung von Amtshandlungen mit Außenkontakt.[54]

3. Überwiegende Nachteile des Erlasses der einstweiligen Anordnung trotz Erfolglosigkeit der Hauptsache

Dem sind die Auswirkungen gegenüberzustellen, die bestehen, wenn die Hauptsache ohne Erfolg bleibt, eine einstweilige Anordnung aber getroffen wird. Das für ein geordnetes Zusammenleben verschiedener Glaubensrichtungen elementare Gebot weltanschaulich-religiöser Neutralität würde bei Erlass einer einstweiligen Anordnung für eine Übergangszeit beeinträchtigt. Der Staat würde einstweilen den Eindruck erwecken, sich zugunsten einer bestimmten Religion zu positionieren und damit das staatliche Fundamentalprinzip der Trennung von Staat und Religion missachten. Überdies würde Misstrauen in die Unabhängigkeit der Rechtspflege gesät und damit die Funktionsfähigkeit der Rechtspflege beeinträchtigt. Zwar sind diese Folgen ihrerseits dadurch begrenzt, dass Rechtsreferendar:innen in der Regel nur einige wenige außenwirksame Termine wahrnehmen und nur einzelnen Verfahrensbeteiligten gegenübertreten. Gleichwohl könnte das Auftreten der G insoweit von der Bevölkerung als „Dammbruch" in Richtung einer nicht mehr religionsneutralen Staatsgewalt aufgefasst werden, dem vor allem wegen der formalen Gleichstellung von Rechtsreferendar:innen mit Richter:innen

---

53 BVerfG, Beschl. v. 27.6.2017, Az.: 2 BvR 1333/17, Rn. 41.
54 BVerfG, Beschl. v. 27.6.2017, Az.: 2 BvR 1333/17, Rn. 42.

und Staatsanwält:innen (vgl. Art. 57 AGGVG) über das bloße Auftreten einer einzelnen Rechtsreferendarin hinaus negative Vorbildwirkung zukommen würde.

Diese Nachteile stehen den für die G drohenden Nachteilen in keiner Weise nach, sondern sind vielmehr wegen deren Verankerung als staatliche Grundprinzipien (religiös-weltanschauliche Neutralität, Funktionsfähigkeit der Rechtspflege) als höherrangiger zu bewerten.

Insbesondere angesichts des strengen Maßstabs für den Erlass einer einstweiligen Anordnung und des jedenfalls mangelnden klaren Überwiegens der Nachteile für G fällt die Folgenabwägung somit zu Lasten der G aus und der Antrag gemäß § 32 I BVerfGG ist folglich unbegründet.

❗ Klausurtaktik

Wegen des außerrechtlichen Charakters der Interessenabwägung ist ein gegenteiliges Ergebnis mit guter Begründung ebenso gut vertretbar. In einer Klausur genügt auch eine weniger umfangreiche Abwägung, sofern die wesentlichen Abwägungsgesichtspunkte berücksichtigt werden.

C. Gesamtergebnis

Der Antrag der G auf Erlass einer einstweiligen Anordnung gemäß § 32 BVerfGG ist zwar zulässig, aber unbegründet und hat damit keinen Erfolg.

Zusammenfassung: Die wichtigsten Punkte
- Rechtswegerschöpfung beziehungsweise Subsidiarität setzen nicht zwingend die Erschöpfung des Hauptsacherechtswegs voraus.
- Dem:der Beschwerdeführer:in kann auch ohne expliziten Antrag Wiedereinsetzung in den vorigen Stand hinsichtlich der Frist zur Erhebung der Verfassungsbeschwerde gewährt werden.
- Art. 4 I, II GG stellt ein einheitliches Grundrecht der Glaubensfreiheit dar.
- Art. 4 I, II GG kann (nur) durch kollidierendes Verfassungsrecht beschränkt werden.
- Kollidierendes Verfassungsrecht mit der Glaubensfreiheit können insbesondere das Gebot religiös-weltanschaulicher Neutralität, die Funktionsfähigkeit der Rechtspflege und die negative Glaubensfreiheit Dritter sein.
- Die Neutralitätspflicht im Sinne des Grundgesetzes bedeutet keine gänzliche Verbannung von Religionen aus dem öffentlichen Raum, vielmehr liegt ihr das Konzept der sogenannten fördernden Neutralität zugrunde.
- Art. 12 I GG kommt bei spezifisch glaubensbezogenen Beschränkungen von Rechtsreferendar:innen keine eigenständige Bedeutung zu beziehungsweise ist ein Eingriff aus denselben Erwägungen gerechtfertigt.
- Der Prüfungsmaßstab bei der Begründetheit einer einstweiligen Anordnung nach § 32 BVerfGG ist ein doppelter und gestufter, primär sind die Erfolgsaussichten der Hauptsache, sekundär eine reine Folgenabwägung maßgeblich.

Rudi Lang

Weiterführende Studienliteratur

- Aqilah Sandhu, Gleichmacherei statt Gleichheit, VerfBlog v. 28.2.2020
- Anna Katharina Mangold, Justitias Dresscode, zweiter Akt, Minderheiten im demokratischen Staat, VerfBlog v. 27.2.2020
- Frauke Brosius-Gersdorf/Hubertus Gersdorf, Kopftuchverbot für Rechtsreferendarin: Unanwendbarkeit des Neutralitätsgebots, Zur Differenzierung zwischen dem Neutralitätsgebot für den Staat und dem Mäßigungsgebot für Amtsträger, NVwZ 2020, S. 428–432
- Jonas Bühler/Rudi Lang, Die Wiedereinsetzung in den vorigen Stand – eine rechtsgebietsübergreifende Darstellung für die Klausurlösung, JA 2021, S. 497–503
- Carsten Bäcker, Die einstweilige Anordnung im Verfassungsprozessrecht, JuS 2013, S. 119–124
- Fynn Wenglarczyk, Grundzüge des Eilrechtsschutzverfahrens vor dem BVerfG nach § 32 BVerfGG, JuS 2021, S. 1024–1029

Rudi Lang

Fall 10

Notwendiges Vorwissen: besonderer Gleichheitssatz, Art. 3 III GG

Behandelte Themen: Prüfung des besonderen Gleichheitssatzes, Art. 3 III 1 GG, Racial Profiling

Schwierigkeitsgrad: Grundstudium; 3 Stunden Bearbeitungszeit

Sachverhalt

Die 17-Jährige Alexandra Althus (A) ist gebürtige Freiburgerin mit deutscher Staatsangehörigkeit. Sie ist stolz auf ihre schwarze Hautfarbe und bezeichnet sich selbst als Person of Colour (PoC). Seit ihre Eltern sich ein Haus außerhalb Freiburgs gekauft haben, muss sie täglich mit dem Zug in die Stadt pendeln, um zu ihrer Schule zu gelangen.

So auch am Morgen des 20.1.2021: Um 7:15 Uhr befindet sie sich in einem vollbesetzten Wagon. Außer ihr befinden sich dort ganz überwiegend weiße Fahrgäste, die auf dem Weg zur Arbeit sind. A sitzt mit drei anderen weißen Fahrgästen in einem Vierer-Abteil. Zwischen ihren Füßen steht ihr Schulrucksack und über ihr auf der Gepäckablage befindet sich ihr Sportbeutel. Der Fahrgast neben ihr hat eine Plastiktüte mit Proviant auf die Gepäckablage gelegt, während A selbst nur einen Thermosbecher mit Kaffee dabei hat. Da die Heizung in dem Abteil mal wieder ausgefallen ist, hat sie eine Pudelmütze tief ins Gesicht gezogen, und konzentriert sich nun auf ihre Lektüre für den Englischunterricht, „Sherlock Holmes".

Die Polizeibeamt:innen Peter Müller (P) und Katharina Meier (K) sind in diesem Zug im Einsatz. Ihnen liegt ein Lagebericht vor, nach dem die Zugstrecke aufgrund ihrer Grenznähe verstärkt zur „illegalen Einreise" genutzt wird, weshalb sie Kontrollen nach § 22 Ia BPolG durchführen wollen. Aus ihrem ersten Antirassismustraining an der Polizeiakademie München wissen sie, dass sie verdachtsunabhängige Kontrollen von Personen nicht allein auf deren „Rasse", also vor allem die Hautfarbe stützen dürfen. Das würde gegen das Diskriminierungsverbot aus Art. 3 III 1 GG verstoßen. Bei der Auswahl von zu kontrollierenden Personen fällt ihr Blick schnell auf die lesende A. Neben ihrer schwarzen Hautfarbe, die sie in den Augen der Beamt:innen als „Ausländerin" erscheinen lässt, fällt A den beiden Polizist:innen durch die englische Lektüre und die Plastiktüte, die Geflüchtete oftmals anstelle von Koffern benutzen würden, auf. Außerdem vermuten sie, dass A sich mithilfe der Pudelmütze ihren Blicken entziehen möchte.

Daher entscheiden sich P und K zur Kontrolle von A und sprechen diese auf Englisch an. A – noch ganz in ihr Buch vertieft – antwortet reflexhaft auf

https://doi.org/10.1515/9783110765526-010

Englisch, wechselt dann aber ins Deutsche. P und K möchten den Ausweis von A überprüfen und befragen sie zum Grund ihrer Reise. A möchte wissen, warum gerade sie kontrolliert werde. Es entbrennt eine hitzige Diskussion über Racial Profiling. P und K stellen schnell fest, dass A perfekt Deutsch spricht. Außerdem kann A mit Verweis auf ihr Gepäck glaubhaft darlegen, auf dem Schulweg zu sein. Dennoch möchten P und K nicht so schnell aufgeben und „Ergebnisse" an ihre strenge Vorgesetze melden. Daher bestehen sie auf eine Ausweiskontrolle. A hat ihren Personalausweis dabei und kann ihn vorzeigen. Das Lichtbild weist eindeutig sie als Inhaberin des Ausweises aus. P und K sehen daraufhin von weiteren Maßnahmen ab und steigen am nächsten Halt aus, ohne weitere Fahrgäste zu kontrollieren.

A ist es vor allem unangenehm, als einzige Reisende kontrolliert worden zu sein. Die anderen Personen haben sie während der Kontrolle unverhohlen angestarrt. Hinzu kommt, dass A so eine Kontrolle nicht zum ersten Mal passiert ist. Während sie mit ihren 17 Jahren schon sechs Mal von der Polizei kontrolliert wurde, ist ihrer weißen besten Freundin so etwas noch nie passiert. Sie fühlt sich ausgegrenzt, nimmt die Polizei als Bedrohung wahr und hat das Gefühl, mit ihrer schwarzen Hautfarbe nicht „dazu zu gehören".

Zuhause berichtet sie ihren Eltern von den Ereignissen. Diese suchen gemeinsam mit A Rechtsanwältin R auf, die auf solche Fälle spezialisiert ist. Als R von den Geschehnissen der Zugfahrt erfährt, ist sie empört. Sie hält schon § 22 Ia BPolG für verfassungswidrig. Die Norm verstoße in ihren Augen ganz grundsätzlich gegen Art. 3 III 1 GG. Außerdem sei die Norm viel zu vage formuliert und darüber hinaus völlig unverhältnismäßig. Sie ist sich auch sicher, dass die konkrete Art der Kontrolle gegen Art. 3 III 1 GG verstoße. Dabei nimmt sie an, dass A diskriminiert worden sei, auch wenn die Kontrolle nicht nur aufgrund ihrer Hautfarbe erfolgt sei. Es genüge schon, dass die Auswahl auch wegen ihrer Hautfarbe auf A gefallen sei. Die von P und K angeführten Gründe erscheinen R nicht plausibel zu sein und legten die Auswahl von A nicht schlüssig dar. Das von A mitgeführte Gepäck sei keineswegs „verdächtig" gewesen und eine Mütze im Winter keine Besonderheit. Spätestens nachdem A in perfektem Deutsch ihren Schulweg dargelegt hatte, hätten P und K die Kontrolle beenden müssen. Daher kehre sich die Beweislast um und P und K müssten nun darlegen, dass die Hautfarbe von A kein Motiv für die Auswahl gewesen sei.

P und K behaupten, dass die Hautfarbe höchstens ein Grund unter vielen anderen gewesen sei, die A anzusprechen und sicherlich nicht der Hauptgrund. A sei durch ihr Gepäck, die Mütze und das englische Buch aufgefallen. Die Ausweiskontrolle sei nötig gewesen, da Geflüchtete sich oftmals gut tarnen würden, zum Beispiel durch hochwertige Kleidung. Auch der Schulrucksack hätte nur der Tarnung dienen können. Schließlich würde die Bahnstrecke sehr häufig für die illegale Einreise genutzt, die es auf jeden Fall zu unterbinden gelte. Im Auftrag der A erhebt R erfolglos Klage vor dem Verwaltungsgericht. Nach Erschöpfung des Rechtsweges möchte R für A form- und fristgerecht Verfassungsbeschwerde erheben.

Bearbeitungshinweis:
Mögliche Verstöße gegen das Europarecht sind nicht zu prüfen.

Auszug aus dem Gesetz über die Bundespolizei (Bundespolizeigesetz – BPolG)
§ 22 Befragung und Auskunftspflicht
(1) Die Bundespolizei kann eine Person befragen, wenn Tatsachen die Annahme rechtfertigen, daß die Person sachdienliche Angaben für die Erfüllung einer bestimmten der Bundespolizei obliegenden Aufgabe machen kann. Zum Zwecke der Befragung kann die Person angehalten werden. Auf Verlangen hat die Person mitgeführte Ausweispapiere zur Prüfung auszuhändigen.
(1a) Zur Verhinderung oder Unterbindung unerlaubter Einreise in das Bundesgebiet kann die Bundespolizei in Zügen und auf dem Gebiet der Bahnanlagen der Eisenbahnen des Bundes (§ 3), soweit auf Grund von Lageerkenntnissen oder grenzpolizeilicher Erfahrung anzunehmen ist, daß diese zur unerlaubten Einreise genutzt werden, sowie in einer dem Luftverkehr dienenden Anlage oder Einrichtung eines Verkehrsflughafens (§ 4) mit grenzüberschreitendem Verkehr jede Person kurzzeitig anhalten, befragen und verlangen, daß mitgeführte Ausweispapiere oder Grenzübertrittspapiere zur Prüfung ausgehändigt werden, sowie mitgeführte Sachen in Augenschein nehmen.
[...]

Fallfrage

Hat die Verfassungsbeschwerde Aussicht auf Erfolg?

Maureen Macoun

Lösung

Die Verfassungsbeschwerde der A hat Erfolg, wenn sie zulässig und soweit sie begründet ist.

A. Zulässigkeit

Zunächst müsste die Verfassungsbeschwerde der A zulässig sein. Dies ist dann der Fall, wenn die erforderlichen Sachurteilsvoraussetzungen vorliegen, vgl. Art. 93 I Nr. 4a GG und § 13 Nr. 8a, §§ 90 ff. BVerfGG.

I. Zuständigkeit

Das Bundesverfassungsgericht ist nach dem Enumerativprinzip ausschließlich in den explizit im GG genannten Fällen zuständig.[1] Eine Zuständigkeit für die Verfassungsbeschwerde der A ergibt sich vorliegend aus Art. 93 I Nr. 4a GG, § 13 Nr. 8a, §§ 90 ff. BVerfGG.

II. Beschwerdefähigkeit

A müsste beschwerdefähig beschwerdefähig sein.[2] Die Beschwerdefähigkeit setzt die Beteiligtenfähigkeit und die Prozessfähigkeit der beschwerdeführenden Person voraus.

1. Beteiligtenfähigkeit

Danach müsste A zunächst beteiligtenfähig sein. Nach § 90 I BVerfGG ist dies „jedermann", der:die Träger:in von Grundrechten und grundrechtsgleichen Rechten sein kann. A ist als natürliche Person und Jugendliche Trägerin von Grundrechten, wobei es für die Beteiligtenfähigkeit nicht auf ihre Volljährigkeit ankommt. A ist somit beteiligtenfähig im Sinne des § 90 I BVerfGG.

---

1 Siehe zur Zuständigkeit Linke, § 10 A.I., im OpenRewi Grundrechte Lehrbuch.
2 Siehe zur Beschwerdefähigkeit Linke, § 10 A.II., im OpenRewi Grundrechte Lehrbuch.

Maureen Macoun

2. Prozessfähigkeit

Fraglich ist, ob A über die erforderliche Prozessfähigkeit verfügt. Für die Prozessfähigkeit ist maßgeblich, ob der:die Beschwerdeführer:in hinsichtlich des in Streit stehenden Grundrechts reif und einsichtsfähig („grundrechtsmündig") ist. Die Grundrechtsmündigkeit hängt von der Ausgestaltung und Eigenart des jeweiligen Grundrechts sowie von den Wertungen der Rechtsordnung ab. Im Fall einer fehlenden Grundrechtsmündigkeit müsste sie von ihren Eltern vertreten werden. Vorliegend kommt als betroffenes Grundrecht Art. 3 III 1 GG in Betracht. A ist bereits 17 Jahre alt und damit nicht weit von der Volljährigkeit entfernt. Auch sprechen ihre Wahrnehmungs-, Artikulations- und Argumentationsfähigkeit dafür, dass sie reif und einsichtsfähig ist, die Bedeutung von Art. 3 III 1 GG sowie ihre mögliche Grundrechtsverletzung zu erfassen. Die Prozessfähigkeit der A ist somit gegeben.

3. Zwischenergebnis

Somit ist A beschwerdefähig.

III. Beschwerdegegenstand

Des Weiteren müsste ein <u>tauglicher Beschwerdegegenstand</u> vorliegen.[3] Dies ist gemäß § 90 I BVerfGG jeder Akt der öffentlichen Gewalt. Gemäß Art. 1 III GG werden durch die Grundrechte die Exekutive, die Legislative und die Judikative gebunden. A wendet sich gegen die polizeiliche Kontrolle, also einen Akt der Exekutive. Darüber hinaus richtet sich ihre Verfassungsbeschwerde gegen die Urteile der Judikative, welche die Rechtmäßigkeit der Kontrolle bestätigen. Damit liegt ein Akt der öffentlichen Gewalt vor und mithin auch ein tauglicher Beschwerdegegenstand gemäß § 90 I BVerfGG.

Klausurtaktik !

Der Beschwerdegegenstand ist eine wichtige Weichenstellung für die weitere Bearbeitung. Jetzt wird zum ersten Mal deutlich, ob es sich um eine Urteils- oder eine Gesetzesverfassungsbeschwerde handelt. Hier könnte der Sachverhalt auch darauf hindeuten, dass § 22 BPolG direkt Gegenstand der Verfassungsbeschwerde sein soll. Da A jedoch Adressatin eines Eingriffs ist, hat dieser konkrete Anwendungsfall Vorrang. Der Hinweis, dass R den § 22 BPolG selbst für verfassungswidrig hält, stellt eine Argumentationshilfe für die Prüfung der rechtlichen Grundlage dar.

---

3 Siehe zum Beschwerdegegenstand Linke, § 10 A.IV., im OpenRewi Grundrechte Lehrbuch.

Maureen Macoun

IV. Beschwerdebefugnis

Zudem müsste A <u>beschwerdebefugt sein</u>.[4] Die Beschwerdebefugnis liegt nach § 90 I BVerfGG vor, wenn die beschwerdeführende Person behauptet, in ihren Grundrechten oder grundrechtsgleichen Rechten verletzt zu sein. Dies ist der Fall, wenn eine Grundrechtsverletzung zumindest möglich erscheint und der:die Beschwerdeführer:in selbst, gegenwärtig und unmittelbar betroffen ist.

1. Möglichkeit

Die Möglichkeit einer Grundrechtsverletzung ist gegeben, wenn diese nicht von vornherein ausgeschlossen ist. Vorliegend ist zumindest nicht von vornherein ausgeschlossen, dass die Kontrolle durch P und K in diskriminierender Weise an die Hautfarbe von A anknüpft, ohne dass diese Ungleichbehandlung gerechtfertigt ist. Mithin ist eine Verletzung von Art. 3 III 1 GG möglich.

2. eigene, gegenwärtige und unmittelbare Betroffenheit

Ferner müsste A beschwert sein. Dies ist der Fall, wenn sie selbst, unmittelbar und gegenwärtig betroffen ist. Durch die Kontrolle, die durch das letztinstanzliche Urteil bestätigt wurde, ist A in eigenen Rechten betroffen. Auch dauert die Betroffenheit noch an und es ist kein weiterer Vollzugsakt nötig. Mithin ist A selbst, gegenwärtig und unmittelbar betroffen.

V. Erschöpfung des Rechtswegs

Des Weiteren müsste A gemäß § 90 II 1 BVerfGG den <u>Rechtsweg erschöpft</u> haben.[5] Vorliegend hat A laut Sachverhalt erfolglos vor den Verwaltungsgerichten geklagt und somit den Rechtsweg erschöpft.

! **Klausurtaktik**

An dieser Stelle solltest du dich aufgrund des eindeutigen Hinweises im Sachverhalt kurzfassen. So zeigst du, dass du Schwerpunkte setzen kannst.

---

4 Siehe zur Beschwerdebefugnis Linke, § 10 A.V., im OpenRewi Grundrechte Lehrbuch.
5 Siehe zur Rechtswegerschöpfung Linke, § 10 A.VI., im OpenRewi Grundrechte Lehrbuch.

Maureen Macoun

VI. Grundsatz der Subsidiarität

Der <u>Grundsatz der Subsidiarität</u> verlangt, dass kein schnellerer, einfacherer oder effektiverer – gegebenenfalls auch außergerichtlicher – Weg besteht, um die geltend gemachte Grundrechtsverletzung zu verhindern beziehungsweise zu beheben.[6] Andere Maßnahmen sind hier jedoch nicht ersichtlich, sodass der Grundsatz der Subsidiarität gewahrt ist.

Klausurtaktik   **!**

Der Unterschied zwischen der Rechtswegerschöpfung und dem Grundsatz der Subsidiarität bereitet vielen Studierenden Probleme. Verdeutliche, dass du beide Voraussetzungen voneinander unterscheiden kannst.

VII. Ordnungsgemäßer Antrag und Frist

Die Verfassungsbeschwerde der A ist laut Sachverhalt <u>form- und fristgerecht</u>, also schriftlich und begründet im Sinne des § 23 I BVerfGG sowie innerhalb der Monatsfrist gemäß § 92, 93 I 1 BVerfGG eingelegt worden.[7]

Klausurtaktik   **!**

Halte dich auch hier kurz, wenn die Verfassungsbeschwerde laut Sachverhalt form- und fristgerecht eingereicht wurde. Keine Angaben im Sachverhalt weisen darauf hin, dass es an dieser Stelle kein Problem gibt. Deute also nichts in den Sachverhalt hinein. Kenntnisse kann hier beweisen, wer sämtliche Normen nennt und genau zitiert.

VIII. Zwischenergebnis

Die Verfassungsbeschwerde der A ist zulässig.

B. Begründetheit

Die Verfassungsbeschwerde der A ist gem. Art. 93 I Nr. 4a GG begründet, soweit die beschwerdeführende Person durch die angegriffenen Akte der öffentlichen Gewalt in einem ihrer Grundrechte oder grundrechtsgleichen Rechte verletzt ist. Vorliegend kommt eine Verletzung von Art. 3 III 1 GG in Betracht. Diese ist gege-

---

6 Siehe zum Grundsatz der Subsidiarität Linke, § 10 A.VI., im OpenRewi Grundrechte Lehrbuch.
7 Siehe zur Form und Frist des Antrags Linke, § 10 A.VII., im OpenRewi Grundrechte Lehrbuch.

ben, wenn eine Ungleichbehandlung der A durch eine staatliche Maßnahme erfolgt ist, die verfassungsrechtlich nicht gerechtfertigt werden kann.

❗ Klausurtaktik

Durch das Wort „soweit" verdeutlichst du, dass eine Verfassungsbeschwerde auch nur teilweise begründet sein kann, die beschwerdeführende Person zum Beispiel nur in einem von zwei möglichen Grundrechten verletzt wurde. Außerdem fällt hier auf, dass sich bereits der Obersatz von der Verfassungsbeschwerde gegen die Verletzung eines Freiheitsrechts unterscheidet.[8]

Prüfungsmaßstab ist dabei nur die Verletzung von spezifischem Verfassungsrecht und nicht die Anwendung einfachen Rechts. Das Bundesverfassungsgericht ist keine Superrevisionsinstanz. Nur so kann eine Überlastung des Bundesverfassungsgerichts verhindert werden.

I. Ungleichbehandlung im Sinne des Art. 3 III 1 GG

Die polizeiliche Maßnahme könnte eine Ungleichbehandlung im Sinne des Art. 3 III 1 GG darstellen. In Betracht kommt hier eine Benachteiligung wegen des Merkmals der „Rasse".

❗ Klausurtaktik

Hier weicht das Prüfungsschema von der gewohnten Prüfung von der Verletzung von Freiheitsgrundrechten ab. Eine Gliederung in Schutzbereich, Eingriff und Rechtfertigung ist nicht grundsätzlich verkehrt, sondern auch vertretbar. Um jedoch für Art. 3 III 1 GG ein angepasstes Schema zu vermitteln, wird die Unterteilung in I. Ungleichbehandlung und II. Rechtfertigung der Ungleichbehandlung gewählt. Anders als bei Art. 3 I GG (dem allgemeinen Gleichheitssatz) muss hier keine Vergleichsgruppe gewählt werden. Vielmehr arbeitest du mit dem Gesetz und prüfst, ob eine Ungleichbehandlung „wegen" eines der verpönten Merkmale (hier: „Rasse") stattgefunden hat.

---

1. Merkmal „Rasse"

Fraglich ist, was unter dem Begriff „Rasse" zu verstehen und wie dieser einzuordnen ist.[9] Bei der Verwendung des Begriffs ist stets zu betonen, dass es keine menschlichen „Rassen" gibt. Vielmehr ist das Grundgesetz ein Gegenentwurf

---

8 Siehe zum Obersatz der Begründetheit bei Gleichheitsrechten Linke, § 10 B.II., im OpenRewi Grundrechte Lehrbuch.
9 Siehe zum Rasse-Begriff González Hauck, § 19.3 A.I.2., im OpenRewi Grundrechte Lehrbuch.

zur Rassenideologie der Nationalsozialist:innen und rassistischer Ausgrenzung. Zweckdienlich ist es daher, an den Terminus „Rassismus" anstelle des Begriffs der „Rasse" anzuknüpfen. Eine mögliche Definition versteht Rassismus als ein gesellschaftliches Verhältnis, wobei auf Strukturen abgestellt wird, die eine ungleiche Verteilung von Lebenschancen und den ungleichen Zugang zu gesellschaftlichen Ressourcen begründen. Dabei geht es vor allem um eine Gegenüberstellung von vermeintlich naturgegebenen und nicht zu überwindenden Identitäten, wie „Weiß"/„Schwarz", „Deutsche:r"/„Ausländer:in" oder „Westen"/„Islam" mit gegensätzlichen Qualitäten und es wird die Überlegenheit der eigenen Identität und Kultur angenommen und verfestigt.[10]

Weiterführendes Wissen

Der vorliegende Fall berührt ein sensibles Thema: rassistische Diskriminierung. Die Verwendung des Wortes „Rasse" ist in diesem Kontext nicht unproblematisch. Hervorzuheben ist, dass es aus wissenschaftlicher Sicht keine menschlichen „Rassen" gibt. Wie bei den anderen Diskriminierungsmerkmalen kann auch hier ein unreflektierter Sprachgebrauch Stereotypen verfestigen, statt sie zu überwinden. Daher besteht seit vielen Jahren eine Debatte darüber, Art. 3 III 1 GG zu ändern und zum Beispiel von „rassistischer Diskriminierung" zu sprechen. Wichtig ist in diesem Kontext auch, dass es noch keine gefestigte juristische Definition des Rassismus gibt.

Eine rassistische Benachteiligung ist jedenfalls durch die Anknüpfung an die (schwarze) Hautfarbe einer Person als unveränderliches Merkmal möglich. Insoweit könnte die Kontrolle an die Hautfarbe der A angeknüpft haben und daher „wegen der Rasse" erfolgt sein.

2. Ungleichbehandlung „wegen" rassistischer Zuschreibungen

Weiterhin ist in diesem Zusammenhang auch fraglich, was unter der Benachteiligung „wegen" eines der genannten Merkmale zu verstehen ist.[11]

Einerseits könnte ein Kausalzusammenhang im Sinne einer conditio sine qua non Bedingung verlangt werden. Die schwarze Hautfarbe der A dürfte nicht hinweggedacht werden können, ohne dass die Kontrolle entfiele – sie müsste also ausschlaggebend für die Identitätskontrolle gewesen sein. Dies ist im vorliegenden Fall zumindest schwer nachzuweisen, da sich P und K auch auf das Gepäck, die Kopfbedeckung und die englischsprachige Literatur der A berufen. Insofern

---

10 Ausführlich dazu Boysen, Jura 2020, 1192 (1194 f.).
11 Siehe zur Auslegung von „wegen" González Hauck, § 19.3 A.II., im OpenRewi Grundrechte Lehrbuch.

Maureen Macoun

wäre eine Benachteiligung „wegen" der Hautfarbe bei einer solchen Lesart ausgeschlossen.

Anderseits könnte es genügen, dass die Hautfarbe einer von mehreren Auslösern für die Kontrolle war, also Teil eines Motivbündels. Die Hautfarbe von A veranlasste die Beamt:innen P und K neben anderen Motiven (Plastiktüte, Mütze tief im Gesicht, englisches Buch) jedenfalls auch zu der Kontrolle, sodass hiernach eine Benachteiligung wegen der „Rasse" gegeben wäre. Da beide Ansichten zu unterschiedlichen Ergebnissen gelangen, ist ein Streitentscheid erforderlich. Für die erste Ansicht könnte die Wortlautauslegung sprechen. „Wegen" könnte im Sinne von „aufgrund" interpretiert werden, wobei ein enges Wortlautverständnis von einem „ausschließlich" oder zumindest „überwiegend" aufgrund oder wegen ausgehen könnte. Die Kontrolle müsste also ausschließlich oder überwiegend wegen der Hautfarbe der A stattgefunden haben. Dieses enge Verständnis wäre mit dem Wortlaut jedenfalls zu vereinbaren, könnte jedoch in der Praxis zu Problemen führen. Die letztgenannte Ansicht vermag daher zu überzeugen, da sie dem Anliegen, Diskriminierungen zu vermeiden, eher gerecht wird. Es wird in der Praxis (für die Betroffenen) kaum jeweils nachzuweisen sein, dass die Hautfarbe das ausschlaggebende Kriterium für die Kontrolle war. Dazu kommt, dass die Entscheidung zur Kontrolle oftmals unterbewusst getroffen wird und von Vorurteilen der Beamt:innen geprägt sein kann, derer diese sich in vielen Fällen selbst nicht bewusst sind.[12] Daher ist der zweiten Ansicht zu folgen. Somit ist es nicht erforderlich, dass ein sanktioniertes Merkmal das alleinige beziehungsweise ausschlaggebende Kriterium für die Auswahlentscheidung war. Eine diskriminierende Anknüpfung liegt somit schon dann vor, wenn neben anderen Kriterien, wie Kleidung oder Gepäck, die Klassifizierung anhand rassistischer Zuschreibungen mitentscheidend für die Auswahl waren.[13] Somit liegt eine Benachteiligung der A aufgrund des Merkmals der „Rasse" vor.

II. Rechtfertigung der Ungleichbehandlung

Die Ungleichbehandlung der A durch P und K könnte jedoch gerechtfertigt sein.[14] Dazu müsste eine Rechtfertigung jedoch überhaupt in Betracht kommen.

---

12 Pettersson, ZAR 2019, 301 (302 f.).
13 OVG Rheinland-Pfalz, Urt. v. 21.4.2016, Az.: 7 A 11108/14, Rn. 8; Liebscher, NJW 2016, 2779 (2781).
14 Siehe zur Rechtfertigung González Hauck, § 19.3 B., im OpenRewi Grundrechte Lehrbuch.

Maureen Macoun

1. Möglichkeit der Rechtfertigung

Klausurtaktik

Dieser Prüfungspunkt entspricht dem dir vertrauten Punkt „Schranken" beziehungsweise „Einschränkbarkeit des Grundrechts". Hier prüfst du, ob und wenn ja, wie Art. 3 III 1 GG einschränkbar ist – also letztlich unter welchem Schrankenvorbehalt das Grundrecht steht. Die folgenden Ausführungen beschränken sich dabei auf die Konstellation des Racial Profiling. Grundsätzlich gibt es noch weitere Konstellationen mit anderen Ansichten und Möglichkeiten der Rechtfertigung. Diese abzubilden, würde aber den Rahmen der Falllösung sprengen. Da es sich um ein eher unbekanntes Themenfeld handelt, kann von dir selbstverständlich nicht erwartet werden, dass du den Streitstand im Detail kennst. Überhaupt das Problem zu sehen und zu einer vertretbaren Lösung zu kommen, sollte für eine positive Bewertung genügen.

Fraglich ist, ob das Anknüpfen an ein verpöntes Merkmal überhaupt gerechtfertigt werden kann. Strittig ist, ob es sich bei Art 3 III 1 GG um ein Anknüpfungs- oder Begründungsverbot handelt. Wird Art. 3 III 1 GG als Anknüpfungsverbot verstanden, so verbieten die Diskriminierungsverbote, ein verpöntes Merkmal als Voraussetzung für eine Rechtsfolge zu verwenden. Die Prüfung wäre an dieser Stelle beendet und eine Grundrechtsverletzung läge vor. Wird Art. 3 III 1 GG demgegenüber als Begründungsverbot verstanden, sind nur Ungleichbehandlungen verboten, deren Begründung nicht ohne ein in Art. 3 III 1 GG genanntes Merkmal auskommt. Danach wäre in diesem Fall eine Rechtfertigung durch kollidierendes Verfassungsrecht möglich. Die Ansichten führen zu unterschiedlichen Ergebnissen, sodass der Streit zu entscheiden ist. Der Wortlaut „wegen" könnte für ein Verständnis als Begründungsverbot sprechen, da er die Anknüpfung an ein verpöntes Merkmal voraussetzt. Dagegen kann eingewendet werden, dass sich das Wort „wegen" nur auf die denklogisch notwendige Anknüpfung einer Ungleichbehandlung an eines der Merkmale bezieht. Ziel des Art. 3 III 1 GG ist es dem Verständnis als Anknüpfungsverbot nach, die verpönten Merkmale jeder relativierenden Abwägung zu entziehen, sodass ein Mindeststandard unzulässiger Differenzierung gefestigt wird.[15]

Das Ziel eines solchen Mindeststandards ist überzeugend und entspricht der Entstehungsgeschichte des Grundgesetzes. Die Unterschiede zwischen beiden Ansichten verringern sich jedoch, sofern auch bei einem Verständnis von Art. 3 III 1 GG als Anknüpfungsverbot eine Rechtfertigung durch kollidierendes Verfassungsrecht für möglich erachtet wird. Dafür spricht der Umstand, dass Art. 3 III GG in der Gestalt des Anknüpfungsverbots als eigenständiges Grundrecht ver-

---

15 Boysen, Jura 2020, 1192 (1196).

Maureen Macoun

standen wird, das starke Bezüge zu den Freiheitsgrundrechten aufweist. Wie die anderen vorbehaltlos gewährleisteten Freiheitsrechte auch finden die Diskriminierungsverbote des Art. 3 III 1 GG ihre Grenzen danach nur in kollidierendem Verfassungsrecht. Im Hinblick auf die verfassungsimmanenten Schranken ergeben sich für die einzelnen Merkmale des Art. 3 III 1 GG unter Berücksichtigung ihres spezifischen Schutzzwecks unterschiedliche Grenzen. Bei dem in Betracht kommenden Merkmal „Rasse" liegt ein enger Bezug zur Menschenwürde vor. Daher unterliegt die Rechtfertigung strengsten Anforderungen und ist nur denkbar, wenn die polizeiliche Maßnahme neben der Hautfarbe auf weitere, nicht unter Art. 3 III 1 GG fallende Kriterien gestützt wird.[16] Hinzu kommt, dass durch die Kontrolle offen an ein sogenanntes verpöntes Merkmal angeknüpft wird. Es liegt eine unmittelbare Diskriminierung vor. Diese Diskriminierungen können nur ausnahmsweise durch Verfassungsgüter von besonderem Rang gerechtfertigt werden und unterliegt strengen Anforderungen.[17]

! **Klausurtaktik**

Jetzt befindest du dich wieder in „gewohntem Fahrwasser" einer Urteilsverfassungsbeschwerde. Prüfe zunächst die Verfassungsmäßigkeit der gesetzlichen Grundlage und dann der Anwendung im Einzelfall (hier der Kontrolle von A durch P und K).

---

2. Verfassungsmäßigkeit der gesetzlichen Grundlage

Als gesetzliche Grundlage kommt § 22 Ia BPolG in Betracht. Diese Norm müsste mit höherrangigem Recht vereinbar sein, also formell und materiell verfassungsgemäß sein.

a) Formelle Verfassungsmäßigkeit § 22 Ia BPolG

Mangels entsprechender Angaben im Sachverhalt ist von der formellen Verfassungsmäßigkeit des § 22 Ia BPolG auszugehen.

b) Materielle Verfassungsmäßigkeit § 22 Ia BPolG

Die Norm müsste auch materiell verfassungsgemäß sein.

---

16 Boysen, Jura 2020, 1192 (1197 f.).
17 Pettersson, ZAR 2019, 301 (304).

Maureen Macoun

Weiterführendes Wissen　　　　　　　　　　　　　　　　　　　　　　　　　ℹ️

Ohne die Hinweise, dass Völker- und Europarecht von der Prüfung ausgeschlossen sind, müsstest du hier einen Verstoß gegen entsprechende Normen prüfen. Das Verbot der Diskriminierung wegen der Rasse ist in allen wichtigen Menschenrechtsverträgen (sogar in der UN-Charta selbst) enthalten, so in der Allgemeinen Erklärung der Menschenrechte (Art. 2, Art. 16 I), der EMRK (Art. 14) und in beiden UN-Menschenrechtspakten (Art. 2 I, 4 I, 24 I, 26 IPbpR; Art. 2 I IPwskR). Besonders wichtig sind die Bestimmungen des UN-Übereinkommens zur Beseitigung jeder Form von Rassendiskriminierung (International Convention on the Elimination of All Forms of Racial Discrimination, ICERD). Darüber hinaus ist das Verbot der Diskriminierung wegen der „Rasse" mit Art. 21 I GRCh, Art. 19 I AEUV und der Antirassismus-RL 2000/43/EG31 auch Teil des Primärrechts der Europäischen Union. Art. 21 I GRCh bindet dabei nicht nur die Unionsorgane, sondern gemäß Art. 51 I 1 GRCh auch die Mitgliedstaaten bei der Durchführung des Unionsrechts.

Weiterführendes Wissen　　　　　　　　　　　　　　　　　　　　　　　　　ℹ️

An dieser Stelle könntest du unter aa) die Vereinbarkeit mit dem Diskriminierungsverbot aus Art. 3 III 1 GG prüfen. Die Norm könnte per se gegen das Diskriminierungsverbot aus Art. 3 III 1 GG verstoßen. Die folgenden Ausführungen zur Vereinbarkeit mit Art. 3 III 1 GG gehen sicherlich weit über den Erwartungshorizont hinaus. Die inhaltlichen Argumente kannst du genauso gut später bei der Angemessenheit der Norm diskutieren. Für eine Unvereinbarkeit mit Art. 3 III 1 GG spricht, dass in der Praxis nur Personen kontrolliert werden, die zum potenziellen Kreis der Verdächtigen einer „unerlaubten" Einreise zählen. Naturgemäß wird die Wahl dabei stets auf Personen fallen, die aufgrund von rassistischen Stereotypen als nicht „deutsch" gelesen werden. Dadurch könnte § 22 Ia BPolG an ein verpöntes Merkmal des Art. 3 III 1 GG anknüpfen, ohne dass dies gerechtfertigt wäre. Für die Vereinbarkeit könnte jedoch sprechen, dass prinzipiell jede Person kontrolliert werden kann. Selbst wenn wir annehmen, dass in der Praxis verstärkt Personen kontrolliert werden, bei denen der Verdacht besteht, sie könnten selbst eine unerlaubte Einreise begangen haben, so bietet die Norm doch genügend Möglichkeiten für eine Handhabung, die im Einklang mit Art. 3 III 1 GG steht. Eine Rechtfertigung zur Verhinderung der Einreise ist daher zugunsten des Normzwecks möglich.[18] Dagegen lässt sich die Umsetzung der Norm in der Praxis einwenden. Berichte Betroffener lassen vermuten, dass die Maßnahmen in der Realität oftmals am als fremd zugeschriebenen Phänotyp der Reisenden („andere" Hautfarbe) anknüpfen. Daraus folgt ein vielschichtiger diskriminierender Effekt. Zum einen müssen die Betroffenen die Maßnahmen des Anhaltens, Befragens und Ausweisverlangens hinnehmen. Ferner haben die Kontrollen eine stigmatisierende Wirkung, weil Außenstehende den Grund nicht erkennen können und die Kontrolle bei ihnen rassistische Stereotype bestätigen kann. Daher ist nach vorzugswürdiger Auffassung von einer hohen Eingriffsintensität auszugehen, sodass der Eingriff nicht durch den Zweck der Verhinderung unerlaubter Einreise zu rechtfertigen ist. Ein Verstoß von § 22 Ia BPol gegen Art. 3 III 1 GG ist daher zu bejahen.[19]

---

18 OVG Rheinland-Pfalz, Urt. v. 21.4.2016, Az.: 7 A 11108/14, Rn. 60 ff.
19 Liebscher, NJW 2016, 2779 (2781).

aa) Bestimmtheitsgrundsatz

§ 22 Ia BPolG könnte gegen den Bestimmtheitsgrundsatz verstoßen. Der Be-stimmtheitsgrundsatz ist eine Ausprägung des Rechtsstaats- und Demokratie-prinzips und dient der Rechtssicherheit. Für Bürger:innen muss erkennbar sein, welche Rechtsfolge an welches Verhalten geknüpft wird. Nur so kann der:die Einzelne effektiv vor staatlicher Willkür geschützt werden. Die Tatbestandsvoraussetzungen für die Befragung nach § 22 Ia BPolG sind denkbar knapp. Gegen die Bestimmtheit ließe sich einwenden, dass die Polizei die Voraussetzungen für den Eingriff selbst schafft und so eigene Tatbestandsvoraussetzungen festlegt. Allerdings ist es zulässig, dass ein unbestimmter Tatbestandsbegriff durch Norman-wender:innen ausgefüllt wird.[20] Da ein Gesetz niemals jeden Einzelfall regeln kann, könnte es zulässig sein, die Kontrollen von der kriminalistischen Erfahrung der Beamt:innen abhängig zu machen, umso die effektive Gefahrenabwehr zu för-dern. Entscheidend ist, wie hoch die Anforderungen an die Bestimmtheit sind. Die Anforderungen richten sich nach der Eingriffsintensität. Je höher diese beurteilt wird, desto bestimmter muss die gesetzliche Grundlage sein.

! **Klausurtaktik**

Die Eingriffsintensität wird auch später noch einmal relevant. Wer den Bestimmtheitsgrundsatz prüft, sollte bereits hier auf die Eingriffsintensität eingehen und kann bei der Verhältnismäßig-keit nach oben verweisen.

Die Höhe der Eingriffsintensität des § 22 Ia BPolG ist jedoch strittig. Nimmt man mit (Teilen) der Literatur eine hohe Eingriffsintensität an, spricht vieles dafür, dass die Norm zu unbestimmt ist. Nimmt man dagegen mit der Rechtsprechung eine niedrige Intensität an, wird die Norm dem Bestimmtheitserfordernis genü-gen.[21] Die Ansichten kommen zu unterschiedlichen Ergebnissen, sodass der Streit zu entscheiden ist.

Für eine hohe Eingriffsintensität sprechen die folgenden Überlegungen: Eine Personenkontrolle hat zunächst unmittelbar belastende Wirkung, denn der Aus-weis muss vorgezeigt werden. Betroffene sehen sich durch die selektiven Kontrol-len, die ganz überwiegend nur People of Colour treffen, jedoch über die einzelne Kontrolle hinaus einem pauschalen Verdacht ausgesetzt. Es entsteht der Ein-druck, ihnen würde grundsätzlich mit Misstrauen begegnet. Auch die Gesellschaft wird durch die selektiven Kontrollen beeinflusst. Die Rollenerwartung, die von

---

20 OVG Rheinland-Pfalz, Urt. v. 21.4.2016, Az.: 7 A 11108/14, Rn. 77.
21 OVG Rheinland-Pfalz, Urt. v. 21.4.2016, Az.: 7 A 11108/14, Rn. 68.

Maureen Macoun

unterbewussten Vorurteilen geprägt ist, bestätigt sich daher für die Mehrheitsgesellschaft. Der:die „Andere" wird kontrolliert, weil er:sie vermeintlich gefährlich und kriminell ist. Diese mittelbaren Folgen entstehen dabei erst durch eine Vielzahl von Kontrollen aufgrund rassistischer Zuschreibungen. Je mehr der zur Kontrolle führende Verdacht allein mit der „Rasse" verbunden ist, desto stärker fühlt sich der:die Einzelne ausgegrenzt und desto eher verbinden auch Beobachtende den Gefahrenverdacht mit rassistischen Stereotypen. Die Schwere der Diskriminierung steigt.[22]

Die Rechtsprechung geht bisher eher von einer geringen Eingriffsintensität aus und stützt sich darauf, dass die Kontrolle nicht per se an ein verpöntes Merkmal anknüpfen müssten, sondern eine Handhabung möglich sei, die ohne solche Anknüpfungen auskäme. Andererseits diene die Streubreite der anlasslosen Kontrollen gerade der Generalpräventiven Wirkung der Norm. Schließlich werde die Anlasslosigkeit dadurch abgemildert, dass die Norm hinsichtlich der räumlichen Anwendbarkeit auf Bahnhöfe und Flughäfen beschränkt ist. Nach Ansicht der Rechtsprechung liegt deshalb eine geringen Eingriffsintensität der Maßnahmen nach § 22 Ia BPolG vor. Dadurch ist die Eingriffsschwelle niedrig und die damit verbundene Streubreite der Maßnahmen unschädlich.

Da die Rechtsprechung die mittelbaren Folgen für die Betroffenen verkennt und zudem auf die sehr zweifelhafte und wenig überzeugende generalpräventive Wirkung abstellt, ist mit der Literatur eine hohe Eingriffsintensität anzunehmen. Diesen erhöhten Bestimmtheitsvoraussetzungen wird § 22 Ia BPolG mit seinen äußerst vage formulierten Tatbestandsvoraussetzungen nicht gerecht. Mithin ist die Norm zu unbestimmt.

Klausurtaktik   ⚠

Selbstverständlich kannst du hier auch der Rechtsprechung folgen. Beide Ansichten sind mit entsprechender Begründung vertretbar.

---

bb) Verhältnismäßigkeit

Schließlich müsste der <u>Grundsatz der Verhältnismäßigkeit</u> gewahrt sein.[23] Dieser fordert, dass das Gesetz einem legitimen Zweck dient, hierzu geeignet und erforderlich ist und dass es einen angemessenen Ausgleich zwischen der Schwere

---

22 Ausführlich zu dieser Ansicht Pettersson, ZAR 2019, 301 (304 f.).
23 Siehe zum Verhältnismäßigkeitsgrundsatz Milas, § 7 A.II.6., im OpenRewi Grundrechte Lehrbuch.

der grundrechtlichen Beeinträchtigung und der Bedeutung des legitimen Zwecks schafft.

§ 22 Ia BPolG müsste zunächst einem legitimen Zweck dienen. Die Norm selbst nennt als Zweck die Verhinderung oder Unterbindung unerlaubter Einreise. Ein über den Wortlaut hinausgehendes (legitimes) Ziel ist auch, die Begehung von Straftaten im Zusammenhang mit der unerlaubten Einweise zu verhindern. Dazu zählt das banden- und/oder gewerbsmäßiges Einschleusen von Ausländer: innen. Mithin dient § 22 Ia BPolG einem legitimen Ziel.

Darüber hinaus müsste § 22 Ia BPolG auch geeignet sein, diesen Zweck zu erreichen. Dies ist dann der Fall, wenn die Norm den Zweck zumindest fördert. Grundsätzlich scheint die Norm geeignet zu sein, durch das Vorsehen entsprechender Kontrollen die unerlaubte Einreise zu verhindern. Gegen die Eignung könnte jedoch die geringe Erfolgsquote sprechen. Wenn die Vorauswahl bei einer Kontrolle im Zug nur anhand des Merkmals „ausländisches Aussehen" getroffen wird, ist zu berücksichtigen, dass eine Vielzahl der in Deutschland lebenden Menschen Kind oder Enkelkind von Migrant:innen ist. Von diesen Menschen dürften die Mehrheit entweder die deutsche Staatsangehörigkeit besitzen oder einen Aufenthaltstitel. Eine selektive Kontrolle anhand des Merkmals „ausländisches Aussehen" beträfe also zu einem großen Teil Personen, bei denen überhaupt nicht die Gefahr besteht, sich in Deutschland illegal aufzuhalten.[24]

ℹ Weiterführendes Wissen

Bei den in den Jahren 2013 bis 2015 durchgeführten Maßnahmen nach § 22 Ia BPolG im Inland (Züge und Bahnhöfe) und auf Flughäfen konnten lediglich in gerundet 0,3 % (2013), 1,1 % (2014) und 4,4 % (2015) der Kontrollen Feststellungen zu unerlaubter Einreise getroffen werden konnten und bezogen auf die Kontrollen allein im Inland in den Jahren 2013 und 2014 sogar nur Trefferquoten von unter 1 ‰ vorliegen (vgl. dazu BT-Drs. 18/4149, 4 ff. [zu 2013 und 2014] und BT-Drs. 18/8037, 5 f. [zu 2015]).

Dagegen ist anzuführen, dass ein Gesetz bereits als geeignet gilt, wenn die abstrakte Möglichkeit der Zweckerreichung besteht. Dies setzt voraus, dass die zugelassenen Maßnahmen nicht von vornherein untauglich sind, sondern dem gewünschten Erfolg förderlich sein können. Die Kontrollen anhand phänotypischer Merkmale, die ein „ausländisches Aussehen" indizierten, sind nicht per se untauglich dazu, eine unerlaubte Einreise zu verhindern. Auch eine sehr geringe Erfolgsquote bleibt eine Erfolgsquote. Darüber hinaus kommt dem Gesetzgeber eine Einschätzungsprärogative zu, bei der er insbesondere die generalpräventi-

---

24 Dazu Pettersson, ZAR 2019, 301 (306).

Maureen Macoun

ven Wirkungen der Befugnisnorm einbeziehen kann, die sich gerade nicht in konkreten Treffern abbilden lassen. Mithin ist die Norm geeignet.

Klausurtaktik !

Im Rahmen der Verhältnismäßigkeitsprüfung empfiehlt es sich, den Schwerpunkt auf die Angemessenheit, ggf. auch Erforderlichkeit zu legen. Die Einschätzungsprärogative des Gesetzgebers kann ein gutes Argument sein, um dorthin zu gelangen.

Die gesetzliche Regelung müsste auch erforderlich sein. Dies ist der Fall, wenn kein anderes, gleich wirksames, aber milderes Mittel zur Verfügung steht. Als milderes Mittel kommt eine Norm in Betracht, nach der die Kontrollen nur unter engeren Voraussetzungen stattfinden dürfen, die nicht an unveränderliche Merkmale der zu kontrollierenden Personen anknüpfen. Diese hätten eine geringere Streubreite und würden daher weniger einschneidend sein. Eine Maßnahme mit geringerer Streubreite wäre jedoch nicht gleich geeignet, weil durch eine erhöhte Eingriffsschwelle zwar ein kleinerer Adressat:innenkreis betroffen wäre, jedoch die generalpräventive Wirkung des § 22 Ia BPolG gerade auch auf stichprobenartigen Kontrollen eines weiten Adressat:innenkreises beruht.

Schließlich müsste 22 Ia BPolG auch verhältnismäßig im engeren Sinne, also angemessen sein. Die betroffenen Rechtsgüter sind so gegeneinander abzuwägen, dass sich beide möglichst weitgehend entfalten können (praktischer Konkordanz). Als kollidierendes Gut mit Verfassungsrang, das zur Abwägung herangezogen werden könnte, hat die Rechtsprechung die „staatliche Pflicht [...], Leib und Leben sowie das Eigentum der Bürger vor unrechtmäßigen Zugriffen Dritter zu schützen", nicht aber die allgemeine Durchsetzung des Migrationsrechts anerkannt.[25] Auf der anderen Seite ist das Interesse der Betroffenen zu berücksichtigen, vor diskriminierenden Kontrollen geschützt zu werden.

Klausurtaktik !

Bei der Angemessenheit solltest du in einem ersten Schritt abstrakt die Wertigkeit der betroffenen Rechtsgüter feststellen und dann in einem zweiten Schritt die konkrete Eingriffsintensität ermitteln.

Das oben beschriebene Schutzgut, hier in der Ausprägung der Vermeidung von illegaler Einreise, ist im mittleren Wertigkeitsbereich zu verorten. Auch wenn es

---

25 Boysen, Jura 2020, 1192 (1198).

Maureen Macoun

nicht um bloße Ordnungswidrigkeiten geht und dem Staat ein Interesse an kontrollierter Migration zuzusprechen ist (zum Beispiel zur Verhinderung der Einreise von Straftäter:innen), dient § 22 Ia BPolG dennoch nicht höchsten Verfassungsgütern wie dem Schutz von Leben und Gesundheit.

Der Schutz vor (systematischer) Benachteiligung aufgrund der „Rasse" aus Art. 3 III 1 GG stellt im Gegensatz dazu einen der Grundpfeiler der freiheitlich-demokratischen Grundordnung dar. Das Grundgesetz ist ein bewusster Gegenentwurf zu nationalsozialistischen Werten und Anschauungen.

ℹ Weiterführendes Wissen

Die Nationalsozialist:innen teilten Menschen verschiedenen „Rassen" zu und bewerteten diese in ihrer „Rasseforschung" nach vermeintlicher Wertigkeit. „Das menschenverachtende Regime dieser Zeit, das über Europa und die Welt in unermesslichem Ausmaß Leid, Tod und Unterdrückung gebracht hat, hat für die verfassungsrechtliche Ordnung der Bundesrepublik Deutschland eine gegenbildlich identitätsprägende Bedeutung, die einzigartig ist und allein auf der Grundlage allgemeiner gesetzlicher Bestimmungen nicht eingefangen werden kann. Das bewusste Absetzen von der Unrechtsherrschaft des Nationalsozialismus war historisch zentrales Anliegen aller an der Entstehung wie Inkraftsetzung des Grundgesetzes beteiligten Kräfte."[26]

Auch Art. 3 III GG ist in diesem Lichte zu sehen. Die Gleichheit aller Menschen vor dem Gesetz und der Schutz vor Benachteiligung nicht nur, aber insbesondere wegen der „Rasse" kann daher gar nicht hoch genug eingeordnet werden. Das Interesse am Schutz vor dieser Benachteiligung wiegt daher wesentlich höher, als das staatliche Interesse an der Verhinderung illegaler Einreise.

Auch wird, wie bereits festgestellt, in dieses Schutzgut durch § 22 Ia BPolG mit hoher Intensität eingegriffen, während die Bedrohung der staatlichen Interessen durch eine mögliche illegale Einreise eher niedrig ausfällt. Somit ist § 22 Ia BPolG nicht angemessen und insgesamt unverhältnismäßig.

c) Zwischenergebnis

§ 22 Ia BPolG ist nicht materiell verfassungsgemäß. Es fehlt somit bereits an einer verfassungsmäßigen Grundlage für die Kontrolle.

---

26 BVerfG, Beschl. v. 4.11.2009, Az.: 1 BvR 2150/08, Rn. 65 = BVerfGE 124, 300 – Wunsiedel.

Maureen Macoun

Klausurtaktik   !

Du kannst hier auch die Angemessenheit bejahen, indem du von einer hohen Wertigkeit der staatlichen Interessen bei niedriger Eingriffsintensität in Art. 3 III 1 GG ausgehst. Unabhängig davon, wie du dich entscheidest, solltest du die Prüfung fortsetzen.

---

3. Verfassungsmäßigkeit der konkreten Maßnahme

Schließlich müsste (auch) die konkrete Maßnahme, also die Kontrolle der A durch P und K verfassungsgemäß sein. Wie bereits festgestellt, kann infolge der gestuften Beweislastumkehr nicht ausgeschlossen werden, dass die A nicht (auch) wegen ihrer Hautfarbe kontrolliert wurde. Daher sind an die Rechtfertigung besonders hohe Anforderungen zu stellen. Ferner sind auch die mittelbaren Folgen in die Abwägung der Rechtsgüter einzubeziehen.

a) Verhältnismäßigkeit

Die Kontrolle müsste verhältnismäßig gewesen sein.

Die Kontrolle verfolgte den legitimen Zweck, eine illegale Einreise zu verhindern.

Die Kontrolle war auch zumindest potenziell geeignet, diesen Zweck zu fördern. Die tatsächliche deutsche Staatsangehörigkeit der A steht der Geeignetheit nicht entgegen.

Die Kontrolle müsste auch erforderlich gewesen sein. Als milderes Mittel kommt einerseits eine Kontrolle mehrerer Fahrgäste, idealerweise unterschiedlicher Hautfarbe in Betracht. Dadurch würde die diskriminierende Wirkung der Kontrolle gesenkt und dem Eindruck entgegengewirkt, A sei aufgrund ihrer schwarzen Hautfarbe besonders verdächtig. Allerdings könnten die begrenzten personellen und zeitlichen Kapazitäten der Polizei einer flächendeckenden Kontrolle entgegenstehen. Anderseits käme als milderes Mittel ein abgestuftes Vorgehen in Betracht. Statt den Personalausweis zu verlangen, hätten P und K die A lediglich befragen können. Sobald sich herausstellt, dass diese perfekt Deutsch spricht und auf dem Schulweg ist, hätten sie von der weiteren Kontrolle absehen können. Jedoch wäre dieses Vorgehen nicht genauso wirksam wie eine Kontrolle, da ein (verschwindend geringes) Restrisiko einer unerlaubten Einreise bestehen bliebe. Die Kontrolle war mithin auch erforderlich.

Maureen Macoun

! **Klausurtaktik**

Diskutiere möglichst immer mindestens eine mildere Maßnahme. Hier wäre auch vertretbar, die Kontrolle schon als nicht erforderlich abzulehnen.

Im Rahmen der Angemessenheit sind die betroffenen Rechtsgüter abzuwägen. Auf der einen Seite steht wiederum das staatliche Interesse daran, unerlaubte Einreisen zu verhindern. Auf der anderen Seite ist das Interesse der A aus Art. 3 III 1 GG daran zu benennen, als PoC nicht wegen ihrer Hautfarbe benachteiligt zu werden.

Wie bereits festgestellt, stehen sich zwei unterschiedlich gewichtige Interessen gegenüber. Während das staatliche Interesse im mittleren Bereich einzuordnen ist, ist auf Seiten der A ein hohes Schutzgut berührt, das zu den Grundwerten der Verfassung zählt.

Die Eingriffsintensität auf Seiten der A ist als hoch einzustufen. Sie fühlt sich diskriminiert und ausgeschlossen. Die Kontrolle war ihr unangenehm, sie fühlte sich in der Öffentlichkeit als gefährlich und kriminell dargestellt. Dies wurde durch den Umstand verstärkt, dass sie als einziger Fahrgast kontrolliert wurde und die anderen Gäste den Umstand vermutlich auf ihre Hautfarbe zurückführten. Schließlich handelt es sich nicht um die erste Kontrolle, denn A wurde trotz ihres jungen Alters von 17 Jahren schon mehrfach kontrolliert. Ihre weiße beste Freundin wurde hingegen noch nie kontrolliert, was aus der Perspektive der A den diskriminierenden Effekt verstärkt.

Auf staatlicher Seite ist dagegen von einer niedrigen Beeinträchtigung der Interessen für den Fall auszugehen, dass die Kontrolle der A unterblieben wäre. Somit ist auf Seiten der A ein hohes Rechtsgut stark betroffen, während auf staatlicher Seite ein mittleres Interesse kaum gefördert wurde. Insgesamt ist die Kontrolle daher nicht angemessen und somit unverhältnismäßig.

---

i **Weiterführendes Wissen**

Auch das OVG Rheinland-Pfalz kommt zu dem Ergebnis, dass die Kontrolle in einem ähnlich gelagerten Fall unverhältnismäßig ist: Einerseits stellt es auf die Außenwirkung für die Betroffenen ab: „Nichtsdestotrotz ist die Wirkung auf Außenstehende, denen die Gründe für die singuläre Kontrolle in dem Zug nicht bekannt sind, zu beachten und kann Anlass geben, die Motive für die durchgeführte Kontrolle zu hinterfragen."[27]. Ferner widerspricht das Gericht der Begründung mit der generalpräventiven Wirkung: „In diesem Zusammenhang kann auch die generalpräventive Wirkung nicht berücksichtigt werden, weil diese gerade auch ohne eine zielgerichtete Vorauswahl der zu kontrollierenden Personen erreicht wird. Mithin ist die Verhältnismäßigkeit einer dis-

---

27 OVG Rheinland-Pfalz, Urt. v. 21.4.2016, Az.: 7 A 11108/14, Rn. 130.

Maureen Macoun

kriminierenden Vorauswahl allein an den sich daraus konkret folgenden ‚Treffern' im Sinne des Normzwecks zu messen. Dies zu Grunde gelegt lässt sich nicht feststellen, dass der Befugnis nach § 22 Ia BPolG eine so große Bedeutung zum Schutz der genannten öffentlichen Belange zukommt, dass sie ausnahmsweise die Ungleichbehandlung aufgrund der Rasse rechtfertigen könnte."[28]

---

b) Zwischenergebnis

Mithin ist auch die konkrete Maßnahme unverhältnismäßig und damit verfassungswidrig. Es liegt eine Ungleichbehandlung der A im Sinne des Art. 3 III 1 GG vor, die nicht gerechtfertigt ist.

C. Gesamtergebnis

Die zulässige Verfassungsbeschwerde ist auch begründet. Sie hat somit Aussicht auf Erfolg.

Zusammenfassung: Die wichtigsten Punkte
- Bei Prüfung einer möglichen Verletzung von Art. 3 III 1 GG ist im ersten Schritt eine Ungleichbehandlung zu prüfen und im zweiten Schritt zu schauen, ob und wenn ja, wie diese gerechtfertigt sein könnte.
- Die Praxis des Racial Profiling ist mit Blick auf Art. 3 III 1 GG sehr kritisch zu betrachten. Die diskriminierende Wirkung ergibt sich dabei vor allem durch die Häufung von Kontrollen.
- Der Begriff „Rasse" sollte aufmerksam und kritisch verwendet werden und Bedarf einer Diskussion.

Weiterführende Studienliteratur
- Doris Liebscher, „Racial Profiling" im Lichte des verfassungsrechtlichen Diskriminierungsverbots, NJW 2016, S. 2779–2782
- Paul Pettersson, Racial Profiling – Eine Systematisierung anhand des Verfassungsrechts, ZAR 2019, S. 301–309
- Sigrid Boysen, Racial Profiling, Jura 2020, S. 1192–1199

---

28 OVG Rheinland-Pfalz, Urt. v. 21.4.2016, Az.: 7 A 11108/14, Rn. 133.

Maureen Macoun

Maureen Macoun

Klausurkonzeption

Die OpenRewi Fallbücher werden von erfahrenen Klausur- und Übungsfallersteller:innen verfasst. Wir haben im laufenden Schreibprozess dieses Fallbuchs die Autor:innen gebeten, ihre Vorgehensweise zu dokumentieren, um sie in diesen gemeinsamen Beitrag zur guten Klausur- und Übungsfallerstellung zusammenzutragen. Auf diese Weise ist ein Leitfaden entstanden, der zwei unterschiedliche Adressat:innengruppen anspricht: Zum einen sollen **künftige Übungsfall- und Klausurersteller:innen** hier Hinweise und einen Leitfaden dazu erhalten, wie didaktisch sinnvolle Übungsfälle und Klausuren praktisch erstellt werden können. Zum anderen sollen **Studierende** die Möglichkeit haben, einen Blick in die „Blackbox" der Klausurerstellung zu werfen.

Übungsfälle und Klausuren dienen unterschiedlichen Zwecken: Während bei Übungsfällen das Erlernen von Falllösungstechnik und juristischen Inhalten im Vordergrund steht, wird eben dieses Erlernte in der Klausur abgefragt. Übungsfälle verfolgen damit einen didaktischen Zweck, während Klausurfälle diesen Fokus nicht haben (müssen). Die folgenden Hinweise werden daher in einen allgemeinen Teil, einen Teil zur Übungsfallerstellung und einen Teil zur Klausurerstellung unterteilt.

A. Allgemeiner Teil

Klausuren und Übungsfälle für Arbeitsgemeinschaften zu erstellen ist eine der Kernaufgaben von wissenschaftlichen Mitarbeiter:innen an Lehrstühlen. Durch Klausuren soll geprüft werden, ob die Studierenden das in der Vorlesung und den Arbeitsgemeinschaften erlernte Wissen zu den unterschiedlichen Grundrechten an einem konkreten Fall anwenden können.

Neben der inhaltlichen Fragestellung spielt auch die Darstellung der Lösung eine große Rolle. Klausuren in den Grundrechten werden im Gutachtenstil geschrieben. Das Gutachten dient dazu, alle Probleme eines Falles strukturiert zu erfassen und sich gegenüber anderen Teilnehmer:innen der juristischen Debatte in einer abgesprochenen Sprach- und Schreibform auszudrücken. Dies erfolgt in verschiedenen Stilarten, von denen der Gutachtenstil der wichtigste ist.

Für den Lernerfolg gerade im Selbststudium ist es unerlässlich, Studierende als Lernende entsprechend ihres jeweiligen Ausbildungsstandes ernst zu nehmen und auch abzuholen. Dafür ist es wichtig, ihnen gegenüber **transparent** über die Fallgestaltung zu sprechen. Dazu gehört, das Anforderungsniveau eines Bearbeitungsvorschlags für die Studierenden transparent zu machen, aber auch an anderen Stellen auf einer Metaebene Prozesse, Abschnitte und Qualität von Fall- und

Falllösungspassagen anzusprechen und damit nachvollziehbar zu machen. Dieser Hinweis ist hier vorweggestellt, wird aber in diesem Abschnitt an verschiedenen Stellen illustriert.

Außerdem ist es ein wichtiger Bestandteil der juristischen Ausbildung, dass diese gesellschaftliche Vielfalt abbildet. Daher sollten Fälle und Falllösungen in geschlechtergerechter Sprache formuliert werden[1] und verschiedene und vielfältige Lebenssituationen Einzug in die Fallerstellung finden.

Das hier vorliegende Fallbuch folgt den didaktischen Grundlinien von Open-Rewi.[2]

I. Themenfindung

Gute Ideen für das Thema einer Klausur oder eines Übungsfalls finden sich zum Beispiel in der **Rechtsprechung des BVerfG**. Dieses veröffentlicht besonders relevante Entscheidungen in seiner Entscheidungssammlung BVerfGE. Aber auch andere Gerichtsurteile, die in der Literatur besprochen werden, eignen sich als Klausurvorlage. Jedes Urteil ist in eine Sachverhaltsdarstellung und eine rechtliche Würdigung unterteilt. In der Wiedergabe des Sachverhalts werden häufig die Argumente der Parteien dargestellt. Hieraus lassen sich zugespitzte Argumente für die eigene Falllösung oder alternative Lösungswege ziehen. Auch die Rechtsprechung der Vorinstanzen kann hier gute Impulse liefern (siehe zum Beispiel Fall 5, Fall 7 oder Fall 8 in diesem Fallbuch).

Eine andere gute Quelle sind Konstellationen in noch **anhängigen Beschwerden**. Schwierig ist dabei natürlich, dass kein Urteil als Grundlage dienen kann oder zumindest keine höchstrichterliche Rechtsprechung den Weg vorgibt, sondern sich (im besten Fall) Argumente nur aus den veröffentlichten Beschwerden und/oder Aufsätzen zur Problematik herausziehen lassen. Natürlich können Fallersteller:innen auch selbst argumentieren und lösen, es fehlt dabei aber an der eigenen „Absicherung", nichts Wichtiges zu übersehen oder gegebenenfalls andere Schwerpunkte als später das BVerfG zu setzen. Gleichzeitig erhebt ein solcher Fall weniger den Anspruch auf „Vollständigkeit", womit dann auch transparent umgegangen werden sollte. Ein weiterer Nachteil (oder Vorteil?) ist, dass sich hier nach Veröffentlichung der Entscheidung eine Überarbeitung/An-

---

1 Siehe hierzu das Projekt S:TEREO der Universität Hamburg zu geschlechtergerechter Sprache, abrufbar unter https://www.jura.uni-hamburg.de/die-fakultaet/gremien-beauftragte/gleichstellungsbeauftragte/gleichstellungsplan/geschlechtergerechte-sprache.html.
2 Siehe unter https://de.wikibooks.org/wiki/Benutzer:OpenRewi/ den aktuellen Stand unserer didaktischen Anleitungen.

Ammar Bustami/Katharina Goldberg

passung der ersten Falllösung anbietet. Zudem ermöglicht es den Studierenden, ihr Wissen fernab vorgegebener Sachverhalte und höchstrichterlicher Lösungen anzuwenden. Es kommt somit weniger auf Auswendiggelerntes und eher auf eigenständige Argumentation und Subsumtion an, was wiederum die Abstraktionsfähigkeit und den Umgang mit Unbekanntem fördert (siehe zum Beispiel Fall 4 in diesem Fallbuch).

II. Wiederverwendung bereits erstellter (frei lizensierter) Inhalte

Für die Erstellung einer Klausur oder eines Übungsfalls kann auch auf etablierte beziehungsweise vorhandene Fälle zurückgegriffen werden. So können beispielsweise die im Grundrechte Fallbuch von OpenRewi erstellten Inhalte aufgrund der CC-BY-SA-Lizenz verwendet und abgeändert werden. Bei der Verwendung von Materialien unter dieser Lizenz muss allerdings immer der:die **Ursprungsautor:in** genannt werden („BY"-Element in unserer CC-Lizenz).

Ob Fälle anderer Autor:innen, die nicht unter einer freien Lizenz stehen, als Grundlage für eigene Fallgestaltungen verwendet werden können, ist mit diesen persönlich beziehungsweise mit dem zuständigen Lehrstuhl abzuklären. Bereits erstellte Fälle zu verwenden, erleichtert die Arbeit erheblich, birgt aber die Gefahr, dass die Studierenden den Fall bereits kennen. Diese Methode ist daher gut für Übungsfälle und weniger gut für Klausurfälle geeignet.

III. Die verschiedenen Arten von Sachverhalten

Für eine komplette Klausur sind sowohl Sachverhalt als auch Lösungsskizze zu erstellen. Für deren Entwicklung gibt es unterschiedliche Herangehensweisen: Entweder kann zunächst der Sachverhalt und aus diesem heraus dann die Lösungsskizze entwickelt werden. Eine andere Herangehensweise ist jedoch, den Sachverhalt „aus der Lösung heraus" zu entwickeln (so geschehen bei Fall 4 in diesem Fallbuch). Dann steht am Anfang nur ein ganz grobes Gerüst des Sachverhalts, das dann kontinuierlich im Laufe der Lösungserstellung ergänzt wird. Hierbei ist eine Herausforderung, Widersprüche zu vermeiden, wenn etwas an der Lösung geändert wird.

Es gibt ganz unterschiedliche Arten von Sachverhalten, die sich unter anderem in ihrer Länge, der Ausführlichkeit der Argumente und den Hinweisen auf Schwerpunkte unterscheiden können.

Kurze Sachverhalte legen den Fokus darauf, aus wenigen Informationen möglichst viele eigene Ideen zu generieren. Argumente (zum Beispiel im Rahmen

Ammar Bustami/Katharina Goldberg

der Verhältnismäßigkeit) müssen die Klausurbearbeiter:innen vor allem selbst finden beziehungsweise sich selbst überlegen. Mit einem kurzen Sachverhalt kann Wissen abgefragt werden, das Studierende in der Vorlesung oder durch Selbststudium erworben haben sollen. Kurze Fälle sind daher gut dafür geeignet, bereits vorhandenes „Standardwissen" abzufragen, bergen aber die Gefahr, Wissen für „Standardwissen" zu halten, das (noch) gar nicht zu solchem geworden ist (dazu sogleich).

Lange Sachverhalte zeichnen sich dadurch aus, dass schon sehr viele Argumente und Probleme im Sachverhalt eingebaut sind. Es spiegelt sich im Sachverhalt selbst schon ein Großteil der erwarteten Lösung wieder. Hier kommt es für die Studierenden vor allem darauf an, den Sachverhalt gut auszuwerten und die Argumente und Probleme zu erkennen, sie aber auch sinnvoll und „richtig" (oder zumindest überzeugend) in der Falllösung einzubauen. Ein Vorteil eines solchen längeren Sachverhalts kann sein, dass vor allem sehr komplexe (oder noch nicht „entschiedene") (Nicht-Standard-)Fälle den Studierenden direkt mit einigen Argumenten (beider „Seiten") an die Hand gegeben werden können. Nachteile langer Sachverhalte sind, dass die Studierenden viel Zeit brauchen, diese zu durchdringen und stark aufpassen müssen, keine relevanten Informationen zu übersehen. Lange Sachverhalte sind für Anfangssemester und Fortgeschrittene geeignet.

Eine **Gefahr** besteht darin, als Fallersteller:in eine Klausur mit einem kurzen Sachverhalt in der Annahme zu stellen, dass die Argumente bzw. die Vorgehensweise den Studierenden bekannt sein müssten. Beim Erstellen des Falles muss daher stets reflektiert werden, ob es sich bei dem abgefragten Wissen um „Standardwissen" handelt, das Studierende im Kopf haben müssen oder doch eher um „Spezialwissen" – hier ist dann eher ein langer Sachverhalt angebracht. Ansonsten besteht die Gefahr, einen Fall zu produzieren, der frustriert, weil der:die Studierende „nie selbst auf diese Lösung gekommen wäre".

IV. Flexibilität in der Falllösung

Ausgangspunkt der hier angestellten Überlegungen ist, dass die Lösung eines Falles kein Manifest ist, sondern stets nur ein Bearbeitungs**vorschlag**.

Oft sind **andere Ansichten vertretbar.** Ein didaktisch sinnvolles Studium sollte Studierenden nicht vermitteln, sie müssten bestimmte, vorher festgelegte „richtige Lösungen" reproduzieren. Vielmehr sollten sie dazu ermutigt werden, mittels der vorhandenen juristischen Methodik (Gutachtenstil, Technik zum Meinungsstreit, Auslegungsmethoden) eigene oder im Sachverhalt angelegte Argumente zu entwickeln und zu einer argumentativ gut fundierten Lösung zu führen.

Ammar Bustami/Katharina Goldberg

Zwar bauen Übungs- und Klausurfälle oftmals auf bestehender Rechtsprechung auf, an der sich dann auch die Musterlösung beziehungsweise der Bearbeitungsvorschlag orientieren dürfte. Doch sollte eine auf methodische Fähigkeiten und Argumentationen gerichtete Lehre dabei stets auch die Möglichkeit zu alternativen Lösungswegen eröffnen und aufzeigen. Entsprechende Hinweise (z. B. „Eine andere Ansicht ist mit entsprechender Argumentation vertretbar.") sollten sich daher in der Lösung sowohl von Übungsfällen als auch von Klausurfällen wiederfinden. Dies ermutigt zu kritischem Denken und Hinterfragen und stellt gleichzeitig eine entsprechende Transparenz her: Insbesondere wenn es für eine entgegengesetzte (Minder-)Meinung eines höheren Begründungsaufwands bedarf, sollte dies aus dem Lösungsvorschlag hervorgehen. Für Korrektor:innen können entsprechende Hinweise besonders hilfreich sein, da sonst oftmals nur der einfachere Weg über das vermeintlich festgelegte Lösungsschema von Korrektor:innen mit der vollen beziehungsweise einer hohen Punktzahl bewertet wird. Hierzu kann es insbesondere kommen, wenn Korrekturzeiten kurz sind und/oder die Studierenden den Korrektor:innen nicht bekannt sind. Diese strukturellen Probleme zu antizipieren ist eine der Aufgaben der Fallerstellung.

Bei der Frage nach der in der Lösung vertretenen Ansicht spielen oftmals auch klausurtaktische Erwägungen eine Rolle: Sind beispielsweise in der Zulässigkeit bei einem Problempunkt verschiedene Ansichten vertretbar, sollte die bearbeitende Person den Lösungsweg wählen, der zur Zulässigkeit führt. Auf diese Weise kann ein Hilfsgutachten vermieden werden. Sowohl in Übungs- als auch in Klausurfällen können bei besonders streitigen Prüfungspunkten entsprechende (Korrektur-)Hinweise hilfreich sein, die erläutern, ob und inwiefern eine „andere Ansicht" zu einem anderen Prüfungsaufbau führen würde. Dies ist weniger problematisch, wenn es sich „nur" um die in beide Richtungen argumentierbare Entscheidung am Ende der Verhältnismäßigkeitsprüfung handelt. Dort dürften bei vielen Klausuren am Ende unterschiedliche Ergebnisse vertretbar sein (unverhältnismäßig / verhältnismäßig → begründet / unbegründet → Aussicht auf Erfolg / keine Aussicht auf Erfolg).

Besonders bei der Arbeit im digitalen Format (zum Beispiel bei Wikibooks) zeigen sich die **Stärken des digitalen Mediums** für die Darstellung einer solchen Flexibilität. So können alternative Aufbauwege parallel zueinander dargestellt werden, oder die Argumente eines Meinungsstreits können abhängig davon umsortiert werden, welchen Lösungsweg die Studierenden einschlagen möchten. Auf diese Weise kann ein „Hilfsgutachten" vermieden werden. Außerdem lässt sich hier die Argumentationsfähigkeit (Argumente führen zum Ergebnis hin) fördern, da ein anderer Lösungsweg nur Sinn ergibt, wenn die einzelnen Abschnitte nicht beliebig aneinandergereiht werden. Selbst wenn sich solche Alternativaufbauwege technisch nicht gut darstellen lassen, können hier zusätzliche Hinweise

Ammar Bustami/Katharina Goldberg

(in Wikibooks beispielsweise durch Hinweiskästen zur „Klausurtaktik") eingefügt werden (siehe zum Beispiel <u>Fall 1</u>).

Die Vielfalt von Meinungen müssen sich auch in der **Gewichtung der Punkte** für die Gesamtnote wiederspiegeln. Eventuell vorgegebene <u>Bewertungsmatrizen</u> dürfen folglich niemals absolut gesetzt werden.

B. Das Erstellen von Übungsfällen

Das Erstellen von Übungsfällen erfüllt immer einen didaktischen Zweck. Sich selbst über diesen Zweck bei der Fallerstellung im Klaren zu sein, ist besonders wichtig. Lernziele sind auf der einen Seite das Erlernen des Umgangs mit bestimmten juristischen Problemen, auf der anderen Seite aber auch das Erlernen der Falllösungstechnik. Hierfür können unterschiedliche Arten von Übungsfällen erstellt werden, auf die im Folgenden eingegangen wird.

Auch kann das Lernziel sein, den Umgang mit (Original-)Klausuren zu erlernen und zu trainieren. Dieser Typ von Übungsklausuren ist identisch mich „echten" Klausuren und wird daher hier nicht gesondert behandelt, sondern richtet sich nach den unter C. dargestellten Grundsätzen.

I. Erlernen der Falllösungstechnik

Das Erlernen der Falllösungstechnik fordert Studierende in vielen verschiedenen Dimensionen.[3] Zu nennen sind hier die Fach-, Methoden-, Argumentations- Textsorten-, Rezeptions- und Sprachdimension. In jeder dieser Dimensionen müssen sie unterschiedliche Fähigkeiten erlernen. Das Erlernen dieser Fähigkeiten geschieht nicht plötzlich, sondern wird vom ersten Semester bis zum Examen trainiert. Übungsfälle bieten eine gute Gelegenheit, einzelne dieser Fähigkeiten in jedem Fall konkret zu üben.

Dies kann analog im Rahmen einer Übungseinheit durch Abfragen, Erklärung und Diskussion erfolgen. Für die Studierenden kann im digitalen Format **mit interaktiven Elementen** sichtbar gemacht werden, was gerade unbewusst in ihren Köpfen passiert. In OpenRewi verwenden wir beispielsweise folgende interaktive Elemente:
- Die Beherrschung des Gutachtenstils kann an bestimmten Stellen im Gutachten durch ein **Quiz** in digitaler oder analoger Form abgefragt werden. Dazu

---

3 Schmidt/Musumeci, ZDRW 2015, 183–204.

Ammar Bustami/Katharina Goldberg

wird aus dem konkreten Fall herausgezoomt und auf einer Metaebene abgefragt, bei welchem Schritt der Subsumtion sich der Studierende gerade befindet. Auch die Wichtigkeit einzelner Arbeitsschritte kann so abgefragt und herausgestellt werden (siehe für die Schritte des Gutachtenstils die <u>didaktische Aufarbeitung zu Fall 1</u> in diesem Fallbuch).

– Auch die Herkunft (aber auch die Bewertung und Einordnung) von Argumenten kann mit einem Quiz reflektiert werden. Dafür können an entscheidenden Stellen in der Argumentation die **Entstehungsgeschichte und Herkunft eines Arguments** und seiner Gegenargumente abgefragt werden. So kann beispielsweise bestimmt werden, ob es sich bei einem durch die Parteien vorgebrachten Argument um ein Wortlaut-Argument, ein historisches Argument, ein teleologisches Argument oder ein Argument mit ganz anderer Herkunft handelt. Mit dem detaillierten Blick auf solche Argumentationsmuster erlangen die Studierenden im Rahmen ihrer Argumentationskompetenz neue Fähigkeiten.

– Mit Memory-Spielen, <u>Wissenstests</u> und anderen Quiztypen können beispielsweise Definitionen abgefragt werden (siehe <u>Fall 5</u> in diesem Fallbuch).

– Als Zwischenschritt zwischen Lesen des Falls und ausformulierter Falllösung kann der Weg von Sachverhalt zur Lösung illustriert werden. Dies geht zum Beispiel mit der Formulierung von „Vorfragen", in denen abgefragt wird, welche Schwerpunkte der Fall hat. Damit wird der Blick der Studierenden für eine gute Schwerpunktsetzung geschult und sie verinnerlichen, sich diese Frage(n) selbst im richtigen Moment zu stellen und nicht einfach „drauf los" zu schreiben. Außerdem wird damit der Blick dafür geschärft, worauf Korrektor:innen von Klausuren bei ihrer Korrektur achten (siehe für eine ausführliche solche Anleitung auch Fall 1 zur <u>Sachverhaltsauswertung</u> und zur <u>Lösungsskizze</u> sowie mit einem <u>korrigierten Bearbeitungsbeispiel</u>).

Übungen, die **in Präsenz** stattfinden, lassen sich über unterschiedliche technische Anbieter problemlos durch diese digitalen Elemente ergänzen. So kann beispielsweise durch QR-Codes auf die oben aufgeführten WikiBooks-Elemente vom Smartphone aus zugegriffen werden und die jeweilige digitale Übung in die Präsenzlehre integriert werden.

II. Adressatengerechte Falllösung

Bei der Erstellung von Falllösungen ist eine der Haupt-Herausforderungen der Balance-Akt zwischen reiner Fallbearbeitung und zusätzlicher Wissensvermittlung. Fallersteller:innen befinden sich an diesem Punkt gegebenenfalls in einem **Kon-**

flikt in ihren Rollen als Lehrende beziehungsweise Wissenschaftler:innen: Als Lehrende wissen sie, dass gerade für Studierende in den Anfangssemestern nur bestimmte Mengen an Stoff handhabbar und damit erlernbar sind. Als Wissenschaftler:innen haben sie weitreichende eigene (auch kritische) Gedanken zu Problemstellungen entwickelt, die sie gerne kommunizieren möchten.

In Bezug auf die **Studierenden** ist ein **weiterer Konflikt** dem Ausbildungssystem geschuldet: Einerseits sollen die Studierenden auf eine Staatsprüfung vorbereitet werden, in der die Beherrschung von viel Wissen und einer ganz spezifischen Technik abgefragt wird. Auf der anderen Seite handelt es sich um ein Universitätsstudium, woraus ein Anspruch wissenschaftlicher und kritischer Aufbereitung aktueller und grundlegender Fragen erwächst. Diese Konflikte müssen bei der Erstellung von Falllösungen gelöst werden. Grundsätzlich sollte dabei gelten: **Ein Fallbuch ist kein Lehrbuch** – oder genauer: Ein Klausurfall ist keine abstrakte Darstellung!

Ein Übungsfall kann zwar einerseits den Anspruch haben, den Studierenden das (auch abstrakte) Wissen „am Fall" beizubringen, was zu vermehrtem abstrakten Wissen und/oder überfrachteten „Definitions"-Abschnitten führen kann. Andererseits sollte die Falllösung dabei aber stets die gutachterlich aufbereitete Lösung des konkreten Falls im Blick haben. Zu viel abstraktes Wissen in eine Lösung zu integrieren kann sowohl den Effekt haben, Studierende zu entmutigen (wenn zum Beispiel der Erwartungshorizont nicht klargestellt wird), als auch einen falschen Eindruck von einer (klausurnahen) Falllösung vermitteln. Daher sollte ein Übungsfall klar zwischen eigentlicher Falllösung und darüber hinausgehenden didaktischen oder inhaltlichen (Zusatz-)Hinweisen unterscheiden. Neben den im Folgenden dargelegten graphischen Mitteln kann für eine solche Trennung für weiterführendes abstraktes Wissen insbesondere auf das dazugehörige **(OpenRewi) Lehrbuch** Bezug genommen (beziehungsweise verlinkt) werden.

III. Zusatzhinweise außerhalb des Gutachtens

Um die Trennung zwischen ausformulierter Falllösung und zusätzlichen Hinweisen zu verdeutlichen, kann und sollte mit graphisch deutlich unterscheidbaren Formatierungen gearbeitet werden. Im digitalen Format (wie bei den OpenRewi-Büchern in Wikibooks) bieten sich dafür insbesondere verschiedene Formatierungsarten an. In analogen Falllösungen kann ebenfalls mit Boxen, Farben, eingerücktem Text, Fußnoten oder unterschiedlichen Schriftarten gearbeitet werden.

Ammar Bustami/Katharina Goldberg

1. Didaktische und klausurtaktische Hinweise

Um die inhaltliche Falllösung von zusätzlichen didaktischen Hinweisen zu lösen, bieten sich ausgelagerte klausurtaktische Hinweise beispielsweise in einem solchen...

Klausurtaktik   **!**

...didaktischen Hinweiskasten...

...an. Vorteile solcher Kästen sind, dass die Lösung selbst nicht unnötig überfrachtet wird; auf Wikibooks lassen sich die Hinweise zudem problemlos „wegklappen". Inhaltlich können dort zum Beispiel alternative Lösungswege aufgezeigt, Hinweise zu Sachverhaltsauswertung oder Schwerpunktsetzung, aber auch Einblicke in die „Korrektor:innensicht" gegeben werden. Dabei hängt es maßgeblich vom Klausurtyp und dem Geschmack der Klausursteller:innen ab, wie viele solcher Hinweise in die Klausur mit welcher Ausführlichkeit eingebaut werden (für viele Kästen siehe zum Beispiel <u>Fall 2</u>; für eher wenige Kästen siehe zum Beispiel <u>Fall 6</u> jeweils in diesem Fallbuch).

2. Weiterführendes Wissen versus unnötiges Wissen

Aus dem erwähnten Zielkonflikt zwischen den Rollen als **Lehrperson und Wissenschaftler:innen** ergibt sich die Frage nach dem Umfang und der Ausführlichkeit von vertiefenden Informationen für die Studierenden. In jedem Fall sollten solche zusätzlichen inhaltlichen Informationen sehr deutlich von der eigentlichen Falllösung abgegrenzt werden. Das kann typischerweise über die Nutzung von <u>Fußnoten</u> erfolgen oder es werden in einer separaten Ebene solche...

Weiterführendes Wissen   **i**

...Hinweiskästen mit inhaltlicher Vertiefung...

...eingeführt.[4] Hier können sich die Fallersteller:innen zum Beispiel auch kritisch zur rezipierten Rechtsprechung äußern und den Studierenden dadurch aufzeigen, dass diese durchaus <u>auch andere Ansichten vertreten</u> können. Wie ausführlich, weitreichend und kompliziert die dortigen Vertiefungshinweise sind, hängt maß-

---

4 Auf Wikibooks ist hier der Vorteil, dass sie automatisch „weggeklappt" sind und damit den Lesefluss nicht stören.

Ammar Bustami/Katharina Goldberg

geblich von der Thematik des Falls, der Zielgruppe (Anfangssemester oder Examenskandidat:innen) und dem Lernziel ab, aber auch von der Komplexität und Bekanntheit der Materie bei Studierenden. Dennoch sollte stets im Hinterkopf behalten werden, dass eine Falllösung keinen wissenschaftlichen Fachaufsatz ersetzen kann.

3. Fußnoten in Übungsfällen

Bei der Erstellung der Falllösung muss zudem im Blick behalten werden, welche Rolle die dortigen Fußnoten haben können und sollen. Auch hier können Fallersteller:innen in den Zielkonflikt zwischen Lehrperson und Wissenschaftler:in geraten. Da es sich bei Übungsfällen in der Regel jedoch nicht um wissenschaftliche Fachaufsätze handelt, können Quellenangaben (im Rahmen akademischer Redlichkeit) eher sparsam eingesetzt werden. Gerade bei klassischen und unstreitigen Definitionen genügt oftmals ein einmaliger Verweis auf ein entsprechendes Lehrbuch (zum Beispiel die Stelle im OpenRewi Lehrbuch), also auf Sekundärliteratur, die weitergehende Primärquellennachweise beinhaltet. Bei Fällen, die sich maßgeblich an einer aktuellen Entscheidung orientieren, genügen teilweise auch Verweise nur auf diese konkrete Entscheidung. Bei besonders problematischen und streitigen Punkten können dagegen auch ausführlichere Quellenangaben in den Fußnoten erfolgen, um die unterschiedlichen Auffassungen und Streitstände für die Studierenden gezielt nachvollziehbar zu machen. Dabei ist es grundsätzlich im Sinne breiter und bildungsgerechter Zugänglichkeit prioritär frei verfügbare Quellen zu nutzen.

V. Erwartungshorizont und Bewertung

Insbesondere für das Selbststudium ist es sinnvoll, den Erwartungshorizont und die Bewertung für die Studierenden aufzuführen. Im OpenRewi Fallbuch werden die Schwerpunkte des Falles und der Erwartungshorizont im Fließtext (oder zum Beispiel in Klausurtaktik-Kästen) aufgezeigt. Eine alternative Möglichkeit für die Darstellung des Erwartungshorizonts als Hilfestellung für eine Bewertung können Bewertungsmatrizen sein.

Die Erstellung von **Bewertungsmatrizen in Übungsfällen** kann für Studierende sinnvoll sein, die den Übungsfall lösen und danach eine Selbsteinschätzung vornehmen wollen. Zudem sind sie auch eine Hilfestellung für Studierendengruppen, die im Peer-Feedback-Verfahren gemeinsam Fälle lösen und sich gegenseitig korrigieren. Bewertungsmatrizen in Übungsfällen können ganz unterschiedliche ausgestaltet werden. Sie können engmaschig alle Probleme eines Falles abbilden oder grob dazu dienen, die einzelnen Abschnitte in ihrer Gewichtung (diese ist dann anzugeben) zu bewerten. Eine Bewertungsmatrix hilft dabei, eine bessere Selbsteinschätzung vornehmen zu können. Damit diese aber gelingt ist es zugleich empfehlenswert, der Bewertungsmatrix eine Erklärung zur Seite zu stellen.

Beispielhaft folgende Original-Bewertungsmatrizen und ein dazu erstellter Erklärungstext:

Erwartungshorizont Grundlagen

Kriterien des Erwartungshorizontes	Beherrscht	Ordentlich	Lückenhaft	Ungenügend
Gutachtenstil				
Stil und Ausdruck				
Prüfungsaufbau				
Aufgabenstellung beachtet				
Obersätze				
Problemschwerpunkte und -argumentation				

Erwartungshorizont Klausur

Kriterien des Erwartungshorizontes	Beherrscht	Ordentlich	Lückenhaft	Ungenügend	Gewich-tung in %
Grundlagen, s. o.					
Zulässigkeit					
Klagebefugnis					
Begründetheit					
Grundrecht 1					
...					
...					

Ammar Bustami/Katharina Goldberg

Erklärung: *Die hier aufgeführten Bewertungsmatrizen dienen didaktischen Zwecken. Sie sollen für eine Selbstkorrektur oder eine Korrektur im Peer-Feedback-Verfahren eine Grundlage für konstruktives Feedback darstellen. Durch ein gewissenhaftes Ausfüllen der Matrizen können Studierende (vor allem in den Anfangssemestern) erkennen, bei welchen Themen im Bereich der Grundlagen oder im Bereich der konkreten Klausur sie noch Wiederholungsbedarf haben oder ihr Wissen und Können bereits erfolgreich einsetzen. Auch wird durch solche Matrizen noch einmal ein Fokus auf die Struktur einer Fallprüfung gelegt, die gerade Studierende in den Anfangssemestern so besser verinnerlichen können.*

Eine alternative Bewertungsmatrix findet sich in der didaktischen Aufarbeitung in <u>Fall 1</u> in diesem Fallbuch. Im OpenRewi Grundrechte-Fallbuch wurde auf Bewertungsmatrizen verzichtet, da sich hiermit zwar die Schwerpunkte eines Falles abbilden lassen, die Qualität der Argumentation, die für die Ausbildung besonders wichtig ist, jedoch nur schwer abgebildet werden kann.

C. Das Erstellen von Klausuren

I. Konkretes Erstellen der Klausur

Klausuren können im Grundsatz ebenso wie Übungsfälle erstellt werden. Sie dienen dazu, dass durch die Studierenden bereits erworbene Wissen nachträglich abzufragen und haben daher keinen didaktischen Fokus. Bei ihrer Erstellung ist es noch viel wichtiger sich regelmäßig zu versichern, an welche Zielgruppe sich die Klausur richtet. Ist sie für Studierende (Zwischenprüfung, 1. oder 2. Staatsexamen?) oder Praktiker:innen gedacht? Welches Wissen sollte die jeweilige Gruppe zum Zeitpunkt der Klausur haben? Bei der Klausurerstellung ist es umso wichtiger, den abstrakten Schwierigkeitsgrad dann mit konkreten Inhalten zu füllen (Länge der Klausur, zu behandelnde Probleme je nach Ausbildungsstand).

II. Korrekturassistent:innen als Adressat:innen

Bei der Verschriftlichung von Klausurfall und -lösung ist zudem die Gruppe der **Korrekturassistent:innen** als Adressat:innen in den Blick zu nehmen. Diese sind an vielen Universitäten als Externe damit beauftragt, Klausuren zu korrigieren. Ihnen muss durch die Lösungsskizze deutlich werden, welche Schwerpunktsetzung in der Klausur erwartet wurde und welchen Erwartungshorizont es darüber hinaus zu erfüllen galt. Nur auf diese Weise kann eine möglichst

Ammar Bustami/Katharina Goldberg

gleiche, an den Vorstellungen des/der Klausurersteller:in ausgerichtete Korrektur durch mehrere Korrekturassistent:innen erfolgen. Erwartungshorizont und Schwerpunkte können beispielsweise in einem kurzen vorgeschalteten Text kommuniziert werden.

Darüber hinaus ist zu berücksichtigen, dass Korrekturassistent:innen meist pro korrigierter Klausur bezahlt werden. Sie korrigieren manchmal nur 20, gelegentlich aber auch 200 Klausuren. Es kann daher (leider) vorkommen, dass manche Korrekturassistent:innen gelegentlich oberflächlich über Klausuren lesen und nur bestimmte „Schlüsselbegriffe" abhaken. Damit auch Lösungen abseits des vorgeschlagenen Lösungswegs gewürdigt werden und eine richtige Bewertung erfahren, ist es wichtig, auch den Korrekturassistent:innen gegenüber **transparent** die Erwartungen an die Studierenden zu kommunizieren.

III. Bewertungsmatrizen in Klausuren

Bewertungsmatrizen in Klausuren können für die **Korrektor:innen** (ob lehrstuhlintern oder Korrekturassistent:innen) erstellt werden. Aus ihnen kann hervorgehen, für die Bearbeitung welcher Punkte und Schwerpunkte der Klausur es wie viele Punkte gibt. Dabei gibt es grobe Matrizen („Zulässigkeit: max. 6 Punkte, Begründetheit: max. 12 Punkte") und ausdifferenzierte Bewertungsmatrizen, die auch die Form und die Gewichtung der einzelnen Problemschwerpunkte festlegen. Ob Matrizen eine sinnvolle Ergänzung von Klausurfällen sind, ist umstritten.

Für das Erstellen solcher Matrizen spricht, dass Korrektor:innen damit eine „Schablone" an die Hand bekommen und alle ihnen vorliegenden Klausuren „gleich" bewerten können. Gerade an großen Universitäten mit wenigen Korrekturassistent:innen, die jeweils viele Klausuren korrigieren, kann eine Bewertungsmatrix der Qualitätssicherung der Korrektur und der Gleichbehandlung aller dienlich sein.

Problematisch an Matrizen ist, dass ein Fall selten nur *eine* richtige Lösung kennt. Matrizen können damit den Irrglauben fördern, dass ein:e Klausurersteller:in eine „Musterlösung" erstellt – vielmehr kann es sich immer nur um einen **Lösungs*vorschlag*** handeln. Mit guten Argumenten kann in jeder Falllösung ein anderer Weg eingeschlagen werden. Dies zu bewerten und gegebenenfalls auch zu honorieren ist schwer möglich, wenn sich starr an eine Bewertungsmatrix gehalten wird. Es besteht daher die Gefahr, dass eigenständig denkende und frei argumentierende Studierende durch das Bestehen einer Bewertungsmatrix in der Bewertung der Klausur benachteiligt werden.

Ammar Bustami/Katharina Goldberg

Der Einsatz von Bewertungsmatrizen in Klausuren sollte daher immer gut abgewogen werden. Außerdem müssen die beteiligten Korrektor:innen über den **richtigen Einsatz der jeweiligen Matrix** unterrichtet werden.

Dieses Kapitel darf gerne kommentiert, verändert und beliebig genutzt werden. Jeder Link in der PDF-Version des Textes führt zur Überarbeitungsmöglichkeit bei der Plattform Wikibooks. Eine konkrete Anleitung zur Mitarbeit & Weiternutzung findet sich auf unserer Homepage | ebenfalls über den abgebildeten QR-Code mit der Smartphone-Kamera erreichbar.

Ammar Bustami/Katharina Goldberg